财经专业"十三五"规划教材

审计学基础

主　编　杜建菊　李晓渝　张　虹
副主编　刘　博　李晓珊　苏回水
参　编　王　为　石惠惠　张　敏

电子科技大学出版社

图书在版编目（CIP）数据

审计学基础 / 杜建菊，李晓渝，张虹主编. -- 成都：电子科技大学出版社，2018.6
ISBN 978-7-5647-6403-6

Ⅰ. ①审… Ⅱ. ①杜… ②李… ③张… Ⅲ. ①审计学—教材 Ⅳ. ①F239.0

中国版本图书馆 CIP 数据核字（2018）第 129711 号

审计学基础
Shenjixue Jichu
杜建菊 李晓渝 张虹 主编

策划编辑	刘 凡
责任编辑	万晓桐

出版发行	电子科技大学出版社
	成都市一环路东一段 159 号电子信息产业大厦九楼　邮编 610051
主　页	www.uestcp.com.cn
服务电话	028-83203399
邮购电话	028-83201495
印　刷	廊坊市广阳区九洲印刷厂
成品尺寸	185mm×260mm
印　张	20
字　数	508 千字
版　次	2018 年 6 月第一版
印　次	2023 年 3 月第二次印刷
书　号	ISBN 978-7-5647-6403-6
定　价	49.80 元

版权所有，侵权必究

前　言

与国际惯例全面持续趋同的会计准则、审计准则的修订，使得审计人员又面临着新一轮的知识更新，审计教材的改革与完善也成为当务之急。

《审计学基础》是审计学专业的入门课程，也是会计、财务管理等经济管理类专业必修课程之一。本书的编写体现以下特点：

1．知识新。以《中华人民共和国审计法》、《中华人民共和国注册会计师法》为依据，按照《中华人民共和国国家审计准则》和2016年修订《中国注册会计师执业准则》、2013年修订的《中国内部审计准则》及《企业内部控制基本规范》及配套指引等相关法律法规的要求，在借鉴审计学科最新研究成果的基础上，结合作者多年的教学和实践经验编写。

2．内容全。以民间审计为主线，贯彻风险导向审计的理念，全面系统地介绍民间审计、国家审计和内部审计的基本理论、基本知识和基本方法。

3．基础强。注重审计基础知识的介绍，为以后专业审计学的学习打下基础。

本书共十一章，主要包括总论、审计组织与审计人员、审计准则与质量控制准则、职业道德与法律责任、审计目标与审计过程、审计计划与审计重要性、审计证据和审计工作底稿、内部控制及其测试与评价、风险评估与风险应对、审计抽样、审计报告。

本书由杜建菊、李晓渝和张虹担任主编，由刘博、李晓珊和苏回水担任副主编，另有王为、石惠惠和张敏参与了编写。各章具体编写情况为：第一章（杜建菊）、第二章（刘博）、第三章（李晓渝）、第四章（李晓珊、张虹）、第五章（李晓珊、李晓渝）、第六章（刘博）、第七章（王为）、第八章（杜建菊）、第九章（张虹）、第十章（石惠惠）、第十一章（张敏、苏回水）。本书的相关资料和售后服务可扫本书封底的微信二维码或登录www.bjzzwh.com下载获得。

本书可以作为高等院校财经类专业的本、专科教材，也可供从事审计、会计工作的实际工作者参考。

由于编者水平有限，书中难免有所疏漏，敬请广大读者批评指正。

编　者

目 录

第一章 总 论 1

第一节 审计的产生和发展 1
第二节 审计属性与种类 11
第三节 审计对象、职能与作用 16
第四节 审计模式 18
本章小结 21
本章习题 22

第二章 审计组织与审计人员 24

第一节 民间审计组织及其人员 24
第二节 国家审计机关及其人员 30
第三节 内部审计机构及其人员 37
本章小结 41
本章习题 41

第三章 审计准则与质量控制准则 44

第一节 审计准则的基本知识 44
第二节 民间审计准则体系 48
第三节 中国注册会计师鉴证业务基本准则 52
第四节 国家审计准则 64
第五节 内部审计准则 66
第六节 审计质量控制准则 69
本章小结 72
本章习题 72

第四章 职业道德与法律责任 75

第一节 注册会计师职业道德规范 75
第二节 国家审计人员和内部审计人员的职业道德规范 82

　　第三节　审计人员的法律责任 85
　　本章小结 90
　　本章习题 91

第五章　审计目标与审计过程 94

　　第一节　审计目标与审计责任 94
　　第二节　财务报表审计中对舞弊和法律法规的责任 102
　　第三节　审计目标的实现过程 106
　　本章小结 110
　　本章习题 111

第六章　审计计划与审计重要性 113

　　第一节　审计计划 113
　　第二节　审计重要性 127
　　本章小结 138
　　本章习题 138

第七章　审计证据和审计工作底稿 141

　　第一节　审计证据 141
　　第二节　函证 152
　　第三节　分析程序 163
　　第四节　审计工作底稿 169
　　本章小结 177
　　本章习题 177

第八章　内部控制及其测试与评价 180

　　第一节　内部控制基本知识 180
　　第二节　内部控制描述 190
　　第三节　内部控制测试 195
　　第四节　内部控制评价 198
　　本章小结 199
　　本章习题 200

第九章 风险评估与风险应对 203

  第一节 风险评估 203

  第二节 风险应对 219

  本章小结 230

  本章习题 231

第十章 审 计 抽 样 233

  第一节 审计抽样基本知识 233

  第二节 审计抽样的基本步骤 237

  第三节 审计抽样在控制测试中的应用 246

  第四节 审计抽样在细节测试中的运用 260

  本章小结 269

  本章习题 270

第十一章 审 计 报 告 272

  第一节 民间审计报告 272

  第二节 国家审计报告 300

  第三节 内部审计报告 304

  本章小结 306

  本章习题 306

参考文献 309

第一章 总 论

【本章导读】

审计是由国家授权或接受委托的专职机构和人员，依照国家法规、审计准则和会计理论，运用专门的方法，对被审计单位的财政、财务收支、经营管理活动及其相关资料的真实性、正确性、合规性、合法性、效益性进行审查和监督，评价经济责任，鉴证经济业务，用以维护财经法纪、改善经营管理、提高经济效益的一项独立性的经济监督活动。审计作为一种监督机制，其实践活动历史悠久。

【本章目标】

- ➢ 了解审计的产生和发展
- ➢ 了解审计属性、种类、对象、职能与作用
- ➢ 掌握审计模式

第一节 审计的产生和发展

一、审计产生和发展的客观基础

（一）审计产生和发展的客观基础

审计是在财产所有权与管理经营权相分离以及多层次经营管理分权体制所形成的经济责任关系下，基于经济监督的需要而产生和发展起来的。受托经济责任关系的确立是审计产生的前提条件，没有受托经济责任，也就不存在审计这项经济监督活动。所谓受托责任关系就是指资源占有人与资源经管人之间所形成的资源委托管理与资源受托经管关系，以及资源经管人与其资源经管执行人之间所形成的资源受托经管与执行资源经管关系。

从内涵上看，由于资源占有人占有的资源数量巨大，自身无法有效经管这些资源。因此将资源委托给他人经管，形成受托责任关系。受托经济责任关系确立后，客观上产生了授权委托者对受托管理者或受托经营者实行经济监督的需要。也就是说，授权委托者为了维护其利益，有必要对受托管理者或受托经营者所负经济责任履行情况进行审查，以评价其经济责任，进而确认或解脱其经济责任。但应指出，受托经济责任的确立，并不一定产

生审计活动,它只是审计产生的前提条件。如果这种审查评价活动由授权委托者自身完成,就不能称之为审计活动。只有当这种经济监督活动是由授权委派人委派(或委托人委托)独立的机构和人员代行的,才会产生这种具有独立性的审计活动。

受托经济责任关系作为审计产生和发展的客观基础,其含义包括以下几点。

(1)受托经济责任是不断演进的,它是审计产生和发展的客观基础。经济责任这一概念在不同的历史条件下有着不同的内涵和外延,其内容是从单纯的财务责任,逐渐向更为广泛的经营责任、管理责任方面纵深扩展,进而形成现代经济责任的完整概念。受托经济责任关系的出现是审计产生的客观基础,审计也因经济责任内容从简单到复杂的演进而获得了不断发展的前提。

(2)资源财产的所有权和经营管理权分离以及管理者内部分权制,是受托经济责任关系形成的基本根据,也是审计赖以存在和发展的社会条件。随着社会经济的发展,特别是市场经济的形成,社会经济生活中出现了信贷关系、商业信用关系、征税纳税关系、经济合同关系,这些关系形成了一个组织与其他各方面的经济责任关系。在经济责任的不断变化过程中,审计成为联系各方经济责任,保障社会经济正常、有序运行的重要制约机制。这个机制自然也就成为审计自身存在和发展的社会条件。

(3)资源财产所有者对经营管理者无法实施直接监督,是审计产生和发展的直接动因。资源财产所有者对经营管理者从事的经营管理活动往往是既信任又不信任,即处于一种正当怀疑的状态。因此,他们对经营管理者是否在尽职尽责地履行经济责任,有无舞弊和差错最为关心。但是,在实际生活中,基于地理上、时间上、法律上,特别是技术上的限制,使资源财产的所有者无法直接进行经常性的监督和检查,因而需要独立的审计人员承担起监督和检查的职责,这就构成了审计产生和发展的直接动因。

(二)审计关系

受托经济责任关系产生审计的同时,也形成了审计关系。审计关系是指审计行为所必然涉及的审计人、被审计人和审计授权人或委托人三方之间形成的监督与证明关系。审计关系由三方审计关系人所组成。其中,第一关系人是承担审计工作的一方,称审计人。审计人受资源财产所有者、主管人员的授权或委托,并代表他们对经营管理者所承担和履行的经济责任情况,实施独立的审计监督与证明。审计人不经管所有者的资源财产,也不参与被审计人的经济活动,必须处于独立的地位。同时,他与审计授权人或委托人不存在资源财产上的利害关系。第二关系人是接受资源财产所有者或主管人员的授权,经营管理其资源财产的一方,称被审计人。他应当承担管好用好资源财产的任务,履行受托经济责任。同时他有接受审计人实施审计监督的责任。第三关系人是授权或委托审计并接受审计报告的一方,称审计授权人或委托人。他是资源财产的所有者或主管人员。他因向被审计人提出履行经济责任的要求,而使两者之间存在着明确的受托经济责任关系。审计关系存在于一切审计行为之中。任何一项审计行为，均应具备三方面关系人，否则就不叫审计。审计三方关系如图1-1所示。

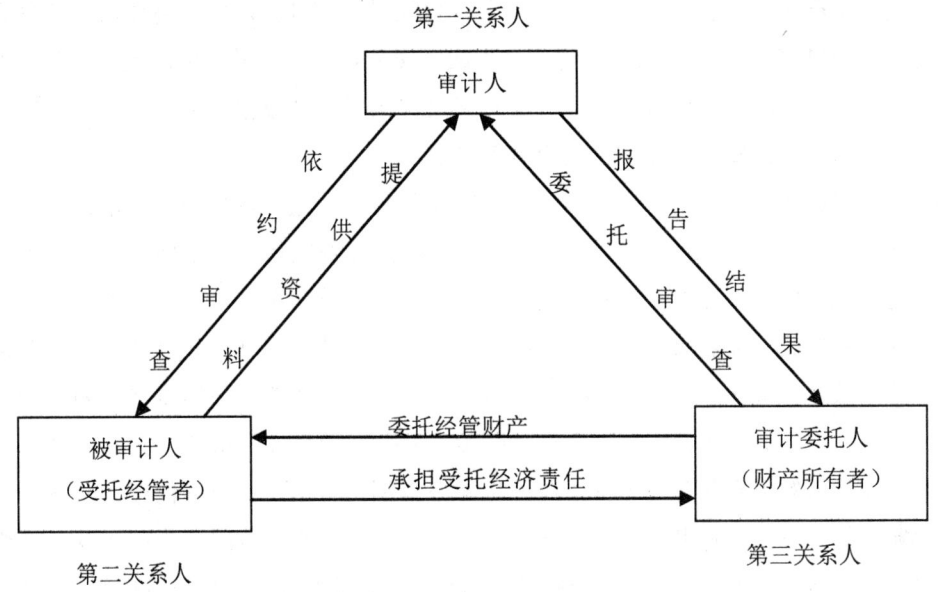

图1-1 审计三方关系

二、民间审计的产生与发展

（一）西方民间审计的产生与发展

1. 民间审计的起源

西方民间审计起源于意大利合伙企业制度。16世纪意大利商业城市威尼斯出现了最早的合伙企业。合伙企业中，有的合伙人不参与经营管理，客观上希望能有一个独立的第三者对合伙企业的经营情况进行监督与检查，于是产生了对民间审计的最初需要。1581年，一批具有良好的会计知识、专门从事查账和公证工作的专业人员，在威尼斯创立了威尼斯会计协会，成为世界上第一个会计职业团体。

2. 民间审计的形成

工业革命开始后的18世纪下半叶，资本主义的生产力得到了迅速发展，生产的社会化程度大大提高，企业的所有权与经营权进一步分离。企业主们希望借助外部独立的专业人士来检查和监督他们所雇佣的管理人员，于是，英国出现了第一批以查账为职业的独立会计师。不过是否聘请独立会计师进行查账还是由企业来决定的，所以这期间的民间审计为任意审计。

股份有限公司的兴起，企业的所有权与经营权进一步分离，大多数股东已完全脱离经营管理。股东及潜在的市场投资者非常关心企业的经营成果，以便做出是否继续持有或购买公司股票的决定。了解公司经营成果等方面的情况主要是依据会计报表来进行的。因此，在客观上进一步产生了由独立会计师对公司会计报表进行审计，以保证会计报表信息真实可靠的需求。1721年英国的"南海公司事件"成了民间审计产生的"催产剂"。对"南海公司"进行审计的斯耐尔先生以"会计师"的名义提出了"查账报告书"，成为世界上第一位注册会计师，从而宣告了独立注册会计师的诞生。

1844年英国颁布《公司法》规定股份公司的账目必需经董事以外的人员审计，极大的促进了独立审计的发展。1853年，世界上第一个民间的专业团体——苏格兰爱丁堡会计师协会——的成立，标志着注册会计师职业的诞生。之后，英国出现多家会计师协会，民间审计队伍进一步扩大。随着时间的推移，执业会计师参与公司审计，从"协助办理"逐步演进到"受托承办"审计，实际上已把股东对经营者的受托经济责任的监督变为真正的民间审计。与此同时，英国实行了特许会计师制度，凡欲取得会计师资格的必须经过严格的考试，会计师从事的主要业务是审计，此外也兼办编制财务报表、税务代理、财务和管理咨询等业务。英国成为当时世界社会审计发展的中心。但早期的英国社会审计没有完整的理论依据和方法体系，只是从检查会计账目的错弊出发，对大量的账目记录进行逐笔审核，即采用详细审计的方法，人们将它称之为英式审计。

1844年至20世纪初，是民间审计的形成时期。这一时期的英式审计的主要特点是：民间审计由任意审计转为法定审计；审计的目的是查错防弊，保护企业资产的安全和完整；审计的方法是对会计账目进行逐笔审计；审计报告使用人主要为企业股东等。其中详细审计的精华一直沿用至今。

3．民间审计的发展

19世纪末，美国的工业化进程急剧加快，私人企业也向股份公司转变。受英国会计师职业的影响，美国的民间审计也出现了持续发展的局面。在英国民间审计传入美国后，很快汇合形成美国的民间审计队伍。1886年纽约公布了《公共会计师法》，1887年正式组建了"美国公共会计师协会"。该协会名称几经更迭，在会计职业界人士要求建立统一组织的呼声中，1916年改组为"美国会计师协会"，1957年改组为"美国注册公共会计师协会"（AICPA），并发展成为世界上最大的民间审计职业团体。

20世纪初，美国的短期信用发达，企业大多从银行举债以求发展。银行为了维护自身利益，要求对贷款企业的资产负债表进行审计，借以分析判断企业的偿债能力，决定是否予以贷款。于是，以证明企业偿债能力为主要目的的资产负债表审计，即信用审计，在美国迅速发展起来。资产负债表审计的重要特点是：审计对象由会计账目扩大到资产负债表；审计的主要目的是通过对资产负债表数据的审查判断企业信用状况；审计方法从详细审计初步转向抽样审计；审计报告使用人除企业股东外，更突出了债权人。由于采用重点抽查方法的资产负债表审计在美国率先实行，所以人们将其称之为美式审计。

1929—1933年，资本主义世界经历了历史上最严重的经济危机，从客观上促使企业利益相关者从只关心企业财务状况转变到更加关心企业盈利水平。美国政府为了保护投资者的利益，于1933年公布《证券法》，次年公布《证券交易法》，规定上市公司必须向证券交易所提交经过注册会计师审定的财务报告（包括资产负债表和损益表）。这种以损益表为中心的财务报表审计，成为美国以立法形式规定的一种强制性审计。从此，资产负债表审计演进到财务报表审计，一向属于企业内部报表的损益表，开始公开于社会。财务报表审计的主要特点是：审计对象转为以资产负债表和收益表为中心的全部会计报表及相关财务资料；审计的主要目的是对会计报表发表审计意见，以确定会计报表的可信性，查错防弊转为次要目的；审计的范围已扩大到测试相关的内部控制，并广泛采用抽样审计；审计报告使用人扩大到股东、债权人、证券交易机构、税务、金融机构及潜在投资者；审计准则开始拟订，审计工作向标准化、规范化过渡；民间资格考试制度广泛推行，民间专业素质普遍提高。

第二次世界大战以后，资本主义经济空前发展，科学技术飞速进步，使市场竞争日益激烈，西方的民间审计又迎来了新的发展机遇。民间审计的理论与实务随着经济和科技发展的日趋完善，当之无愧地成为西方市场经济运行过程中的有效制约机制，为社会各方所肯定。同时，一些规模较大的会计师组织开始跨国经营，先后产生了"八大"国际会计师事务所，后又合并为"六大""五大"，时至今日已合并为"四大"。它们是毕马威（Klynveld Peat Marwick Goerdele，简称KPMG）；安永（Ernst & Young，简称EY）；德勤（Deloitte Touche Tohmatsu，简称DTT）；普华永道（Price Waterhouse Coopers，简称PWC）。与此同时，审计的技术也在不断地发展：抽样审计方法得到广泛采用，风险导向审计方法得到推广，计算机辅助审计技术得到广泛采用。注册会计师业务扩大到代理纳税、会计服务、管理咨询等领域。

（二）我国民间审计的产生与发展

1. 我国民间审计的起源

我国民间审计起步较晚。1915—1918年，随着民族工商业的兴起，产生了民间审计的需要，当时只能由外国来华的民间审计人员担任民间审计。1918年9月7日，北洋政府农商部颁布了《会计师暂行章程》，是我国第一部民间审计的法规，同年批准著名会计学家谢霖先生为中国第一位注册会计师，谢霖先生创办的中国第一家会计师事务所——正则会计师事务所（1921年，北京）——也获准成立。

此后，又逐步批准了一批注册会计师，建立了一批会计师事务所，如潘序伦创办的立信会计师事务所（1927年，上海），奚玉书创办的公信会计师事务所（1927年，北京）和徐永柞创办的徐永柞会计师事务所（1927年，上海）。1925年3月，我国最早的民间审计职业组织——上海会计师公会——成立。1949年后，民间审计在中华人民共和国成立初期的经济恢复工作中发挥了积极作用，但后来由于推行苏联高度集中的计划经济体制，中国的民间审计便悄然退出了经济舞台。

2. 我国民间审计的发展

十一届三中全会以后，党和政府把工作重心转移到经济建设上来。为了适应发展商品经济的要求和贯彻对内搞活、对外开放总方针的需要，1979年我国着手恢复注册会计师制度，开始设立会计顾问处。1980年，财政部颁布了《关于成立会计顾问处的暂行规定》，同年5月筹建上海公证会计师事务所，次年正式开业并接受国内外企事业单位的委托，承办审计和会计服务业务。1985年公布的《中华人民共和国会计法》第20条规定："经国务院财政部门或省、自治区、直辖市人民政府的财政部门批准的注册会计师组成的会计师事务所，可以按照国家有关规定承办查账业务。"这是中华人民共和国成立以来第一次以法律形式对注册会计师的地位和任务做出了规定，标志着中国注册会计师职业进入了一个新的发展时期。1986年国务院发布《中华人民共和国注册会计师条例》，1988年11月，中华人民共和国注册会计师协会成立，标志着我国民间审计步入职业化发展之路。1991年起我国正式实行注册会计师全国统一考试制度。1994年1月1日正式实施《中华人民共和国注册会计师法》。1996年10月4日，中注协加入亚太会计师联合会，并于次年4月当选为理事。1997年5月8日，国际会计师联合会（IFAC）全票通过，接纳中注协为正式会员，标志着我国民间审计开始步入国际化的轨道。与此同时，从1983年起，在全国审计部门领导下的审计事务所在全国范围内也陆续涌现。之后，审计署颁发相关文件，就开展民间审计的一些重大问题做出具体规定，有力地推动了民间审计向前发展。

根据《中华人民共和国注册会计师法》《中华人民共和国审计法》的有关规定和国务院指示，经财政部、审计署研究，中国注册会计师协会和中国注册审计师协会1995年6月19日实行联合，成立统一的中国注册会计师协会，民间审计的执业人员统一为中国注册会计师，并颁发文件付诸实施。接着，1996年、1997年、1999年、2001年和2002年又分别实施了经财政部批准的第一、二、三、四、五批中国注册会计师独立审计准则。从此，中国民间审计职业朝着规范化的方向继续发展。

2006年2月15日，我国注册会计师执业准则（共计48项）发布，2007年1月1日正式实施，主要包括：鉴证业务基本准则、鉴证业务具体准则、相关服务准则和会计师事务所质量控制准则。2010年11月，中国注册会计师协会对《中国注册会计师审计准则第1101号》等38项准则进行了修订，并于2012年1月1日执行，修订后的注册会计师审计准则实现了与国际审计准则的持续全面趋同。

为了提高注册会计师审计报告的信息含量，满足资本市场改革与发展对高质量会计信息的需求，保持我国审计准则与国际准则的持续全面趋同，2016年12月23日，财政部印发《在审计报告中沟通关键审计事项》等 12 项中国注册会计师审计准则。自 2017 年 1 月 1 日起，首先在 A＋H 股公司以及纯 H 股公司按照中国注册会计师审计准则执行的审计业务中实施；自 2018 年 1 月 1 日起扩大到所有被审计单位，其中，主板、中小板、创业板上市公司，IPO 公司，新三板公司中的创新层挂牌公司，以及面向公众投资者公开发行债券的公司执行新审计报告准则的所有规定，对其他企业的审计暂不执行仅对上市实体审计业务的规定。同时，允许和鼓励提前执行新审计报告准则。2017 年 2 月 28 日，中国注册会计师协会印发《＜中国注册会计师审计准则第 1504 号——在审计报告中沟通关键审计事项＞应用指南》等新审计报告准则应用指南共 16 项，实施时间和范围与新审计报告准则保持一致。

三、国家审计的产生与发展

（一）中国国家审计的产生与发展

1. 古代审计（公元前 11 世纪至 1840 年）

我国国家审计起源甚早。据《周礼》记载，西周时期就出现了带有审计性质的财政经济监察工作。当时，在中央政权设置的官职中，位于下大夫的"宰夫"一职，负责审查"财用之出入"，并拥有"考其出入，而定刑赏"的职权。这个职位虽然不高，但其所从事的工作却具有审计的性质，是我国国家审计的萌芽。美国著名审计史学家迈克尔·查特菲尔德在其名著《会计思想史》一书中对我国西周的审计制度进行了充分肯定，指出："在内部管理、预算和审计程序方面，中国西周时期在古代世界可以说是无与伦比的。"

其后，秦、汉两代都曾采用"上计制度"，以审查监督财物收支有无错弊，并借以评价有关官吏之政绩。但秦汉官制中，尚无专司审计职责的官员，也无专职审计机构。隋唐在刑部之下设"比部"，建立了比较独立的专司审计之职的机构。特别是唐代，由于经济发达，政治稳定，审计地位的提高，对中央和地方的财物收支实行定期的审计监督，国家审计有了明显发展。宋代设立审计司（院），是我国审计机构定名之始，使审计这个名词正式出现。到了元、明、清三代未设专门的审计机构。明初，比部虽一度恢复，但不久即取消，直至清末再未设置。在这三个朝代国家审计陷于中衰时期。

2. 近代审计（1840—1949 年）

辛亥革命后，北京的北洋政府在 1914 年设立审计院，颁布《审计法》；1928 年，南京国民政府设立审计院，后改为审计部隶属监察院。国民党政府的审计法几经修改，但由于当时的政治腐败，贪污横行，使审计制度徒具形式，并没有发挥应有的经济监督作用。

第二次国内革命战争时期，在中国共产党领导下的革命根据地中，1932 年成立中央苏维埃政府审计委员会以后，1934 年颁布《审计法》，实行了审计监督制度。以后在山东、陕甘宁、晋绥等革命根据地，也建有审计机构，颁布审计法规，实施审计监督工作。革命根据地的审计制度，在战争年代对节约财政支出、保障战争供给、维护革命纪律、树立廉洁作风，起到了较好的作用。

3．现代审计（1949年以后）

中华人民共和国成立后，在较长一段时间内未设独立专职审计机构，对财政经济的监督由财政、银行、税务等部门通过其业务分别在一定范围内进行。自1978年中国共产党第十一届三中全会以来，全党全国的工作重点转入以经济建设为中心的轨道，实行经济体制改革，国民经济蓬勃发展。在1982年第五届全国人民代表大会第五次会议上通过的《中华人民共和国宪法》（以下简称《宪法》）中，规定了实行审计监督制度。据此，1983年9月15日，国务院正式设立审计署，地方各级政府的审计机关相继建立，随后公布了一系列审计法规，卓有成效地开展了审计监督工作，在维护国家财经法纪，促进增收节支，搞好廉政建设，加强宏观调控等方面发挥了积极作用，使我国审计工作得到了迅速发展。

1994年8月31日八届人大九次会议上通过了《中华人民共和国审计法》，并于1995年1月1日实施。《审计法》的颁布实施标志着我国国家审计正式跨入了法制化的轨道。1997年国务院发布并实施了《中华人民共和国审计法实施条例》，2000年2月、8月和2001年8月审计署以第1号、第2号和第3号令发布施行了《中华人民共和国国家审计基本准则》，以及若干通用审计准则，进一步完善了我国审计法律规范体系。2006年2月28日十届人大二十次会议通过了《关于修改〈中华人民共和国审计法〉的决定》，自2006年6月1日起施行。2010年2月，国务院公布了新修订的《审计法实施条例》，该实施条例自2010年5月1日开始实施。2010年7月8日，审计署对国家审计准则进行第三次修订，并由审计长会议审议通过，于2011年1月1日起施行。

（二）西方国家审计的产生与发展

西方的国家审计也是随着经济发展，随着受托经济责任的产生而产生和发展的。早在奴隶制度下的古埃及、古罗马和古希腊时代，就出现了对掌管国家财务和税赋的官吏进行考核这一具有审计性质的经济监督工作，即官厅审计。

资本主义时期，各国的国家审计都得到飞速发展。在现代资本主义的国家中，大多立法、行政、司法三权分立的国家政权组织形式，议会为国家的最高立法机关，并对政府行使包括财政监督在内的监督权。多数在议会下设有专门的审计机构，进行审计监督。如美国的审计总局；英国的审计署等。除立法型体制外，还有司法型审计体制、行政型审计体制。

第二次世界大战以后，许多西方国家的国家审计在理论与实务方面取得了重大突破，从传统的财务审计向现代效益审计方面发展。至今，国外广为流行的审计实务如绩效审计、经营审计、管理审计、三E审计、五E审计等。

四、内部审计产生与发展

内部审计同外部审计一样，也是在受托经济责任关系下，基于经济监督的需要而产生和发展的。它是经营管理实行分权制的产物。

（一）我国内部审计的产生与发展

1. 萌芽时期

我国内部审计与国家审计一样，萌芽于西周时期。在周王之下设天、地、春、夏、秋、冬六官，分管政令。"司会"是天官之长，其主要职责是负责稽核全国财计，同时还负责对上报的财产和业绩资料进行审查。司会的出现，标志着我国内部审计有了萌芽。

2. 初步发展时期

我国现在的内部审计是伴随政府审计的恢复和重建而产生与发展的。在国家与国家审计署早期阶段颁布的法律法规中，一般都有关于内部审计的规定和说明。

1985年12月5日，审计署发布了《审计署关于内部审计工作的若干规定》，这是审计署成立后发布的第一个关于内部审计工作的法规文件，也是中国第一个内部审计的部门规章，对我国内部审计工作进行了规范。我国的内部审计在其产生的那一刻起，就扮演着双重角色：一是代表国家利益，监督企业遵纪守法；二是对本单位领导负责，确保企业经营决策所需信息的可靠性。1987年中国内部审计学会成立；2001年更名为"中国内部审计协会"。1994年我国颁布《中华人民共和国审计法》，将内部审计以法律形式予以肯定，明确了其法律地位。1995年审计署又发布《关于内部审计工作的规定》，对内部审计做了进一步具体规定。到1999年年底，我国共建立了内部审计机构9万多个，配备内部审计人员24万之多，形成了包括由地区、部门和企事业单位组成的较为完整的内部审计体系。

3. 不断完善时期

2003年3月4日审计署发布了《关于内部审计工作的规定》，并于2003年5月1日实施，原1995发布的《审计署关于内部审计工作的规定》同时废止。该规定的出台标志着我国内部审计工作走上了法制化、制度化、规范化的征途。2003年4月12日颁布了《中国内部审计基本准则》《内部审计人员职业道德规范》和10个内部审计具体准则，并从2003年6月1日起开始实施。此后又陆续发布了五批共19个内部审计具体准则和5个实务指南，形成了由内部审计基本准则、内部审计人员职业道德规范、内部审计具体准则和内部审计实务指南构成的较为完善的内部审计准则体系。

2006年，我国对《中华人民共和国审计法》进行了修订，并于2006年6月1日起生效。新修订的审计法第29条规定："依法属于审计机关审计监督对象的单位，应当按照国家有关规定建立健全内部审计制度；其内部审计工作应当接受审计机关的业务指导和监督。"

随着我国内部审计的转型和发展，内部审计的理念、目标和定位也逐渐由"查错纠弊"向防范风险和增加价值方向转变。2012年，为了适应内部审计的最新发展，更好地发挥内部审计准则在规范内部审计行为、提升内部审计质量方面的作用，中国内部审计协会对2003年以来发布的内部审计准则进行了全面、系统的修订。修订后的内部审计准则（以下简称新准则）于2013年8月20日由中国内部审计协会以公告形式发布并于2014年1月1日起施行。新准则的发布，标志着我国内部审计准则体系进一步完善和成熟，并逐步与国际惯例接轨。

新内部审计准则将内部审计具体准则分为作业类、业务类和管理类三大类。在分类的基础上，对准则体系采用四位数编码进行编号，借鉴国际内部审计准则的经验，体现准则体系的系统性和准则之间的逻辑关系，为准则的未来发展预留了空间。修订后的内部审计准则体系由内部审计基本准则、内部审计人员职业道德规范、20个具体准则、5个实务指南构成。

（二）西方国家内部审计的产生与发展

1. 内部审计的起源

内部审计的历史几乎与国家审计一样悠久，奴隶社会是内部审计的萌芽时期。进入中世纪后，内部审计有了进一步的发展，主要标志是出现了独立的内部审计人员。中世纪的内部审计继承了奴隶社会内部审计的思想，而且为近代内部审计奠定了坚实的基础。这一时期，内部审计主要采取寺院审计、城市审计、行会审计、银行审计和庄园审计诸形式；内部审计的目的是查错防弊。

2. 内部审计的发展

19世纪末期，随着资本主义经济的发展，企业之间的竞争日益激烈，跨国公司也迅速崛起，引起企业内部管理层次增加，从而产生对企业内部经济管理控制和监督的需要。20世纪初，内部审计首先在美国产生，后来在英国、日本有所发展。内部审计的发展经历了三个阶段：

（1）以保护财产、查错防弊为主要目标。以事后监督为主，是内部审计发展的初级阶段；

（2）以加强企业内部控制制度为主要目标，以评价活动为主要内容，是内部审计的发展阶段；

（3）以提高企业经营管理水平和经济效益为主要目标，以经营及效益评价为主要内容，是内部审计发展的新阶段。

在内部审计的发展中，形成了经营审计，管理审计和效益审计。内部审计的职能，也从监督、控制转向评价，由事后审计，发展到事前监督和评价。

内部审计的发展培养了一批有经验的内部审计师。美国于1941年在纽约建立了"内部审计师协会"，从此内部审计师有了自己的职业组织。该协会的成立意味着内部审计已成为一支社会力量。自1951年英国成为会员国到目前，协会已发展成为有一百多个会员国的国际性审计组织。它担负着国际性的内部审计教育管理、科学研究、著做出版以及内部审计师考试和证书签发等工作，为推动内部审计职业的发展发挥了重要作用。

近年来，国际内部审计师协会（IIA）根据内部审计实务的最新发展变化，多次对内部审计实务框架的机构和内容进行更新和调整，最近的两次调整分别是在2010年和2012年。这些修订和完善充分反映内部审计发展的最新理念，更加重视内部审计在促进组织改善治理、风险管理和内部控制中发挥作用，以及重视内部审计的价值增值功能等。

总之，世界范围内的内部审计的持续发展，使大量企业受益良多，引起企业最高管理者对这一工作的重视，并使之更好地为改善企业经营管理发挥日益重要的作用。

第二节 审计属性与种类

审计作为一种监督机制，其实践活动历史悠久，但审计理论界对审计概念却众说纷纭。

美国会计学会（American AccountingAssociation，缩写为AAA）于1973年在其所颁布的《基本审计概念说明》的公告中，把审计概念描述为："为确定关于经济行为及经济现象的结论和所制订的标准之间的一致程度，而对这种结论有关的证据进行客观搜集、评定，并将结果传达给利害关系人的有系统的过程。"这是目前对审计概念的研究中最具代表性的一种。

对上述审计定义的理解应掌握以下要点：

（1）审计的主体是独立的审计机构和审计人员；

（2）审计的性质是法定的，必须依法授权或接受委托才能审计；

（3）审计的对象是会计报表及其相关资料所反映的经济活动和经济事项；

（4）客观地获取和评价证据，审计以获取的证据和客观的评价为依据，不能带有任何偏见；

（5）审计的标准是国家颁布的会计准则和相关会计制度；

（6）发表审计意见，是指审计人员根据会计报表认定同审计标准的接近程度，表达合法性、公允性的审计意见；

（7）向利害关系人传达审计结果。对一个企业来说，审计利害关系人通常包括股东、管理当局、债权人、政府机构和一般社会公众。

一、审计属性

审计属性，是一种被授权或被委托的独立性经济监督活动。

审计是一种经济监督。经济监督是其基本职能，但并非与生俱来，是授权人或委托人经济监督权力的暂时转移。经济监督的种类有很多，审计监督区别于其他经济监督的根本特征是独立性。

在我国，经济监督体系包括审计监督、财政监督、税务监督、金融监督、工商行政监督、物价监督、统计监督和会计监督等。其中，除了审计监督，其他监督都需要结合自身的业务进行，其监督职能都是从其管理职能中派生出来的附带职能，是为了执行其具体业务而进行的监督，只有审计监督才是由专门机构、专职人员进行的独立经济监督。

审计独立性是指审计人员公正不倚地进行审查并表达意见的状态。它实质上是要求审计人员在实施审计过程中与被审计人之间不存在经济利害关系，并且在依法履行审计职责时，不受其他组织和个人的干涉。这种独立性已为审计理论界普遍认可并在实践中予以遵循。审计监督的独立性，是审计的本质特征，由审计无权性决定的。总结国内外审计实践经验，审计的独立性主要体现在以下几个方面。

（1）组织上的独立性。审计组织必须是独立的专职机构，应当单独设置。它要求和被审计单位没有组织上的隶属关系。

（2）人员上的独立性。审计人员与被审计单位应不存在经济利害关系，不参与被审计单位的行政或者经营管理活动。如果审计人员办理审计事项，与被审计单位或者审计事项有利害关系的，应当回避。审计人员依法行使审计监督权，并受国家法律保护。

（3）工作上的独立性。审计人员在实施审计工作的全过程中应当依法独立行使审计监督权，做出审计判断，表达审计意见，提出审计报告。审计机关和审计人员依法独立办理前述审计事项时，其他行政机关、社会团体或个人不得干涉。

（4）经费上的独立性。审计组织应有自己专门的经费来源，以保证有足够的经费能独立自主地进行工作，不受被审计单位的制约。

决定审计独立性的主要因素是审计三方面关系人之间的相互关系，即审计者与被审计者的关系，委托者或授权者与审计者的关系。一般地说，审计者只独立于被审计者，称为"单向独立"；审计者既独立于被审计者，又独立于委托者，称为"双向独立"。

审计需通过授权或委托才能进行。未经授权或委托，一般不得行使审计监督。审计授权，分为固定授权（国家审计、内部审计）和临时授权（民间审计）两种。

二、审计特征

与其他经济监督（计划、统计、财务、会计、财政、税务、银行、海关、工商行政）

相比，审计监督具有以下特征。

（1）独立性。如前所述。

（2）综合性。它既可以审查只从事生产经营或行政管理的单位，也可以审查具有监督职能的单位，即可以实施再监督。这是与其他经济监督形式相比较而言的。财政、税务、工商、银行等经济监督是结合各自的业务实施的专业监督，而审计监督则是对被审计单位进行的专职监督。因而在审计范围上，审计监督既可以对财政财务收支的真实性、合法性进行审查评价，也可以对经济效益的优劣进行审查评价；既可以对企业进行审查评价，也可以对综合经济管理部门进行审查评价。

（3）客观公正性。独立性决定其客观公正性。在审计关系中，审计人既独立于被审计人，也独立于审计授权人或委托人，这种超脱性可以保证审计结果的客观公正性。

（4）权威性。审计组织依法成立、依法行使监督权、审计结论具有法律效力。

三、审计分类

审计按不同标志，可划分为若干种类。对审计进行合理分类，有利于加深对审计的认识，从而有效地组织各类审计活动，充分发挥审计的积极作用。

（一）按审计主体分类

审计按不同主体划分为国家审计、内部审计和民间审计，它们共同构成审计监督体系。世界各国审计监督体系具有共同的特征。

（1）国家审计。又称政府审计，是指由国家审计机关所实施的审计。我国的国家审计机关分为中央和地方两个层次，它们依法独立行使审计监督权。国家审计主要监督国务院各部门和地方各级人民政府、国家财政金融机构、国有企业事业单位、国家控股的股份公司以及其他拥有国有资产的单位的财政财务收支和有关经济活动的真实性、合法性和效益性。其特点是具有法定性、强制性、独立性、综合性和宏观性。

（2）内部审计。这是指由部门和单位内部设置的审计机构或专职审计人员对本部门、本单位及其下属单位进行的审计。它包括部门内部审计和单位内部审计。内部审计主要监督检查本部门、本单位的经营管理活动及内部控制。其特点是具有内向性、广泛性和及时性。

（3）民间审计。也称注册会计师审计或社会审计，是指由依法成立的民间审计组织接受委托人的委托所实施的审计。民间审计组织主要是经政府有关主管部门审核批准成立的会计师事务所。民间审计是企业经营权与所有权分离、资本市场发展的必然产物，是市场经济条件下社会经济监督机制的主要表现形式。民间审计的特点是具有独立性、委托性和有偿性。

以上三种不同形式的审计各有特点，不可相互替代，不存在主导和从属关系。

（二）按审计内容和目的分类

审计按其内容和目的，可划分为：财务报表审计、合规性审计和经营审计，或财政财务收支审计、财经法规审计和经济效益审计。

（1）财务报表审计，是注册会计师通过执行审计工作，对财务报表是否按照规定的标准编制发表意见。规定的标准通常是企业会计准则和相关会计制度。按计税基础、收付实现制基础或监管机构的报告要求编制的财务报表也属于财务报表审计。财务报表通常包括资产负债表、利润表、现金流量表、所有者权益变动表及财务报表附注。

（2）经营审计，是为了评价被审计单位经营活动的效率和效果，而对其经营程序和方法进行的评价。

（3）合规性审计，是确定被审计单位是否遵循了特定的程序、规则或条例。

（4）财政财务审计，指对被审计单位的财政财务收支活动进行的审计，目的是检查被审计单位财政财务收支的真实性和合法性。财政审计：审计主体是各级国家审计机关，审计对象是各级政府预算收支执行情况；财务审计：审计主体包括国家审计机关、内部审计机构和社会审计机构，审计对象是被审计单位财务收支执行情况。

（5）财经法纪审计，指对被审计单位遵守国家财经法纪情况进行的审计。

（6）经济效益审计，指对被审计单位资源管理和使用的有效性进行的检查和评价。有效性包括：经济性、效率性、效果性（3E）和合规性。最高审计机关国际组织（INTOSAI）则将政府审计机关开展的经济效益审计统一称为"绩效审计"（performance audit）。西方国家又将企业内部审计机构从事的经济效益审计活动概括为"经营审计"（operational audit）。

（三）按审计范围分类

审计按其范围，可划分为全部审计和局部审计。

（1）全部审计，对被审计单位审计期内的全部财务收支及有关经济活动的真实性、合法性和效益性进行的审计。其特点是审查详细彻底，但工作量大，审计成本高。全部审计不同于详细审计（这是一种审计方法，需要对资料逐一审查）。

（1）局部审计，对被审计单位审计期内的部分财务收支及有关经济活动的真实性、合法性和效益性进行的审计。其特点是审查范围小，重点突出，针对性强，审计成本低，但审计覆盖面有限，容易遗漏问题。局部审计不同于抽样审计（一种审计方法，对资料抽样审查）。

（四）按审计时间分类

1. 按实施审计的时间分类

按审计实施时间相对于被审单位经济业务发生的前后分类，审计可分为事前审计、事中审计和事后审计。

(1) 事前审计是指在被审单位经济业务实际发生以前进行的审计。这实质上是对计划、预算、预测和决策进行审计，如国家审计机关对财政预算编制的合理性、重大投资项目的可行性等进行的审查；会计师事务所对企业盈利预测文件的审核，内部审计组织对本企业生产经营决策和计划的科学性与经济性、经济合同的完备性进行的评价等。

(2) 事中审计是指在被审单位经济业务执行过程中进行的审计。例如，对费用预算、经济合同的执行情况进行审查。通过这种审计，能够及时发现和反馈问题，尽早纠正偏差，从而保证经济活动按预期目标合法合理和有效地进行。

(3) 事后审计是指在被审单位经济业务完成之后进行的审计。大多数审计活动都属于事后审计。事后审计的目标是监督经济活动的合法合规性，鉴证企业会计报表的真实公允性，评价经济活动的效果和效益状况。

2. 按实施审计的周期分类

按实施的周期性分类，审计还可分为定期审计和不定期审计。

(1) 定期审计是按照预定的间隔周期进行的审计，如注册会计师对股票上市公司年度会计报表进行的每年一次审计、国家审计机关每隔几年对行政事业单位进行的财务收支审计等。

(2) 不定期审计是出于需要而临时安排进行的审计，如国家审计机关对被审单位存在的严重违反财经法规行为突击进行的财经法纪专案审计；会计师事务所接受企业委托对拟收购公司的会计报表进行的审计；内部审计机构接受总经理指派对某分支机构经理人员存在的舞弊行为进行审查等。

(五) 按执行审计的地点分类

审计按地点，可划分为就地审计和报送审计。

1. 就地审计

所谓就地审计，是指审计组织委派审计人员到被审计单位进行现场审计。就地审计按照不同的情况，又可分为常驻审计、抽查审计（专程审计）和巡回审计三种。

(1) 常驻审计，是指审计组织派出审计人员常驻被审单位所进行的审计。它的审计重点是物资收发、财务收支、资金使用前的审计监督，但也不排除在必要时进行实物的抽查审计。

(2) 抽查审计，是指审计组织为了某种需要，或为了查明某些问题派员专程到被审单位进行审计。例如，对严重违反财经法纪的专程审计。

(3) 巡回审计，是指审计组织根据需要和可能，派出人员对所属地区或单位进行定期或不定期的审计。该种审计一般是把被审单位分为若干区域，分派几个小组，每个小组负责一个区域内的有关单位，进行轮流审查；也可按所属区的企业性质来划分，如按工商企业来进行分组，轮流审查。国外的巡回审计，是指企业内部审计人员对所属工厂、支店及营业所进行的巡回检查。

就地审计可以深入实际，调查研究，易于了解和掌握被审计单位的实际情况，是我国审计监督中使用最多的一种方法。这类审计一般用于经济活动频繁，审计内容较多，且有些项目需要通过实地审查，方能确定问题性质的审计对象。如经济效益审计和专题（案）审计等。

2. 报送审计

报送审计亦称"送达审计"，审计部门和人员根据国家的有关规定和工作安排，要求被审计单位报送有关财政财务收支计划、预算、会计报表和决算报告以及其他有关资料到审计部门所在地进行的审计。报送审计是一种书面审计。由于它只审查书面资料，所以，报送审计应在审计人员充分了解被审计单位有关情况的前提下实施，并尽可能与其他审计方式相结合。从报送时间看，报送审计可以是定期的常规性审计，也可以是不定期的随意性审计。报送审计主要适用于对业务量不多，会计资料较少的行政事业单位进行审计，如行政机关的经费报销审计等。

第三节 审计对象、职能与作用

一、审计主体和审计客体

根据审计关系理论，审计对象同审计主体、审计客体是息息相关的。

审计主体通常是指审计关系中的审计人，即接受审计授权人（或委托人）的授权（或委托）而成为实施审计的主体。在实际工作中，审计主体是专职机构和专业人员。专职机构是以审计为专门工作的单位，包括国家审计机关、内部审计机构、民间审计组织。专业人员是上述专职机构中的审计人员。

审计客体是接受审计人审计的经济责任承担者和履行者，即被审计单位，包括国务院各部门、地方各级政府及其所属部门、财政金融机构、企业事业组织等。

二、审计对象

审计对象是指审计行为所指向和作用的承受体。实质上，无论何种社会制度、何种审计客体，这种承受体都是被审计人所承担和履行的经济责任，即审计客体的经济责任。在现实经济生活中，被审计人承担和履行经济责任时，要设置机构，配备人员，制订规章制度，并由各类工作人员配合进行一系列生产、经营和管理等经济活动。这种经济活动既有以货币计量的财政财务收支活动，也有不以货币计量的其他活动。所以，人们往往将审计对象泛指为被审计单位的财政财务收支及其有关经济活动。

对经济责任的审计，主要是确定被审计人所从事的经济活动的真实性、合法性和效益性方面是否存在问题。如存在问题，则可确认被审计人负有经济责任，反之则可解除被审计人的经济责任。从时间过程来看，接受审计的经济活动，不仅包括已经发生的、正在发生的，还包括将要发生的，即事前、事中和事后的活动。

从理论上讲，审计对象是指审计客体因承担和履行经济责任而发生的事前、事中、事后经济活动的真实性、合法性和效益性。简而言之，审计对象是审计客体的经济活动。

三、审计的职能

审计职能是审计本身固有的、体现审计本质属性的内在功能。它是不以人们意志为转移的客观存在。审计具有经济监督、经济鉴证和经济评价职能。

（一）经济监督职能

经济监督是审计的基本职能。审计的经济监督职能是由审计的性质所决定的。它主要是通过审计，检查和督促被审计人的经济活动在规定的范围内是否沿着正常的轨道健康运行；检查受托经济责任人忠实履行经济责任的情况，借以揭露违法违纪，制止损失浪费，查明错误弊端，判断管理缺陷，进而追究经济责任。在审计实务中，审计机关和审计人员从依法检查到依法评价，从依法做出审计处理处罚决定到督促决定的执行，无不体现着审计监督职能。

（二）经济鉴证职能

经济鉴证是指审计人对被审计单位的会计报表及其他经济资料进行检查和验证，确定其财务状况和经营成果的真实性、公允性、合法性，并出具证明性审计报告，为审计授权人或委托人提供确切的信息，以取信于社会公众。比如，注册会计师接受委托通过财务报表审计出具的审计报告就体现了审计的经济鉴证职能。又如，国家审计机关经授权提交的审计结果报告也体现了审计的经济鉴证职能。

（三）经济评价职能

经济评价是指审计人对被审计人的经济资料及经济活动进行审查，并依据相应的标准对所查明的事实做出分析和判断，肯定成绩，揭露矛盾，总结经验，从而改善经营管理，寻求提高效率和效益的途径。审计人对被审计人的经营决策、计划、方案是否切实可行、是否科学先进、是否贯彻执行，内部控制系统是否健全、有效，各项经济资料是否真实、可靠，以及各项资源的利用是否合理、有效等诸多方面所进行的评价，都可以作为提出改善经营管理建议的依据。在现代审计实务中，经济效益审计最能体现审计的经济评价职能。

四、审计的作用

审计的作用是指在审计实践中履行审计职能所产生的客观影响和实际效果。审计的作用是由审计职能所决定的，而审计作用的发挥又受着主客观因素的制约和影响。我国社会主义审计的作用可以概括为防护性作用和建设性作用。

（1）防护性作用，即制约作用，是指完成审计工作任务对社会主义财产和经济建设所起到的维护、保护、保证和保障等作用。比如，通过审计可以揭露被审计单位存在的弄虚作假、偷税漏税、乱挤成本、截留利润、行贿受贿、贪污盗窃以及严重浪费等违法违纪行为，追究责任，从而确保党和国家的方针政策和财经法纪的贯彻执行，保护国有资产的安全完整和所有者合法权益不受侵犯。

（2）建设性作用，即促进作用，是指完成审计工作任务后，因提出改进意见和建议而对宏观和微观经济管理所起到的改善、加强、提高和促进等作用。比如，通过审计可以指出被审计单位经营管理活动所取得的成绩及其合理性，找出其薄弱环节和存在的问题，提出改进的措施，从而促使被审计单位健全内部控制系统，加强防范错弊的措施，改进财会工作和经营管理，提高经济效益。

审计的具体作用还因国家审计、社会审计和内部审计在监督经济活动中所处的位置和检查范围不同而有所不同。

第四节　审计模式

审计模式是审计导向性的目的、范围和方法等要素的组合，它规定了审计应从何处着手、如何着手以及何时着手等方面。随着社会经济的发展，审计目的在不断变化，被审计单位的具体情况在不断变化，因而审计模式也在不断发展。审计模式按审计工作着手点可分为账项导向审计模式、制度导向审计模式和风险导向审计模式三类。

一、账项导向审计模式

账项导向审计模式是最初始的审计方法关系，主要着眼于查错防弊，从审计期间会计事项所依据的相关凭证账簿报表作为着手点，验算其记账金额、核对账证、账账、账表，如果它们之间能够勾稽相符的一种审计模式。

账项导向审计是审计模式发展的第一阶段，是审计开创时期采用的审计入手方法，在审计方法史上占有十分重要的地位，至今仍未消亡，继续发挥着重要作用。账项导向审模式适用于经济业务不很复杂的小规模企业。

账项导向审计的做法随会计账簿体系和核算程序的不同而有所不同，在我国审计实践中该模式的运用有三种做法。

（一）顺查法

顺查法，是指按照同会计核算程序完全相同的方向而依次进行审计的方法，又称正查法。其基本步骤如下。

（1）审阅和分析原始凭证，目的是查明反映经济业务的原始凭证是否真实可靠。

（2）审阅记账凭证并与原始凭证相核对，目的是验证记账凭证是否正确及与原始凭证是否相符。

（3）审阅明细账、日记账并与记账凭证（或原始凭证）相核对，目的是查明明细账、日记账记录是否正确以及与凭证内容是否相符。

（4）审阅总账并与相关明细账、日记账余额相核对，目的是查明总账记录是否正确以及与明细账、日记账是否相符。

（5）审阅和分析会计报表，并与总账和有关明细账相核对，目的是查明会计报表编制是否合法正确以及与账簿记录是否相符。

（6）根据会计记录抽查盘点实物和核对债权债务，目的是验证债项是否正确、财产是否完整。

顺查法的优点是审查仔细全面，审计结论较为准确；缺点是费时、费力，成本高、效率低。

（二）逆查法

逆查法，也称倒查法或溯源法，是指与会计核算程序完全相反的方向，依次进行审计的方法。其基本步骤如下。

（1）审阅和分析会计报表，目的是确定会计报表的正确性和判断哪些方面可能存在问题及进一步审计的重点。

（2）依据会计报表分析所确定的重点审查项目，检查总账和相关的明细账、日记账，目的是账项记录上查明问题来龙去脉。

（3）审阅和分析总账并与明细账、日记账相核对，目的是发现总账中可能存在的问题，并通过明细分类账和日记账进行验证。

（4）审阅和分析明细账、日记账并与记账凭证（或原始凭证）相核对，目的是发现可能存在于明细账、日记账中的问题，并通过记账凭证（或原始凭证）进行验证。

（5）审阅和分析记账凭证并与原始凭证核对，目的是发现记账凭证中存在的问题，并通过原始凭证进行验证。

（6）审阅和分析原始凭证并抽查有关财产物资及债权债务，目的是确定被审计事项的真相。

逆查法的优点缺点与顺查法正好相反。

（三）顺查逆查交叉使用

顺查逆查交叉使用的基本步骤如下。

（1）取得各个账项的明细表。

（2）将此表与总账和明细账核对。

（3）顺向核对会计报表，逆向核对记账凭证和原始凭证。

二、制度导向审计模式

制度导向审计，是以内部控制制度评审为导向所进行的审计，其程序设置的切入点是被审计单位的内部控制制度，通过对内部控制制度的调查、测试和评价，来确定实质性测试的性质、时间和范围，最终实现检查会计账表的目的。其基本步骤如下。

（1）了解内部控制。了解被审计单位内部控制的设计及是否得到执行。

（2）控制测试。控制测试是对被审计单位设计合理及得到执行的内部控制运行的有效性进行测试，并以此确定实质性程序的性质、时间和范围。

（3）实质性程序。实质性测试是在了解及测试被审计单位内部控制的基础上，对数据资料是否不存在错大错报进行审查，以实现审计目标。

制度导向审计模式最大的优点在于注重剖析产生财务报表结果的每个过程，从而提高了审计质量和效率，降低了审计风险。制度导向审计的出现，突破了账项导向审计的框架，采用了全新的思路与措施，是现代审计发展和成熟的标志。

三、风险导向审计模式

风险导向审计，是在分析研究审计风险的基础上进行的审计，这种模式将风险因素的评价与控制作为审计工作的切入点，并引入风险分析方法，统筹使用各种测试手段，综合各种审计证据，以形成合理审计意见，实现审计目标。

风险导向审计是 20 世纪 80 年代出现的，是审计模式发展的最新形式，在西方已被许多会计师事务所运用。然而，由于它出现较晚，即便是在国外也不成熟，并没有一个统一的程序。根据我国民间审计准则的相关规定，其基本步骤如下：

（1）了解被审计单位及其环境；

（2）识别和评估重大错报风险；

（3）应对重大错报风险的程序。

审计模式比较如表 1-1 所示。

表 1-1 审计模式比较

	定义	着眼点	目标	方法	优点	缺点
账账目基础审计	以经济业务、会计事项和账目记录为基础，直接从会计资料的审查搜集证据形成审计结论	数据的可靠性	查错防弊	详细审计	直接取得具有实质性意义的审计证据，审计质量较高	审计环境和目标发生巨大变化，无法兼顾审计质量和效率两方面的要求
制制度基础审计	从检查被审计单位内部控制入手，根据对内部控制评审的结果，确定实质性测试的审查范围、数量和重点，根据检查结果形成审计意见和结论	内部控制	财务报表的合法公允性	大量采用抽查方法	根据内控的测评结果确定实质性测试的范围较好地适应了审计环境和目标的变化，提高质量和效率，减少了审计取证的盲目性，降低了审计风险	（1）工作效率改进不明显（2）内部控制有效性的整体评价缺少统一的标准（3）内部控制的有效性与实质性测试的检查工作之间缺乏量化关系（4）内部控制的有效性会因管理者有意不执行而难以保障（5）不能解决全部风险问题
风风险导向审计	审计人员在对审计全过程中各种风险因素进行充分评估分析的基础上，将风险控制方法融入传统审计方法中获取审计证据，形成审计结论的模式	各种风险因素	财务报表的合法公允性	在评价重大错报风险的基础上实施控制测试和实质性程序	既保证审计质量又提高了审计效率	

本章小结

本章主要讲述了审计的产生和发展，审计属性、种类、对象、职能与作用，以及审计模式。通过本章的学习，读者应该了解审计产生和发展的客观基础、民间审计的产生与发展、国家审计的产生与发展、内部审计产生与发展；掌握审计的属性、审计特征和审计分类；了解审计主体和审计客体、审计对象、审计的职能和审计的作用；掌握账项导向审计模式、制度导向审计模式和风险导向审计模式。

本章习题

一、单项选择题

1. 根据美国会计学会（AAA）对审计的定义，下列理解中不恰当的是（ ）。
   A. 审计是一个系统过程
   B. 在财务报表审计中，既定标准可以具体为企业会计准则
   C. 审计应当确保被审计单位财务报表与标准相同
   D. 审计的价值需要通过把审计结果传递给利害关系人来实现

2. 我国"审计"这个名词正式出现是在（ ）。
   A. 西周   B. 汉朝   C. 宋朝   D. 清朝

3. 一般认为，世界上第一个会计师职业团体是（ ）。
   A. 爱丁堡会计师协会   B. 美国注册公共会计师协会
   C. 东京会计师协会   D. 蒙特利尔会计师协会

4. 审计性质应当表述为（ ）。
   A. 经济监督   B. 财政、财务收支的审查
   C. 会计检查   D. 独立性经济监督

5. 按审计的范围不同，审计可分为（ ）。
   A. 全部审计和局部审计   B. 详细审计和抽样审计
   C. 全部审计和抽样审计   D. 局部审计和详细审计

二、多项选择题

1. 审计独立性主要体现在（ ）。
   A. 组织上的独立   B. 人员上的独立
   C. 工作上的独立   D. 经费上的独立

2. 审计与其他经济监督相比，具有（ ）。
   A. 独立性   B. 权威性   C. 客观公正性   D. 综合性

3. 审计按内容进行分类，可以分为以下哪几类？（ ）

A. 财政财务审计　　　　　　　　B. 经济效益审计
C. 国家审计　　　　　　　　　　D. 财经法纪审计

4. 以下命题正确的是（　　）。

A. 审计的职能是指审计所具有的功能，能够满足社会需要的能力

B. 审计的作用是完成审计任务后的结果

C. 审计的对象是审计所要检查的客体

D. 审计最本质的特性是真实性

5. 审计由三方面关系人构成，他们是（　　）。

A. 财产所有者　　　　　　　　　B. 审计人
C. 审计授权或委托人　　　　　　D. 被审计人

三、简答题

1. 如何理解审计的本质？
2. 民间审计的发展经历了哪几个典型的历史阶段？各阶段有何特点？
3. 何为风险导向审计？它与账项导向审计和制度导向审计根本区别是什么？
4. 审计应如何进行分类？

第二章 审计组织与审计人员

【本章导读】

审计组织和审计人员是审计主体,即有权利或有资格行使审计职能、开展审计工作的组织和人员。根据《中华人民共和国审计法》(2006年修正)、《中华人民共和国注册会计师法》及《审计署关于内部审计工作的规定》(审计署4号令)的规定,我国的审计组织和人员有国家审计机关及其人员、内部审计机构及其人员和民间审计组织及其人员。

【本章目标】

> 了解民间审计组织及其人员的相关知识
> 掌握国家审计机关及其人员的相关知识
> 掌握内部审计机构及其人员的相关知识

第一节 民间审计组织及其人员

不同国家民间审计组织的名称各不相同。有会计公司、会计师事务所、审计师事务所等,本教材适用于会计师事务所。会计师事务所是指国家依法批准设立的,独立承办注册会计师业务的,实行自收自支、独立核算、依法纳税的社会中介机构。民间审计人员主要指取得注册会计师证书并在会计师事务所执业的人员,即注册会计师。

一、会计师事务所的组织形式

(一)国外会计师事务所组织形式

1. 独资会计师事务所

独资会计师事务所是由具有注册会计师执业资格的个人独立开设的,承担无限责任。它的优点是对执业人员的需求不多,容易设立,执业灵活,能够在代理记账、代理纳税等方面很好地满足中小企业对注册会计师服务的需求,虽然承担无限责任,但实际发生风险的程度相对较低。它的缺点是无力承担大型业务,缺乏发展后劲。

2. 普通合伙制会计师事务所

普通合伙制会计师事务所是由两个或两个以上注册会计师组成的合伙组织，合伙人以各自的财产对事务所债务承担无限连带责任。它的优点是在风险牵制和共同利益的驱动下，促使事务所强化专业发展，扩大规模，提高规避风险的能力。它的缺点是建立一个跨地区、跨国界的大型会计师事务所要经过漫长过程，而且任何一个合伙人在执业中发生错弊行为都会给整个会计师事务所带来灭顶之灾，使之一日之间土崩瓦解。

3. 有限责任制会计师事务所

有限责任制会计师事务所（Limited Liability Companies，简称LLC），是由注册会计师认购会计师事务所股份，并以其认购的股份对会计师事务所承担有限责任，会计师事务所以其全部资产对其债务承担有限责任。它的优点是可以通过股份制形式迅速聚集一批注册会计师，组成大型事务所，承办大型业务。它的缺点是降低了风险责任对从业人员行为的高度制约，弱化了注册会计师的个人责任。

4. 有限责任合伙制会计师事务所

有限责任合伙制会计师事务所（Limited Liability Partnerships，简称LLP），是为顺应经济发展对注册会计师行业的要求兴起的，它的最大特点在于既融入了合伙制和有限责任公司制会计师事务所的优点，又摈弃了它们的不足。

与普通合伙制的区别：无过失的合伙人对其他合伙人的过失或不当执业行为不承担无限连带责任。

与有限责任制的区别：对会计师事务所的债务以其全部财产承担责任，全部财产不足以承担的部分，由对债务的发生负有直接责任的合伙人以个人财产承担责任。

（二）我国会计师事务所的组织形式

根据《注册会计师法》的规定，我国只准设立有限责任会计师事务所和合伙会计师事务所两种类型。

1. 合伙会计师事务所

合伙会计师事务所由合伙人按出资比例或协议约定以各自的财产对其债务承担责任，合伙人对会计师事务所的债务承担无限连带责任。

通常，设立合伙会计师事务所必须符合下列条件。

（1）有两名以上符合规定的注册会计师为合伙人，由合伙人聘用一定数量符合规定条件的注册会计师和其他专业人员参加会计师事务所工作。

（2）有固定的办公场所和必要的设施。

（3）有能够满足执业和其他业务工作所需要的资金。

申请成为会计师事务所合伙人的注册会计师必须符合下列条件。

(1) 必须是中华人民共和国公民。

(2) 持有中华人民共和国注册会计师有效证书,有5年以上在会计师事务所从事独立审计业务的经验和良好的道德记录。

(3) 不在其他单位从事谋取工资收入的工作。

(4) 至申请日止在申请注册地连续居住一年以上。

由于合伙会计师事务所对外承担无限责任,所以,财政部颁布的《合伙会计师事务所设立及审批试行办法》规定:合伙会计师事务所应当建立风险基金,或向保险机构投保职业保险。建立风险基金的,每年提取的基金数应当不少于企业业务收入的10%。合伙会计师事务所的收入,扣除各项费用,按合伙人应分配额缴纳所得税后,提取不低于30%作为共同基金,其余部分由合伙人按照协议进行分配。共同基金属于合伙人权益。

2. 有限责任公司会计师事务所

有限责任公司会计师事务所以其全部资产对其债务承担责任,会计师事务所的出资人承担的责任以其出资额为限。通常,设立有限责任会计师事务所必须符合下列条件。

(1) 不少于人民币30万元的注册资本。

(2) 有10名以上在国家规定的职龄以内的专职从业人员,其中至少有5名注册会计师。

(3) 有5名以上符合规定条件的发起人。

(4) 有固定的办公场所。

(5) 审批机关规定的其他条件。

从国际惯例来看,会计师事务所的执业登记都由注册会计师行业主管机构统一负责。会计师事务所必须经过行业主管机关或注册会计师协会的批准登记并由注册会计师协会予以公告。我国会计师事务所是向所在地注册会计师协会提出申请,由所在地财政机关批准成立的。

二、会计师事务所业务范围

根据《注册会计师法》规定,我国注册会计师业务范围包括审计业务、会计咨询和会计服务业务。根据《中国注册会计师执业准则》规定,我国注册会计师业务范围是鉴证业务和相关服务业务。

(一) 鉴证业务

鉴证业务是指注册会计师对鉴证对象信息提出结论,以增强除责任方之外预期使用者对鉴证对象信息信任程度的业务。鉴证业务包括审计业务、审阅业务和其他鉴证业务。

1. 审计业务

它是指注册会计师接受委托，对企业、其他经济组织或个人的历史财务信息所进行的审计业务。注册会计师在提供审计服务时，对所审计信息是否不存在重大错报提供合理保证，并以积极方式提出结论。按《注册会计师法》的规定，审计业务包括以下内容。

（1）审查企业会计报表，出具审计报告。会计报表法定审计的范围：上市公司的年度会计报表；国有企业的年度会计报表；各类公司的年度会计报表。

（2）验证企业资本，出具验资报告。

（3）办理企业合并、分立、清算事宜中的审计业务，出具有关的报告。

（4）办理法律、行政法规规定的其他审计业务，出具相应的审计报告。

（5）特殊目的审计业务。在实际工作中，注册会计师还可根据国家法律、行政法规的规定接受委托，对以下特殊目的的业务进行审计：

①按照特殊编制基础编制的财务报表；

②财财务报表特定项目、特定账户或特定账户的特定内容；

③合同遵循情况；

④简要财务报表。

这些业务的办理需要注册会计师具备和运用相关的专门知识，注意处理问题的特殊性。对于执行特殊目的审计业务出具的审计报告，也具有法定证明效力，注册会计师及其所在的会计师事务所对此也应承担相应的法律责任。

2. 审阅业务

审阅业务是指注册会计师接受委托，对企业、其他经济组织或个人的历史财务信息所进行的审阅业务。注册会计师在提供审阅服务时，对所审计信息是否不存在重大错报提供有限保证，并以消极方式提出结论。

3. 其他鉴证业务

这是指注册会计师接受委托，对企业、其他经济组织或个人的历史财务信息审计或审阅以外的其他鉴证业务。注册会计师在提供其他鉴证服务时，要根据鉴证业务性质和业务约定书的要求，提供有限保证或合理保证。如预测性财务信息审核、内部控制审核、风险管理鉴证、网域认证和系统鉴证等。

（二）相关服务业务

相关服务业务是指注册会计师受委托，对企业、其他经济组织或个人的财务信息执行商定程序、代编财务报表业务，以及其他会计咨询和会计服务业务。注册会计师在提供相关服务时，不提供任何程度的保证。

1. 对财务信息执行商定程序

这是指注册会计师对特定财务数据、单一财务报表或整套财务报表等财务信息执行与特定主体商定的具有审计性质的程序，并就执行的商定程序及其结果出具报告。

注册会计师执行商定程序业务，仅报告执行的商定程序及其结果，并不提出鉴证结论。报告使用者自行对注册会计师执行的商定程序及其结果做出评价，并根据注册会计师的工作得出自己的结论。

2. 代编财务报表业务

这是指注册会计师运用会计而非审计的专业知识和技能，代客户编制一套完整或非完整的财务报表，或代为搜集、分类和汇总其他财务信息。注册会计师执行代编业务使用的程序并不旨在，也不能对财务信息提出任何鉴证结论。

3. 税务服务

税务服务包括税务代理和税务筹划。税务代理是注册会计师接受企业或个人委托，为其填制纳税报表，办理纳税事项。税务筹划是由于纳税义务发生范围和时间不同，注册会计师从客户利益出发，代替纳税义务设计可替代或不同结果的纳税方案。其始于所得税的纳税筹划、现已扩展到财产税、遗产税等诸多税种。

4. 管理咨询

管理咨询主要包括对公司的治理结构、信息系统、预算管理、人力资源管理、经营效率、效果和效益等提供诊断及专业意见与建议。

5. 会计服务

会计服务指注册会计师提供的会计咨询和会计服务业务，包括对会计政策的选择和运用提供建议、担任常年会计顾问等。

三、注册会计师行业监管体制

（一）国外注册会计师行业监管体制

纵观世界各国注册会计师行业监管体制，按照政府介入的程度不同，基本上可分为两类：一是行业自律型，二是政府干预型。

（1）行业自律型管理体制，是指政府在注册会计师行业管理中较少发挥作用，主要依靠民间职业团体对注册会计师行业进行管理。采取行业自律型体制的主要是英国、美国、加拿大、澳大利亚等英美法系的国家。

（2）政府干预型管理体制，是指在充分发挥注册会计师行业自我管理的基础上，由政府进行较大范围和程度的干预。采取政府干预型体制的主要是法国、德国、日本等大陆法系的国家。

在"安然"事件后,国际上两大注册会计师行业管理模式出现一种融合趋势,自律型的政府作用在加强,干预型的协会作用也在加强。如美国的《萨班斯法案》。

(二)我国注册会计师行业监管体制

我国现行的注册会计师行业监管体制,是一种以政府干预型为主,行业自律为辅的管理体制。

1. 政府监管部门及其监管的内容

根据有关法律规定,有权参与注册会计师行业管理的政府部门有财政部门、审计部门、证监会、工商行政管理部门、税务部门等。

上述政府相关部门根据有关法律、法规规定,在各自范围内依法对注册会计师行业实施监管。

2. 注册会计师协会及其行业自律内容

中国注册会计师协会(以下简称"中注协")是在财政部党组和理事会领导下开展行业管理和服务的法定组织,依据《注册会计师法》和《社会团体登记条例》的有关规定设立,承担着《注册会计师法》赋予的职能、财政部党组委托和财政部领导交办的职能,以及协会章程规定的职能,成立于1988年11月。

中国注册会计师协会会员包括团体会员和个人会员,个人会员包括注册会计师和非执业会员。非执业会员是指加入中国注册会计师协会但未取得中国注册会计师证书的人员,通常在工业、商业、服务业、公共部门、教育部门、非营利组织、监管机构或职业团体从事专业工作。

中国注册会计师协会根据《注册会计师法》等有关法规及《中国注册会计师协会章程》的规定,对注册会计师行业实行统一的行业自律管理。

四、国际会计师联合会

国际会计师联合会(International Federation of Accountants,简称IFAC),于1977年10月7日,在德国慕尼黑由49个国家的63个会计职业组织共同发起成立,目前参加的会员已发展到80多个国家的120多个会计职业组织,该组织在瑞士日内瓦注册,实际行政总部设在美国纽约。1997年5月8日,国际会计师联合会全票通过,接纳中国注册会计师协会为正式会员。

国际会计师联合会的宗旨是:在国际间开展合作的协调,谋求在技术上、道德上和教育上提高水平,促使会计师资格的互相承认,在世界范围内发展和繁荣社会职业。

国际会计师联合会到目前为止,它已颁布了三十九项国际审计准则及其他若干重要性的指南文件，为各国注册会计师职业师在审计实务中的相互协调及各国社会审计的发展起到了积极的推动作用。

五、注册会计师资格确认制度

注册会计师（Certified Public Accountant，简称CPA），是指依法取得注册会计师证书，并接受委托从事审计业务、会计咨询和会计服务业务的执业人员。

（一）考试制度

具有下列条件之一的中国公民，可报名参加考试。

（1）高等专科以上学历。

（2）会计或者审计、统计、经济相关专业中级以上专业技术职称。

（3）具有会计或者审计、统计、经济相关专业高级技术职称的人员可以免予部分科目的考试。

注册会计师全国统一考试分为专业阶段和综合阶段，专业阶段考试科目为会计、审计、财务成本管理、公司战略与风险管理、经济法、税法六门。

（二）注册制度

根据《注册会计师法》的规定，参加注册会计师全国统一考试成绩合格，并从事审计业务工作两年以上的，可以向省级注册会计师协会申请注册。

（三）年检制度

凡经过批准注册的中国注册会计师，均应接受注册会计师协会的年度检验，未能通过年检的注册会计师，撤销其注册。

第二节　国家审计机关及其人员

一、国家审计机关的设置

（一）国家审计机关设置的基本模式

国家审计机关是代表国家行使审计监督权的机关。目前，世界上许多国家和地区都建立了适合本国国情的国家审计机关，综观这些国家和地区的国家审计机关的设置的基本模式，主要可分为以下几种类型。

1. 立法型

立法型的国家最高审计机关隶属于立法部门，一般为议会或国会。在"立法模式下"，审计部门依据法律赋予的权利独立行使审计权，直接对议会或国会（即立法部门）负责，并向议会或国会报告工作。

"立法模式"下的政府审计制度着重强调向议会或国会报告及预算的否决权，一般只有调查权和建议权，没有处理权。这一类型政府审计制度的主要代表国家为英国、美国和澳大利亚等国。根据已有的文献研究，值得指出的是，加拿大的政府审计制度可以归为立法模式，但加拿大认为审计报告不应提出如何改进工作的具体措施，只应指出问题的存在及其产生的原因。

2. 司法型

司法型的国家最高审计机关一般为审计法院，拥有司法权，其中有的国家审计人员享有司法地位，强化了国家审计的职能，增强了国家审计的权威性。正是由于"司法模式"下的政府审计机关具有独特的司法权，因此其权威性在四大模式中最高。这一类型政府审计制度的主要代表国家有法国、西班牙和意大利。

3. 行政型

行政型的国家最高审计机关隶属于政府部门，它是政府行政部门中的一个职能部门，根据政府所赋予的职责和权限实施审计，对政府负责。行政型的政府审计制度下，审计机关的独立性和权威性相对而言较弱。这一类型政府审计制度的主要代表国家有瑞典、俄罗斯和中国等。

4. 独立型

独立型的国家审计机关独立于"立法""司法""行政"三权之外，按照国家法律所赋予的职责独立开展工作。一般而言，其组织形式是会计检察院或者审计院。"独立模式"下的政府审计制度比较看重建议权，政府审计机关独立性最强，这一类型政府审计制度的主要代表国家是德国和日本。

以上将国家审计机关的设置类型分为"立法型""司法型""行政型"和"独立型"等。四大模式是模式论的主要观点，也是当前理论界关于国家审计机关设置模式分类的主流。除此以外，还有最高审计机关隶属于国家元首、最高军事委员会及总督等模式。需要指出的是，一个国家采取何种模式与该国的政治、经济和文化传统紧密相连，相互适应。判断哪种模式更为有效的关键还是执行以及独立性和协调性的统一。各种模式也不是完全明确区分的，都有相互借鉴，相互融合，不断演变和发展的过程。

（二）我国国家审计机关的设置

我国国家审计机关设置属于行政型模式。根据《宪法》以及《审计法》（2006年修正）

的规定,我国国家审计机关的设置分为中央和地方两级。我国宪法规定,审计机关独立行使审计监督权,不受其他行政机关、社会团体和个人的干涉。

中央一级的国家审计机关设在国务院,称为中华人民共和国审计署(简称国家审计署或审计署),接受国务院总理领导,对国务院负责并报告工作。审计署是我国的最高审计机关。

地方一级的国家审计机关设县级以上的地方各级政府,称审计厅(局)。接受本级人民政府和上一级审计机关的双重领导,对本级人民政府和上一级审计机关负责并报告工作,审计业务以上一级审计机关的领导为主。

另外,根据《审计法》规定,审计机关根据工作需要,经本级人民政府批准,可以在其审计管辖范围内设立派出机构。派出机构根据审计机关的授权,依法进行审计工作。

二、我国国家审计机关的职责与权限

(一)审计机关的职责

根据《审计法》规定,我国审计机关具体职责有以下几个。

1. 对政府预算收支进行审计监督

《审计法》第十六条规定:审计机关对本级各部门(含直属单位)和下级政府预算的执行情况和决算以及其他财政收支情况,进行审计监督。

《审计法》第十九条规定:审计机关对国家的事业组织和使用财政资金的其他事业组织的财务收支,进行审计监督。

《审计法》第十七条规定:审计署在国务院总理领导下,对中央预算执行情况和其他财政收支情况进行审计监督,向国务院总理提出审计结果报告。地方各级审计机关分别在省长、自治区主席、市长、州长、县长、区长和上一级审计机关的领导下,对本级预算执行情况和其他财政收支情况进行审计监督,向本级人民政府和上一级审计机关提出审计结果报告。

2. 对国有资本经营进行审计监督

《审计法》第十八条规定:审计署对中央银行的财务收支,进行审计监督。审计机关对国有金融机构的资产、负债、损益,进行审计监督。

《审计法》第二十条规定:审计机关对国有企业的资产、负债、损益,进行审计监督。

《审计法》第二十一条规定:对国有资本占控股地位或者主导地位的企业、金融机构的审计监督,由国务院规定。

3. 对其他资金进行审计监督

《审计法》第二十二条规定:审计机关对政府投资和以政府投资为主的建设项目的预

算执行情况和决算，进行审计监督。《审计法》第二十三条规定：审计机关对政府部门管理的和其他单位受政府委托管理的社会保障基金、社会捐赠资金以及其他有关基金、资金的财务收支，进行审计监督。《审计法》第二十四条规定：审计机关对国际组织和外国政府援助、贷款项目的财务收支，进行审计监督。

4．对领导干部实行经济责任审计监督

《审计法》第二十五条规定：审计机关按照国家有关规定，对国家机关和依法属于审计机关审计监督对象的其他单位的主要负责人，在任职期间对本地区、本部门或者本单位的财政收支、财务收支以及有关经济活动应负经济责任的履行情况，进行审计监督。

5．对其他法律、行政法规规定应当由审计机关进行审计的事项进行审计监督

《审计法》第二十六条规定：除本法规定的审计事项外，审计机关对其他法律、行政法规规定应当由审计机关进行审计的事项，依照本法和有关法律、行政法规的规定进行审计监督。

（二）国家审计机关的权限

根据《审计法》规定，我国国家审计机关的权限有以下几个。

1．审计机关有权要求被审计单位就审计事项提供所有资料

《审计法》第三十一条规定：审计机关有权要求被审计单位按照审计机关的规定提供预算或者财务收支计划、预算执行情况、决算、财务会计报告，运用电子计算机储存、处理的财政收支、财务收支电子数据和必要的电子计算机技术文档，在金融机构开立账户的情况，社会审计机构出具的审计报告，以及其他与财政收支或者财务收支有关的资料，被审计单位不得拒绝、拖延、谎报。

被审计单位负责人对本单位提供的财务会计资料的真实性和完整性负责。

2．审计机关有权检查被审计单位与审计事项有关资料

《审计法》第三十二条规定：审计机关进行审计时，有权检查被审计单位的会计凭证、会计账簿、财务会计报告和运用电子计算机管理财政收支、财务收支电子数据的系统，以及其他与财政收支、财务收支有关的资料和资产，被审计单位不得拒绝。

3．审计机关有权要求被审计单位配合审计事项的调查和取证

审计调查取证权是一种法律赋予审计机关的行政调查取证权。

行政调查取证权是行政主体出于行政管理的目的而进行的信息搜集和处理活动，因其同时具备了程序法和实体法上的意义，表现得极为复杂。一些调查行为表现为事实行为，不对行政相对人的权利、义务做出法律上的处分；一些又直接对行政相对人的权利、义务做出法律上的处分。审计调查属于前一种情况。

审计调查取证权是审计机关行使监督权的重要方式和必要条件，各国审计立法对此者有规定。

《审计法》第三十三条规定：审计机关进行审计时，有权就审计事项的有关问题向有关单位和个人进行调查，并取得有关证明材料。有关单位和个人应当支持、协助审计机关工作，如实向审计机关反映情况，提供有关证明材料。

审计机关经县级以上人民政府审计机关负责人批准，有权查询被审计单位在金融机构的账户。审计机关有证据证明被审计单位以个人名义存储公款的，经县级以上人民政府审计机关主要负责人批准，有权查询被审计单位以个人名义在金融机构的存款。

查询存款是指经法律、行政法规授权的国家机关依法做出的、要求金融机构提供相关存款人存款情况的行为。一般而言，查询机关查询存款的目的有两种：一种是为了获取与案件有关的证明材料；另一种是为了冻结或扣划存款而事先摸查情况。

4. 审计机关有权制止被审计单位违反相关规定的行为

行政强制指行政主体为实现行政目的，对相对人的财产、身体及自由等予以强制而采取的措施。在我国，行政强制制度主要包括行政强制措施和行政强制执行两大部分。

行政强制执行制度世界有三种模式：行政机关自行强制执行；申请司法机关强制执行；混合执行模式。

我国行政强制执行以行政机关申请法院执行为主，以行政机关自力执行为辅。《审计法》有关审计机关行政强制权包括以下几点。

（1）对违法、违规行为的制止权。

（2）对有关资料暂时封存权。

（3）对有关资产自行封存，或者申请法院对有关存款予以冻结。

（4）通知财政部门和有关主管部门暂停拨付有关款项或者暂停使用有关款项的权力。

《审计法》第三十四条规定：审计机关进行审计时，被审计单位不得转移、隐匿、篡改、毁弃会计凭证、会计账簿、财务会计报告以及其他与财政收支或者财务收支有关的资料，不得转移、隐匿所持有的违反国家规定取得的资产。必要时，经县级以上人民政府审计机关负责人批准，有权封存有关资料和违反国家规定取得的资产；对其中在金融机构的有关存款需要予以冻结的，应当向人民法院提出申请。制止无效的，经县级以上人民政府审计机关负责人批准，通知财政部门和有关主管部门暂停拨付与违反国家规定的财政收支、财务收支行为直接有关的款项，已经拨付的，暂停使用。但是，审计机关采取上述规定的措施不得影响被审计单位合法的业务活动和生产经营活动。

5. 审计机关有权向有关主管部门提出纠正意见，主管部门不予纠正的，审计机关应当提请有权处理的机关依法处理

《审计法》第三十五条规定：审计机关认为被审计单位所执行的上级主管部门有关财

政收支、财务收支的规定与法律、行政法规相抵触的，应当建议有关主管部门纠正；有关主管部门不予纠正的，审计机关应当提请有权处理的机关依法处理。

6. 审计机关可以向政府有关部门通报或者向社会公布审计结果

《审计法》第三十六条规定：审计机关可以向政府有关部门通报或者向社会公布审计结果。审计机关通报或者公布审计结果，应当依法保守国家秘密和被审计单位的商业秘密，遵守国务院的有关规定。

7. 审计机关履行审计监督职责，可以提请相关机关予以协助

《审计法》第三十七条规定：审计机关履行审计监督职责，可以提请公安、监察、财政、税务、海关、价格、工商行政管理等机关予以协助。

行政协助是指行政主体在履行自身职责过程中遇到自身无法克服的障碍时，向与其无隶属关系的其他行政主体提出协助请求，被请求机关依法提供职务上的帮助以支持请求机关实现其行政职能的制度。

8. 审计机关进行有关行政处罚

《审计法》四十三条规定，被审计单位违反本法规定，拒绝或者拖延提供与审计事项有关的资料的，或者提供的资料不真实、不完整的，或者拒绝、阻碍检查的，由审计机关责令改正，可以通报批评，给予警告；拒不改正的，依法追究责任。

《审计法》四十五条规定：对本级各部门（含直属单位）和下级政府违反预算的行为或者其他违反国家规定的财政收支行为，审计机关、人民政府或者有关主管部门在法定职权范围内，依照法律、行政法规的规定，区别情况采取下列处理措施。

（1）责令限期缴纳应当上缴的款项。

（2）责令限期退还被侵占的国有资产。

（3）责令限期退还违法所得。

（4）责令按照国家统一的会计制度的有关规定进行处理。

（5）其他处理措施。

《审计法》四十六条规定，对被审计单位违反国家规定的财务收支行为，审计机关、人民政府或者有关主管部门在法定职权范围内，依照法律、行政法规的规定，区别情况采取前条规定的处理措施，并可以依法给予处罚。

《审计法》四十七条规定，审计机关在法定职权范围内做出的审计决定，被审计单位应当执行。审计机关依法责令被审计单位上缴应当上缴的款项，被审计单位拒不执行的，审计机关应当通报有关主管部门，有关主管部门应当依照有关法律、行政法规的规定予以扣缴或者采取其他处理措施，并将结果书面通知审计机关。

《审计法》四十九条规定：被审计单位的财政收支、财务收支违反国家规定，审计机关认为对直接负责的主管人员和其他直接责任人员依法应当给予处分的,应当提出给予处分的建议,被审计单位或者其上级机关、监察机关应当依法及时做出决定,并将结果书面通知审计机关。

三、国家审计机关管辖范围

国家审计机关管辖范围,即国家各级审计机关依法的审计权限分工,我国根据《审计法》制订了《审计机关审计管辖范围划分的暂行规定》,具体关系范围有如下规定。

(1)审计机关的审计管辖范围确定。根据被审计单位的财政、财务隶属关系或者国有资产监督管理关系确定。

(2)审计署专业审计司和派出机构的审计范围确定。按照审计力量与审计任务相适应,有利于提高审计工作效率,节约审计资源的原则确定。

(3)审计范围的特殊规定。审计署根据工作需要统一组织或授权派出机构和地方审计机关对中央被审计单位进行审计,不受已划定审计管辖范围和审计分工的限制。

根据工作需要,上级审计机关对下级审计机关审计管辖范围内的重大审计事项,可以直接进行审计。上级审计机关可以将其审计管辖范围内的部分审计事项授权下级审计机关审计,法律、法规另有规定者除外。涉及国家重大机密的军品科研、生产单位,由审计署专业审计司审计。

四、国家审计机关的国际组织

国家审计机关的国际组织为最高审计机关国际组织(International Organisation of Supreme Audit Institutions,简称INTOSAI),是由世界各国最高一级国家审计机关所组成的国际性组织。创立于1953年,1968年在东京召开的第六次会议上,通过了该组织的章程,正式宣布成立最高审计机关国际组织,受联合国经社理事会领导。该组织总部设在维也纳,由奥地利审计法院负责日常工作,该组织的会费由各成员国按联合国缴纳会费的比例分摊。目前,该组织有成员186个,中国于1982年加入该组织。

该组织的宗旨:互相交流情况,交流经验,推动和促进各国审计机关更好地完成本国的审计工作。

该组织每三年召开一次全体成员国会议,就审计的原则、方向、理论、方法和技术等方面的问题进行交流,以有助于各成员国研究、改进和加强国家审计工作。

最高审计机关国际组织目前拥有160个成员国,并在亚洲、非洲、阿拉伯和拉美地区设立了四个区域性的分支组织。我国最高审计机关——国家审计署——于1982年5月4日在马尼拉召开的第十一届大会上,正式被批准成为该组织的成员国。

最高审计机关国际组织的宗旨是:增强各国最高审计机关之间审计技术和审计信息的

理解和交流，推动和促进各国最高审计机关更好地完成该国的审计工作。

最高审计机关国际组织在指导各国国家审计准则的制订和国际协调方面，1977年第九届大会上通过的《利马宣言——审计准则指南》、1986年第十二届大会上发表的《关于绩效审计、公营企业审计和审计质量的总声明》，以及1992年第十四届大会签署并于1995年第十五届大会修订的《INTOSAI审计准则》三个文件，影响最大。

五、国家审计人员资格要求

国家审计人员是指国家审计机关中接受国家授权，依法行使审计监督权，从事审计事务的人员。国家审计人员包括各级审计机关的领导人员和非领导职务的一般工作人员。审计长是审计署的行政首长，根据国务院总理提名，全国人民代表大会常务委员会决定，由中华人民共和国主席任命。审计署实行审计长负责制，审计长每届任期5年，可以连任，全国人民代表大会有权罢免审计长。审计厅（局）长由本级人民代表大会常务委员会决定任免。审计机关负责人没有违法失职或其他不符合任职条件的情况，不得随意撤换。地方各级审计机关负责人的任免，应事先征得上一级审计机关的意见。国家审计人员属于国家公务员，其职称一般分为三种：高级审计师、审计师和助理审计师。

第三节　内部审计机构及其人员

一、内部审计机构的设置

内部审计机构是指依据相关规定对部门、单位实施内部审计监督的专门组织。

（一）内部审计机构设置的基本模式

世界各国内部审计部门的设置因领导关系不同而大体分为三种类型。
（1）受本单位董事会领导。
（2）受本单位总经理领导。
（3）受本单位总会计师或主管财务的副总裁领导。

内部审计的独立性、权威性与领导层次密切相关。上述内部审计机构受董事会和受本单位总经理领导这两种模式，是西方国家企业内部审计组织的主要形式。

（二）我国内部审计机构的设置

1. 我国内部审计机构设置的原则

根据《审计署关于内部审计工作若干规定》的规定，我国内部审计机构设置必须遵循法定原则：即凡法律、行政法规规定设立内部审计机构的单位，必须设立独立的内部审计机构；法律、行政法规没有明确规定设立内部审计机构的单位，可据需要设立内部审计机构，配备内部审计人员；有内部审计需要，但不具有设立独立内部审计机构条件和人员编制的国家机关，可授权本单位内设机构履行内部审计职责。

国家机关、金融机构、企业事业组织、社会团体以及其他单位，应当按照国家有关规定建立健全内部审计制度。

2. 我国内部审计机构设置的模式

我国内部审计部门一般由本部门、本单位的主要负责人领导，业务上接受同级政府审计机构、上级主管部门审计机构的指导。基本类型包括：董事会领导型、监事会或审计委员会领导型、总经理领导型、财务副总经理领导型。相对外部审计，内部审计只具有相对的独立性。

二、我国内部审计机构的职责与权限

（一）我国内部审计机构的职责

根据《审计署关于内部审计工作若干规定》的规定，我国内部审计机构的职责包括以下几个方面。

（1）对本单位及所属单位（含占控股地位或者主导地位的单位，下同）的财政收支、财务收支及其有关的经济活动进行审计。

（2）对本单位及所属单位预算内、预算外资金的管理和使用情况进行审计。

（3）对本单位内设机构及所属单位领导人员的任期经济责任进行审计。

（4）对本单位及所属单位固定资产投资项目进行审计。

（5）对本单位及所属单位内部控制制度的健全性和有效性以及风险管理进行评审。

（6）对本单位及所属单位经济管理和效益情况进行审计。

（7）法律、法规规定和本单位主要负责人或者权力机构要求办理的其他审计事项。

（二）我国内部审计机构的权限

根据《审计署关于内部审计工作若干规定》的规定，在审计管辖范围内，内部审计机构有以下权限。

（1）要求被审计单位按时报送生产、经营、财务收支计划、预算执行情况、决算、会计报表和其他有关文件资料。

（2）参加本单位有关会议，召开与审计事项有关的会议。

（3）参与研究制订有关的规章制度，提出内部审计规章制度，由单位审定公布后施行。

（4）检查有关生产、营和财务活动的资料、文件和现场勘察实物。

（5）检查有关的计算机系统及其电子数据和资料。

（6）对与审计事项有关的问题向有关单位和个人进行调查，并取得证明材料。

（7）对正在进行的严重违法违规、严重损失浪费行为，做出临时制止决定。

（8）对可能转移、隐匿、篡改、毁弃会计凭证、会计账簿、会计报表以及与经济活动有关的资料，经本单位主要负责人或者权力机构批准，有权予以暂时封存。

（9）提出纠正、处理违法违规行为的意见以及改进经济管理、提高经济效益的建议。

（10）对违法违规和造成损失浪费的单位和人员，给予通报批评或者提出追究责任的建议。

三、内部审计管理

（一）内部审计管理体制

根据《审计法》和《审计署关于内部审计工作若干规定》的规定，我国对内部审计实行政府管理和职业化管理相结合的模式。

国家审计机关根据《审计法》和《审计署关于内部审计工作若干规定》的规定，依法对属于审计机关审计监督对象的单位的内部审计工作的业务质量进行检查和评价。

中国内部审计师协会依照《审计署关于内部审计工作若干规定》和《中国内部审计师协会章程》的规定，对内部审计进行职业管理。

中国内部审计师协会要接受审计机关的指导、监督和管理。

（二）中国内部审计师协会

中国内部审计师协会是内部审计行业的自律性组织，是社会团体法人。全国设立中国内部审计师协会，地方根据需要和法定程序设立具有独立法人资格的内部审计协会，是实行内部审计的职业化管理的组织。

四、国际内部审计机构

国际内部审计机构称国际内部审计师协会（Institute of Internal Auditors，简称IIA），成立于1941年，是世界范围的内部审计师组织。该协会1941年成立于美国纽约，在联合国经济和社会开发署享有顾问地位，是最高审计机关国际组织的常任观察员，是国际政府财政管理委员会、国际会计师联合会的团体会员。协会现有196个分会，分布在100多个国家和地区。中国内部审计学会1987年加入该协会，成为国家分会。协会现有全球会员7万多人。

国际内部审计师协会的宗旨是：增进国际内部审计的学科研究和经济交流，促进各国内部审计工作的发展。

国际内部审计师协会在职业确认、职业教育、职业文献、职业研究、职业准则,以及注册内部审计师资格考试等方面做出重大贡献。

五、内部审计人员资格

内部审计人员是指在部门、单位内部审计机构从事审计工作的人员,以及在部门、单位内设置的专职从事审计事务的人员,我国自 1998 年起,有部分人员参加国际内部审计师资格考试并获得了资格认定,自 2003 年执行内部审计师资格认证制度。

(一)内部审计人员的资格认证

按《内部审计人员岗位资格证书实施办法》的规定,凡具备下列条件之一,经省级内部审计(师)协会审批,报中国内部审计协会备案,可发给资格证书。

(1)具有审计、会计、经济及相关专业中级及中级以上专业技术职称的人员。

(2)具有国际注册内部审计师证书的人员。

(3)具有注册会计师、造价工程师、资产评估师等相关执业证书人员。

(4)审计、会计及相关专业本科以上学历工作满 2 年以上,以及大专学历工作满 4 年以上的人员。

(5)对已取得省(行业)级内部审计(师)协(学)会颁发的内部审计资格证书,时间不超过 2 年的人员,在本办法实施后可进行一次性的确认,发给资格证书。

不具备资格认证条件者,须参加中国内部审计协会统一组织的资格考试,考试合格者发给资格证书。资格证书考试内容包括:内部审计原理与技术;有关法律法规与内部审计的准则;计算机基础知识与应用。

(二)国际注册内部审计师资格考试有关规定

国际注册内部审计师(Certified Internal Auditor,简称 CIA),是国际内部审计领域专家的标志,是目前国际审计界唯一公认的职业资格。CIA 需经 IIA 的考试取得。

国际内部审计师协会于自 1974 年起在全球指定地点举行注册内部审计师资格考试,给考试合格者颁发注册内部审计师证书,授予"注册内部审计师"称号。1998 年中国内部审计协会与 IIA 签定协议,将 IIA 在国际上举办的国际注册内部审计师考试引入中国,并取得成功。

中国内部审计协会负责全国国际注册内部审计师资格考试的组织领导和协调工作,负责与国际内部审计师协会的联系和协调工作,并向其报告考试工作情况。

具备下列条件之一者,可报名参加考试:具有本科及本科以上学历;具有中级及中级以上专业技术资格;持有注册会计师证书或非执业注册会计师证书;全日制本科院校审计、会计及相关专业四年级学生。

第二章 审计组织与审计人员

考试科目包括：内部审计基础（具体包括：内部审计强制性指南、内部控制与风险、审计工具与技术等）；内部审计实务（具体包括：管理内部审计职能、管理单项审计业务、舞弊风险与控制等）；内部审计知识要素（具体包括：治理与商业道德、风险管理、组织结构/业务流程和风险、沟通、管理与领导规则、业务连续性、财务管理、全球化经营环境等）。

考试方式为分科闭卷笔试。第一科试题为 125 道选择题，考试时间为 150 分钟；第二、三科试题各为 100 道选择题，考试时间各为 120 分钟。考试语种分为中文、英文。在同一考试年度内不同科目两个语种不能混用。

考试取得单科成绩合格者，必须在取得成绩后的每 2 年内报考 1 次，以前通过科目的成绩继续有效，否则成绩作废。新规定要求：自 2012 年开始，CIA 考试成绩有效期变更为 4 年，考生须在 4 年内通过所有考试科目，否则已通过的考试成绩作废。

具备下列条件者，方可取得国际注册内部审计师证书：（1）所有考试科目全部合格；（2）具有 2 年（含 2 年）以上审计、会计工作及相关工作经历。国际注册内部审计师证书由国际内部审计师协会和中国内部审计协会制发

本章小结

本章主要讲述了民间审计组织及其人员的相关知识、国家审计机关及其人员的相关知识、内部审计机构及其人员的相关知识。通过本章的学习，读者应该了解会计师事务所的组织形式、会计师事务所业务范围；掌握注册会计师行业监管体制、国际会计师联合会和注册会计师资格确认制度；掌握国家审计机关的设置、我国国家审计机关的职责与权限、国家审计机关管辖范围；了解国家审计机关的国际组织、国家审计人员资格要求；掌握内部审计机构的设置、我国内部审计机构的职责与权限、内部审计管理；了解国际内部审计机构、内部审计人员资格。

本章习题

一、单项选择题

1. 有限责任的会计师事务所设立必须有不少于人民币（　　）万元的注册资本。
   A. 50　　　　　　B. 40　　　　　　C. 30　　　　　　D. 20
2. 民间审计组织在办理审计机关的委托审计事项时，其审计结果（　　）。

A. 需经授权的审计机关审定　　　B. 需经行业协会审定
C. 需经当地政府机构审定　　　　D. 无须任何机构审定

3. 根据《注册会计师法》的规定，参加注册会计师全国统一考试成绩合格，并从事审计业务工作两年以上的，可以向（　　）申请注册。

A. 地市级注册会计师协会　　　　B. 省级注册会计师协会
C. 县级注册会计师协会　　　　　D. 中国注册会计师协会

4. 被审计单位的（　　）对本单位提供的财务会计资料的真实性和完整性负责。

A. 负责人　　　　　　　　　　　B. 财务负责人
C. 上级主管部门　　　　　　　　D. 总会计师

5. 下列内部审计机构设置的模式中，独立性最强是（　　）。

A. 董事会领导型　　　　　　　　B. 监事会或审计委员会领导型
C. 总经理领导型　　　　　　　　D. 财务副总经理领导型

二、多项选择题

1. 目前，世界各国的审计机关在整个国家机构中的隶属关系主要有（　　）。

A. 立法体制　　　　　　　　　　B. 司法体制
C. 行政体制　　　　　　　　　　D. 独立体制

2. 民间审计组织的审计业务具体有（　　）。

A. 审查企业会计报表，出具审计报告
B. 验证企业资本，出具验资报告
C. 办理企业合并、分立、清算及其他事项中的审计业务，出具有关报告
D. 协助拟定合同、章程和其他经济文件

3. 以下属于内部审计范围的有（　　）。

A. 财务计划或者单位预算的执行和决策
B. 财政财务收支及其有关的经济活动
C. 经济效益和内部控制制度
D. 经济责任和建设项目预（概）算、决算

4. 世界各国内部审计部门的设置因领导关系不同而大体分为（　　）。

A. 受本单位董事会领导
B. 受本单位总经理领导
C. 受本单位总会计师或主管财务的副总裁领导
D. 受本单位纪律检查委员会的领导

5. 下列行为中，属于国家审计机关权限的有（　　）。

A．有权检查被审单位的财务收支、预算、决算的执行情况以及民间审计机构出具的审计报告

B．可以行使公安、财政、税务等一系列国家机关行使的权力

C．有权要求向被审单位的有关单位和个人就一切问题进行调查并取得相关证明材料

D．有权检查被审单位电子计算机管理财政收支、财务收支电子数据系统

三、简答题

1．我国会计师事务所的组织形式有哪些？各应具备什么条件？
2．我国国家审计机关是如何设置的？其职责权限主要有哪些？
3．我国内部审计机构的设置模式如何？
4．注册会计师的业务范围有哪些？
5．注册会计师的行业管理体制是什么样的？

第三章 审计准则与质量控制准则

【本章导读】

任何职业都意味着地位、承诺和信用。商业社会期望审计人员保持高度的职业性,这种期望是由该职业的优良形象所形成的。优良的职业形象一靠职业规范;二靠职业主体的努力。审计职业规范主要由审计职业道德规范和审计准则组成。本章主要介绍审计准则,审计职业道德规范将在第四章介绍。

【本章目标】

- ➢ 了解审计准则的基本知识和民间审计准则体系
- ➢ 掌握中国注册会计师鉴证业务基本准则
- ➢ 掌握国家审计准则、内部审计准则、审计质量控制准则

第一节 审计准则的基本知识

审计准则是用来规范审计人员执行审计业务,获取审计证据,形成审计结论,出具审计报告的专业标准,是审计职业规范体系的重要组成部分。

审计准则是由国家有关部门或会计师职业团体制订的,用以规定审计人员应有的素质和专业资格,规范和指导其执业行为,衡量和评价其工作质量的权威性标准。

理解这一概念,需要把握以下几点。

(1)审计准则是对审计主体的规范和要求。它规定了审计人员应有的素质和专业资格,并对审计人员的审计行为予以规范和指导。

(2)审计准则提出了审计工作应达到的质量要求。其是衡量和评价审计工作质量的依据。

(3)审计准则一般由国家有关部门或会计师职业团体制订颁布。

(4)审计准则具有很高的权威性和很强约束力,审计人员在执业过程中必须严格遵守。

一、审计准则的种类

（一）按审计准则规范的对象性质分类

按审计准则规范的对象性质分类，可以分为民间审计准则、国家审计准则和内部审计准则。

民间审计准则，也称注册会计师审计准则，是对民间审计人员执业行为的规范。世界上最早出现的审计准则，就是美国的民间审计准则，即1947年由美国会计师协会的审计程序委员会发布的《审计标准说明草案——其公认的意义和范围》，这一准则的颁布除了对美国的注册会计师审计产生重要影响外，对国家审计和内部审计以及其他国家审计准则乃至国际审计准则的建立，都起了重大作用。

国家审计准则，也称政府审计准则，是对国家审计机关的审计人员的执业行为的规范。国家审计准则最早要数美国会计总署于1972年颁布的国家审计准则《政府机构、计划项目、活动和职能的审计标准》，简称《黄皮书》，它适用于所有针对政府活动的审计。此后，许多国家也仿照美国制订了本国的审计准则。

内部审计准则，是对内部审计人员的执业行为的规范。内部审计准则也开始于美国内部审计师协会1978年颁布的《内部审计专业实务准则》，该准则对内部审计人员及其工作做出了原则性规定。美国内部审计师协会于1941年12月9日在纽约成立，当时只是美国的全国性内部审计职业团体，创立后得到迅速发展，成为一个国际性的内部审计组织。

（二）按审计准则所属国家不同分类

按审计准则所属国家不同可以分为国际性审计准则、外国审计准则和本国审计准则。

国际性审计准则，在国家审计方面，1977年在联合国支持下，最高审计机关国际组织在秘鲁首都利马举行的会议上通过的关于国家审计机关审计规则的国际性文件《利马宣言——审计规则指南》。在民间审计方面，由国际会计师联合会下属的国际审计实务委员会（现改为国际审计准则委员会）制订和颁布的《国际审计指南》（现改为国际审计准则）。国际会计师联合会于1977年10月成立，其宗旨是，以协调一致的标准，在世界范围内发展和加强会计职业，以便为公众利益提供一贯的高质量服务。国际审计实务委员会代表国际会计师联合会制订和发布国际审计准则，到2001年12月止，该委员会已陆续颁布了50项国际审计准则和国际审计实务公告，这些准则的颁布，提高了全世界审计实务的一致性的程度，进一步促进了审计事业的发展。在内部审计方面，国际内部审计师协会颁布了《内部审计实务标准》。

外国审计准则，当今世界上各主要国家一般都制订了各自的审计准则，审计准则的科学性与完善程度如何，反映着一个国家审计水平乃至经济发展程度。美国从1947年开始研究和制订审计准则；加拿大从1968年开始发布成文的审计准则；德国从1964年发布审计准则;日本从 1950 年发布第一套审计准则;而英国到 1980 年才制订出全国统一的审计准则《审计准则和指南》,同时发布审计准则说明和审计指南及术语汇编等;澳大利亚于 1951 年开始发布审计准则,以后多次修订,1993 年发布了《审计准则规则》,并终止使用 1990 年 11 月公布的审计准则 1 号。

中国审计准则,民间审计准则于 1996 年 1 月 1 日起实施;国家审计准则于 2000 年 1 月起实施;内部审计准则于 2003 年 6 月 1 日起实施。

二、审计准则的作用

通常,审计准则主要有以下几个作用。

(1)制订和实施审计准则,可以为规范和指导审计工作提供依据,有助于审计工作规范化的实现。审计准则是针对审计人员专业资格及其工作过程和工作结果所制订的规范。审计人员必须具有规定的技能条件、身份条件和品德条件,才能执行审计业务并获得社会的信任。在审计过程中,如果任凭审计人员自由选择审计程序和方法,在审计报告中任意发表审计意见,审计就不可能最终赢得社会的信任。因此,必须要有审计准则加以规范和指导,并要求审计人员严格遵守。各国的审计准则中一般都对审计人员的任职条件及其在工作中应保持的态度、审计工作的基本程序和方法及审计报告的要求等做出规定,审计人员必须遵守。

(2)制订和实施审计准则,为衡量和评价审计工作质量提供依据,从而有助于审计工作质量的提高。审计准则中一般都对审计人员的任职条件及审计过程中程序和方法做了规定,这就可使审计人员在审计工作中时刻以审计准则为准绳,谨慎工作,从而有助于提高审计工作质量。

(3)制订和实施审计准则,有助于赢得社会公众对审计工作结果的广泛信任。

审计准则要求审计人员按审计准则规定执行审计业务,这就使社会公众可以通过对审计人员的某项审计工作结果进行评价,看它是否符合审计准则,是否达到令人满意程度,只有审计工作质量令人满意,审计人员的工作才能令人信任。

(4)制订和实施审计准则,有助于维护审计组织和审计人员的合法权益,使得他们免受不公正的指责和控告。审计人员的职责并非毫无限制,审计结果也不可能在任何条件下都绝对正确。审计准则中规定了审计人员的工作范围,审计人员只要能严格按照审计准则的要求执行审计业务,就算是尽到了职责。当审计委托人与审计人员发生经济纠纷并诉诸法律时,审计准则就成为法庭判明是非、划清责任界限的重要依据。

(5)制订和实施审计准则,有助于推动审计理论的研究和现代审计人才的培养。审计准则是审计实践经验的总结和升华,已成为审计理论一个重要组成部分。在审计准则制订过程中,必然会激发各种理论的争论、探讨,从而带动审计理论的研究。审计理论水平会随着审计准则的制订实施不断地提高。审计工作质量和理论水平的提高，无疑会带动审计教育水准的提高，进而有助于培养现代化审计人才，推动审计事业的进一步发展。

（6）制订和实施审计准则，有助于促进审计经验的交流和审计事业的国际化。审计准则的发展与完善，成为各国职业会计组织竞相追求的目标，成为各国审计事业发展水平的重要标志。通过各国审计准则的协调，便于推动各国审计经验的交流，促进全球经济的共同繁荣和发展。

三、审计准则的产生与发展

在审计发展史上，最早出现的审计准则是民间审计准则，在此基础上，有些国家和组织建立了国家审计准则和内部审计准则。事实上，民间审计准则的内容构成了国家审计准则和内部审计准则的主要框架。

1917年，美国注册会计师协会（AICPA）就公布了一份称为"统一会计"的文件，其主要内容就是对会计报表审计的步骤和方法做出规定。1938年，正当会计报表审计盛行之时，美国发生了麦克逊·罗宾斯公司事件，使审计界开始意识到，需要一套完整的审计准则，作为审计组织和审计人员遵守的规范。1947年，美国注册会计师协会（AICPA）所发表了"审计准则试行方案——公认的重要性和范围"，这份准则中的九条和1954年增加的第十条一直适用到现在，成为《一般公认审计准则》（Generally Accepted Auditing Standards，简称GAAS）的主体，标志着审计准则正式产生，具有划时代的历史意义。

1977年国际会计师联合会成立，其下设的国际审计实务委员会负责发展和发布关于公认的审计实务准则和审计报告内容、形式的准则，到目前为止，该委员会已陆续颁布了三十一项国际审计准则和一系列相关业务的国际审计准则及其审计的国际公告。

在民间审计准则初步成型的同时，国家审计机关和内部审计机构也开始逐渐认识到制订统一审计准则的重要性，它们纷纷效仿民间审计准则的框架和内容，结合自身的工作性质和特点，制订了自己的审计准则，不仅适应了各自的工作需要，也使民间审计准则的内容得以扩展。从1947年开始，最高审计机关国际组织的成立就已进入了酝酿和筹备阶段，到1968年该组织正式宣告成立。1984年该组织成立了审计准则委员会，并于1989年通过了最高审计机关国际组织审计准则，该准则突出了国家审计独具的特点，并适应了国家审计向绩效审计发展的趋势。各个国家最高审计机关也陆续制订了本国的国家审计准则，1972年，美国审计署颁布了世界第一部国家审计准则。

1941年在美国成立了内部审计师协会，协会的发展十分迅速，到1944年已发展成为国际化的内部审计师协会。1974年协会建立了职业准则和责任委员会，负责制订内部审计准则，并于1977年完成了《内部审计实务准则》。经过不断的修改，1978年协会正式发表了内部审计准则，并从1983年开始发表了一系列的《内部审计实务准则说明》，为内部审计师的工作提供了指南。鉴于全球内部审计职业的快速发展，2006年，IIA 理事会组建了一个特别委员会（Steering Committee），重新审视《内部审计专业实务框架》(Proffessionl Proctice Framework，简称 PPF）及其相关制订过程，重点审查实务框架的适用范围，力求提高专业标准和指南的明晰性和一致性。作为工作成果之一，2009年1月，该委员会发布了全新的《国际内部审计专业实务框架》（International Proffessionl Proctice Framework，简称 IPPF），并重新组建了专业实务委员会（Professional Proctices Council，简称 PPC），负责协调 IPPF 的审核与发布工作。

第二节　民间审计准则体系

一、国际审计准则体系

国际审计准则（简称 ISA），是在1991年7月10日，由过去的国际审计指南易名得来的。国际审计准则的框架是由审计准则和相关业务准则构成的。为国际会计师联合会所颁布，自1980年6月至今，已先后颁布了33个《国际审计准则》文件。这33个文件，可分为一般准则、工作准则和报告准则三个部分。相关业务准则共有3个。此外，还有国际审计实务公告12个，小册子2本。这种小册子是为加深对国际审计准则及会计报表审计的理解而编制的。

（一）一般准则

一般准则是审计人员资格条件和执业行为的准则，主要包括以下几方面的内容。

（1）对审计人员应具备的技术条件所做出的规定。包括：专业学识、实践经验和工作能力。

（2）对审计人员应具备的身份条件所做出的规定。主要是要求审计人员必须具备超然独立的立场，在陈述与表达意见时应持公正态度。

（3）对审计人员应具备的职业道德条件所做的规定。

（二）工作准则

工作准则是审计人员在执行会计报表审计过程中应遵守的准则，主要包括以下几方面的内容。

（1）对计划审计工作所做的规定。包括审计计划的可行性研究；审计工作的程序；审计人员及其工作分工等。

（2）对确立审计范围所做的规定。包括审查会计报表；研究和评价内部控制结构，确定审计测试或采用其他审计方法的性质、时间和范围等。

(3) 对获取审计证据所做的规定。包括采用各种有效的方法以获取充分适当的证据；充分考虑审计对象重要性、审计风险及其他影响因素，为审计会计报表和提出公正审计意见提供合理的依据等。

(4) 对实施审计所做的规定。包括执行审计的必要条件和程序；应执行的审计业务等。

（三）报告准则

报告准则是审计人员编制审计报告、选择表达方式和记载必要事项的准则，主要包括以下几方面的内容。

(1) 对审计报告应记载事项的规定。

(2) 对发表审计意见的规定。

(3) 对补充记载事项的规定。

(4) 对审计报告报送对象及报告时间的规定。

在国际审计准则中，有关工作准则的说明和解释，占了相当大的比例。

国际审计准则适用于民间审计的全过程。在适当的情况下，国际审计准则也可应用于审计人员的其他相关业务。

二、美国审计准则体系

美国的审计准则体系包括《公认审计准则》和《审计准则说明书》两部分。

《公认审计准则》是 20 世纪 40 年代建立起来的对审计质量的总括要求，它包括三个部分共 10 条，即"一般准则"三条、"外勤工作准则"三条和"报告准则"四条。。

（一）一般准则

这主要包括以下几方面的内容。

(1) 审计应由一位或多位经过充分技术培训，并精通业务的审计人员执行。

(2) 对一切与业务有关的问题，审计人员均应保持独立的精神状态。

(3) 在执行审计和编写报告时，应恪守应有的职业谨慎。

（二）外勤工作准则

这主要包括以下几方面的内容。

(1) 审计人员应充分计划，若有助理人员，应予以适当督导。

(2) 审计人员必须对内部控制结构有充分的了解，以便计划审计工作，并确定将要执行的测试的性质、时间安排及范围。

(3) 应通过检查、观察、询问和函证等方法，获取充分的审计证据，以便对被审计会计报表发表意见提供合理的基础。

（三）报告准则

这主要包括以下几方面的内容。

（1）报告应指出会计报表是否按照公认会计原则编制。

（2）报告应指出本期采用的上述原则和上期不一致的各种情况。

（3）除非在审计报告中另有说明，否则会计报表中信息的披露均应被认为是合理和充分的。

（4）报告应就整个会计报表发表意见，或者声明不能发表意见。若不能发表总体意见，则应说明其理由。在任何情况下，审计人员的姓名一旦与会计报表相关联，他就应明确说明其审计工作的特性及其所负责任的程度。

《审计准则说明书》是对审计基本准则的阐述和解释。它是对《公认审计准则》的执行与落实所做的一种说明，它主要是针对会计报表审计而制订的。

《公认审计准则》和《审计准则说明书》是两个权威性文献，要求所有从事审计工作的人员在情况许可的条件下都必须遵守。

美国的审计准则适用于所有会计报表审计业务。

三、中国注册会计师执业准则体系

中国注册会计师协会成立后，非常重视执业准则的建设。1991—1993年，先后发布了《注册会计师检查验证会计报表规则（试行）》等7个执业规则。1995—2003年，初步建立独立审计准则体系：序言（1个）、基本准则（1个）、具体准则（28个）和实务公告（10个）、执业规范指南（5个）。此外，还包括职业道德基本准则、质量控制基本准则和后续教育基本准则3个相关基本准则，共计48个项目。2006年2月15日发布（修订）了48项执业准则，自2007年1月1日起执行，现行《独立审计基本准则》等相关准则届时废止。这48项准则的发布实施，标志着我国已建立起一套适应市场经济发展需要的，顺应国际趋同的注册会计师执业准则体系。

为进一步完善审计准则，实现与国际审计准则的持续趋同，中注协于2010年11月1日出台了修订后的审计准则。新准则经进一步修改完善后由财政部正式发布，并于2012年1月1日起施行。此次修订共涉及38项准则，其中对16项准则的内容进行实质性修订。此次修订审计准则，将风险导向审计理念全面彻底地贯彻到整套审计准则中，进一步强化了风险导向审计思想，避免了准则体系的内在不一致，同时也显著增强注册会计师审计的效果。比起2006年版的中国审计准则，实现了进一步与国际审计准则的实质性趋同。

2016年12月23日，财政部发布了12项注册会计师审计准则，其中最为核心的1项是新制订的《中国注册会计师审计准则第1504号——在审计报告中沟通关键审计事项》，该准则要求在上市公司的审计报告中增设关键审计事项部分，披露审计工作中的重点难点等审计项目的个性化信息。其中,要求注册会计师说明某事项被认定为关键审计事项的原因、针对该事项是如何实施审计工作的。该准则仅适用于上市实体的审计业务。

除该准则外,"对财务报表形成审计意见和出具审计报告""在审计报告中发表非无保留意见""在审计报告中增加强调事项段和其他事项段""与治理层的沟通""持续经营""注册会计师对其他信息的责任"等6项准则做出实质性修订,另外5项准则为保持审计准则体系的内在一致性而做出相应文字调整的准则,这11项准则中,有的条款是仅对上市实体审计业务的规定,有的条款是对所有被审计单位(包括上市实体和非上市实体)审计业务的规定。

新审计报告准则的发布实施,将带来三个方面的积极变化:一是提高审计报告的信息含量,增强其决策相关性;二是提高审计报告的沟通价值,增强审计工作的透明度;三是强化注册会计师的责任,提高审计质量,回应财务报表使用者对持续经营、其他信息、注册会计师独立性的关注。

中国注册会计师执业准则体系包括注册会计师业务准则和会计师事务所质量控制准则,注册会计师业务准则包括鉴证业务准则和相关服务准则,共有52项。如图3-1所示。

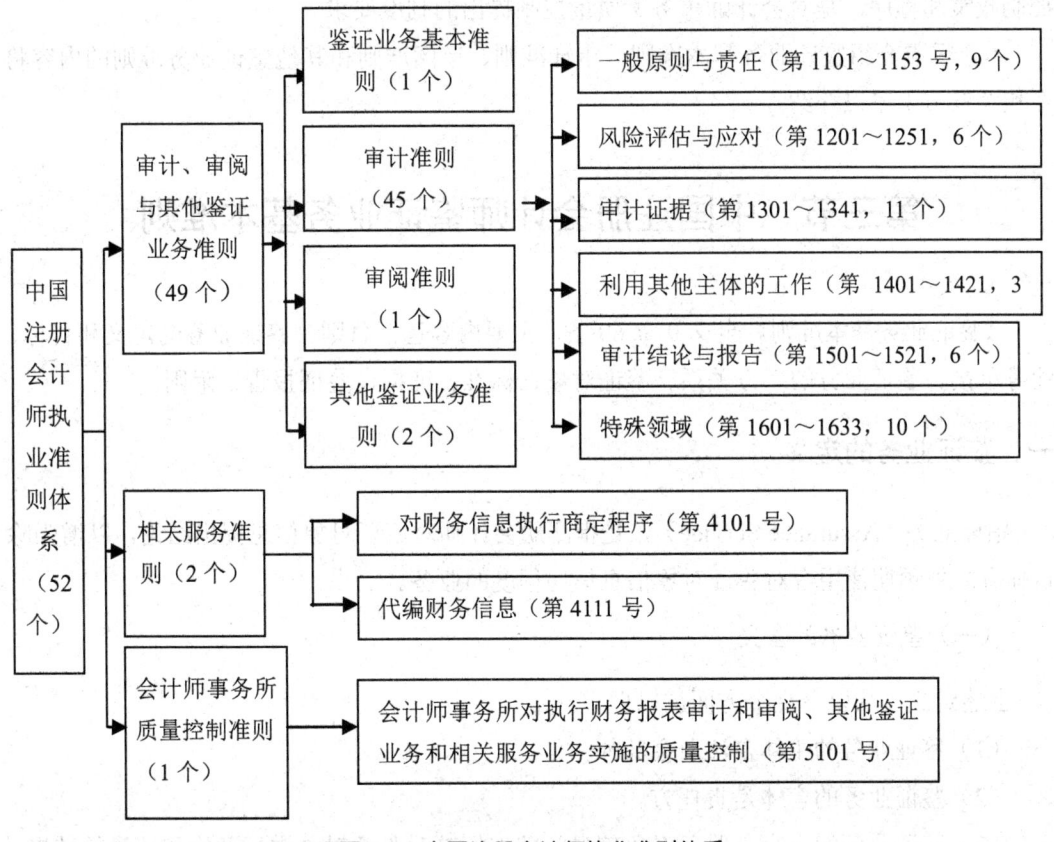

图3-1 中国注册会计师执业准则体系

鉴证业务准则由鉴证业务基本准则统领,按照鉴证业务提供的保证程度和鉴证对象的不同，分为中国注册会计师审计准则、中国注册会计师审阅准则和中国注册会计师其他鉴证业务准则（以下分别简称审计准则、审阅准则和其他鉴证业务准则）。其中，审计准则是整个执业准则体系的核心。

鉴证业务基本准则是鉴证业务概念框架，旨在规范注册会计师执行鉴证业务，明确鉴证业务的目标和要素，确定审计准则、审阅准则、其他鉴证业务准则适用的鉴证业务类型。

审计准则用以规范注册会计师执行历史财务信息的审计业务。在提供审计服务时，注册会计师对所审计信息是否不存在重大错报提供合理保证，并以积极方式提出结论。

审阅准则用以规范注册会计师执行历史财务信息的审阅业务。在提供审阅服务时，注册会计师对所审阅信息是否不存在重大错报提供有限保证，并以消极方式提出结论。

其他鉴证业务准则用以规范注册会计师执行历史财务信息审计或审阅以外的其他鉴证业务，根据鉴证业务的性质和业务约定的要求，提供有限保证或合理保证。

相关服务准则用以规范注册会计师代编财务信息、执行商定程序、提供管理咨询等其他服务。在提供相关服务时，注册会计师不提供任何程度的保证。

会计师事务所质量控制准则用以规范会计师事务所在执行各类业务时应当遵守的质量控制政策和程序，是对会计师事务所质量控制提出的制度要求。

本章重点介绍鉴证业务基本准则，审计准则、审阅准则和其他鉴证业务准则的内容将在相关章节中予以介绍。

第三节　中国注册会计师鉴证业务基本准则

《鉴证业务基本准则》全文 9 章 60 条，主要内容包括总则、鉴证业务的定义和目标、业务承接、鉴证业务的三方关系、鉴证对象、标准、证据、鉴证报告、附则。

一、鉴证业务的定义

鉴证业务（Assurance Service），是指注册会计师对鉴证对象信息提出结论，以增强除责任方之外预期使用者对鉴证对象信息信任程度的业务。

（一）鉴证业务的含义

上述定义可从以下几个方面加以理解。

（1）鉴证业务的主体是注册会计师。

（2）鉴证业务的客体是责任方。

（3）鉴证业务的内容是鉴证对象信息，即按标准对鉴证对象进行评价和计量的结果；鉴证对象信息应当恰当反映既定标准运用于鉴证对象的情况。

(4) 鉴证结论的用户是预期使用者。

(5) 鉴证业务的目的是增强除责任方之外预期使用者对鉴证对象的信任程度，即以适当保证或提高鉴证对象信息的质量为主要目的。

(二) 鉴证业务和相关服务业务的区别

鉴证业务和相关报务业务都是由注册会计师提供的，相关服务业务是相对于鉴证业务而言的，是指由注册会计师提供的除鉴证业务以外的其他服务业务。两者区别主要表现在以下几个方面。

(1) 业务涉及的关系人不同。鉴证业务涉及三方关系人，即：责任方、预期使用者和注册会计师；相关服务涉及两方关系人，即客户和注册会计师。

(2) 业务关注的焦点不同。鉴证业务关注的焦点是鉴证对象信息的质量，是注册会计师对信息质量某种程度的保证；相关服务关注的焦点是信息的利用，通常会形成一系列的建议。

(3) 工作的结果不同。鉴证业务的工作结果，是注册会计师以书面形式对鉴证对象信息提供某种程度的可靠性保证；相关服务的工作结果，不对信息提供可靠性保证。

(4) 独立性的要求不同。鉴证业务要求注册会计师必须独立于鉴证业务的其他两方；相关服务不对独立性提出要求。

(5) 注册会计师的责任不同。鉴证业务中承担的责任大于相关业务中承担的责任。

注册会计师在确定某项业务是适合作为鉴证业务还是适合作为相关服务时，应当根据执业准则的要求，着重考虑客户寻求服务的目的。如果客户的要求只涉及信息的编制和利用或就某一事项寻求建议或意见，那么注册会计师将此业务作为相关服务是恰当的。但是，如果客户需要注册会计师对特定事项以书面报告的形式提供保证，则此业务应当作为鉴证业务。

二、鉴证业务的种类

鉴证业务按三种不同的标准分类如下。

(一) 按鉴证对象信息是否以责任方认定的形式为预期使用者所获取划分

按鉴证对象信息是否以责任方认定的形式为预期使用者所获取可以划分为基于责任方认定的业务和直接报告业务。

1. 基于责任方认定的业务

在基于责任方认定的业务中，责任方对鉴证对象进行评价或计量，鉴证对象信息以责任方认定的形式为预期使用者获取。例如，在财务报表审计中，被审计单位管理层（责任方）对财务状况、经营成果和现金流量（鉴证对象）进行确认、计量和列报（评价或计量）

而形成的财务报表（鉴证对象信息）即为责任方的认定，该财务报表可为预期报表使用者获取，注册会计师针对财务报表出具审计报告。这种业务属于基于责任方认定的业务。

2. 直接报告业务

在直接报告业务中，注册会计师直接对鉴证对象进行评价或计量，或者从责任方获取对鉴证对象评价或计量的认定，而该认定无法为预期使用者获取，预期使用者只能通过阅读鉴证报告获取鉴证对象信息。例如，在内部控制鉴证业务中，注册会计师可能无法从管理层（责任方）获取其对内部控制有效性的评价报告（责任方认定），或虽然注册会计师能够获取该报告，但预期使用者无法获取该报告，注册会计师直接对内部控制的有效性（鉴证对象）进行评价并出具鉴证报告，预期使用者只能通过阅读该鉴证报告获得内部控制有效性的信息（鉴证对象信息）。这种业务属于直接报告业务。

3. 基于责任方认定的业务和直接报告业务的区别

基于责任方认定的业务和直接报告业务之间的区别主要有以下几点。

（1）预期使用者获取鉴证对象信息的方式不同。在基于责任方认定的业务中，预期使用者可以直接获取鉴证对象信息，而不一定要通过阅读鉴证报告；在直接报告业务中，可能不存在责任方认定，即便存在也无法为预期使用者获取，预期使用者只能通过阅读鉴证报告获取鉴证对象信息。

（2）注册会计师提出结论的对象不同。在基于责任方认定的业务中，注册会计师提出结论的对象可能是责任方认定，也可能是鉴证对象；在直接报告业务中，无论责任方认定是否存在、注册会计师能否获取该认定，注册会计师在鉴证报告中都直接对鉴证对象提出结论。

（3）责任方的责任不同。在基于责任方认定的业务中，责任方应当对鉴证对象信息负责，也可能对鉴证对象负责；在直接报告业务中，无论注册会计师是否获取了责任方认定，鉴证报告中都不体现责任方认定，责任方仅需对鉴证对象负责。

（4）鉴证报告的格式不同。在基于责任方认定的业务中，鉴证报告通常提供"责任方认定的相关信息"，进而说明执行的鉴证程序并提出鉴证结论；在直接报告业务中，说明"鉴证对象"、执行的鉴证程序并提出鉴证结论。

（二）按鉴证业务提供保证程度划分

按鉴证业务提供保证程度可划分为合理保证的鉴证业务和有限保证的鉴证业务。

1. 合理保证的鉴证业务

合理保证的鉴证业务的目标，是注册会计师将鉴证业务风险降至该业务环境下可接受的低水平，以此作为以积极方式提出结论的基础。例如，在历史财务信息审计中，要求注册会计师将审计风险降至可接受的低水平,对审计后的历史财务信息提供高水平保证(合理保证),在审计报告中对历史财务信息采用积极方式提出结论。这种业务属于合理保证的鉴证业务。

2．有限保证的鉴证业务

有限保证的鉴证业务的目标,是注册会计师将鉴证业务风险降至该业务环境下可接受的水平,以此作为以消极方式提出结论的基础。例如,在历史财务信息审阅中,要求注册会计师将审阅风险降至该业务环境下可接受的水平(高于历史财务信息审计中可接受的低水平),对审阅后的历史财务信息提供低于高水平的保证(有限保证),在审阅报告中对历史财务信息采用消极方式提出结论。这种业务属于有限保证的鉴证业务。

3．合理保证的鉴证业务和有限保证的鉴证业务的区别

合理保证的鉴证业务和有限保证的鉴证业务之间的区别主要有以下几点。

(1)目标不同。前者对鉴证后的鉴证对象信息提供高水平的保证,后者对鉴证后的鉴证对象信息提供低于高水平但是有一定意义的保证。

(2)证据搜集程序不同。前者执行不断修正的、系统化的审计程序,获取充分、适当的证据;后者有意识地限制审计程序,主要采用询问和分析方法获取证据。

(3)所需证据多少不同。前者获取的证据比后者更充分。

(4)鉴证业务的风险不同。对重大错报风险而言,二者无差异,但对检查风险而言,后者大于前者。

(5)鉴证对象信息的可信性不同。前者鉴证后的鉴证对象信息比后者更为可信。

(6)提出结论的方式不同。前者以积极方式提出合理保证;后者以消极方式提出有限保证。

(7)注册会计师的责任大小不同。前者承担的责任大于后者。

(8)业务收费不同。前者收取的费用高于后者。

(三)按提供的保证程度和鉴证对象划分

按提供的保证程度和鉴证对象可划分为审计业务、审阅业务和其他鉴证业务。

1．审计业务

审计业务,是指注册会计师接受委托,对企业、其他经济组织或个人的历史财务信息所进行的审计业务。注册会计师在提供审计服务时,对所审计信息是否不存在重大错报提供合理保证,并以积极方式提出结论。

2．审阅业务

审阅业务,是指注册会计师接受委托,对企业、其他经济组织或个人的历史财务信息

所进行的审阅业务。注册会计师在提供审阅服务时，对所审计信息是否不存在重大错报提供有限保证，并以消极方式提出结论。

3．其他鉴证业务

其他鉴证业务，是指注册会计师接受委托，对企业、其他经济组织或个人的历史财务信息审计或审阅以外的其他鉴证业务。注册会计师在提供其他鉴证服务时，要根据鉴证业务性质和业务约定书的要求，提供有限保证或合理保证。

三、鉴证业务的目标

鉴证业务按保证程度分为合理保证和有限保证。合理保证的保证水平要高于有限保证的保证水平。

合理保证的鉴证业务的目标是注册会计师将鉴证业务风险降至该业务环境下可接受的低水平，以此作为以积极方式提出结论的基础。

有限保证的鉴证业务的目标是注册会计师将鉴证业务风险降至该业务环境下可接受的水平，以此作为以消极方式提出结论的基础。

四、鉴证业务的承接

（一）承接鉴证业务的条件

注册会计师承接鉴证业务应当同时具备以下三个条件。

1．初步了解业务环境

业务环境包括业务约定事项、鉴证对象特征、使用的标准、预期使用者的需求、责任方及其环境的相关特征，以及可能对鉴证业务产生重大影响的事项、交易、条件和惯例等其他事项。

2．满足职业道德规范要求

在初步了解业务环境后，注册会计师应当考虑承接该业务是否符合独立性和专业胜任能力等相关职业道德规范的要求。其中独立性是指注册会计师是否独立于委托人或责任方；专业胜任能力是指注册会计师是否具有与承接的业务相匹配的专业胜任能力。

3．拟承接的业务的特征

拟承接的业务具备下列所有特征。

（1）鉴证对象适当。

（2）使用的标准适当且预期使用者能够获取该标准。

（3）注册会计师能够获取充分、适当的证据以支持其结论。

（4）注册会计师的结论以书面报告形式表述，且表述形式与所提供的保证程度要相适应。

（5）该业务具有合理的目的。例如，鉴证业务工作范围受到重大限制，或委托人试图将注册会计师的名字和鉴证对象不适当地联系在一起，则该业务可能不具有合理的目的。

不能同时具备以上三个条件，注册会计师就不能作为鉴证业务予以承接。

（二）标准不适当的处理方式

（1）如果拟承接的鉴证业务所采用的标准不适当，注册会计师不应承接该项业务（但不是绝对的）。

（2）如果某项鉴证业务采用的标准不适当，但满足下列两个条件之一时，注册会计师可以考虑将其作为一项新的鉴证业务。

①委托人能够确认鉴证对象的某个方面适用于所采用的标准。例如，鉴证企业运营情况（包括内部控制），缺乏相关标准，但可以确信的是，评价内部控制情况可以权威的内部控制规范作为标准。在这种情况下，注册会计师可以针对该方面（企业内部控制情况）执行该鉴证业务，但应当在鉴证报告中说明该报告的内容并非针对鉴证对象整体。

②能够选择或设计适用于鉴证对象的其他标准。例如，鉴证对象是报社的运营情况，缺乏相关的标准，在这种情况下，注册会计师可以选择报纸发行量、刊登广告量等行业协会发布的有关报社效率或效果的关键指标作为标准。

（三）已承接的鉴证业务的变更

（1）对于已承接的鉴证业务，如果没有合理理由，注册会计师不应变更该业务的类型。

（2）变更业务类型的两种情况：

①将鉴证业务变更为非鉴证业务；

②将合理保证的鉴证业务变更为有限保证的鉴证业务。

（3）变更业务类型的三方面原因：

①业务环境变化影响到预期使用者的需要；

②预期使用者对该项业务的性质存在误解；

③业务范围受到限制。

已承接的鉴证业务，如果基于上述①、②情况，通常认为是业务变更的合理理由，注册会计师应当同意变更该业务。

如果有迹象表明该变更要求与错误的、不完整的或不能令人满意的信息有关，注册会计师不应当认为变更是合理的。

（四）同意变更或不同意变更的影响

同意变更或不同意变更的影响主要有以下几个。

（1）如果注册会计师同意变更业务，不应忽视变更前获取的证据。

（2）如果注册会计师同意变更业务，还应考虑变更业务对法律责任或业务约定书的影响。

（3）如果变更引起业务约定书条款的变更，注册会计师应当与委托人就新条款达成一致意见。

（4）如果注册会计师不同意变更业务，委托人又不同意注册会计师执行原鉴证业务，注册会计师应考虑解除业务约定，并考虑是否向委托单位董事会或股东大会等方面说明理由。

三、鉴证业务的要素

如前述鉴证业务要素包括五个方面：三方关系人、鉴证对象、标准、证据、鉴证报告。

（一）鉴证业务的三方关系人

鉴证业务的三方关系人是指注册会计师、责任方和预期使用者。

1. 注册会计师

注册会计师通常是指取得注册会计师证书并在会计师事务所执业的人员，有时也指其所在的会计师事务所。

2. 责任方

责任方的界定与所执行鉴证业务的类型有关。

（1）在直接报告业务中，责任方是指对鉴证对象负责的组织或人员。

如系统鉴证业务中，注册会计师直接对系统的有效性进行评价，并出具鉴证报告，该业务的鉴证对象是被鉴证单位系统的有效性，责任方是对该系统负责的组织或人员。

（2）基于责任方认定的业务中，责任方是指对鉴证对象信息负责的组织或人员，该组织或人员可能同时也对鉴证对象负责。

如企业聘请注册会计师对企业管理层编制的持续经营报告进行鉴证，鉴证对象信息为持续经营报告，由该企业的管理层负责，企业管理层为责任方。该业务的鉴证对象为企业的持续经营状况，它同样由企业的管理层负责。

再如，某政府组织聘请注册会计师对某企业的持续经营报告进行鉴证，该持续经营报告由该政府组织编制并分发给预期使用者，在该业务中，鉴证对象信息由该政府负责，该政府组织为责任方，该业务的鉴证对象为企业的持续经营状况，责任方即该政府组织，但却无需为它负责。

3. 预期使用者

（1）预期使用者是指预期使用鉴证报告的组织或人员。责任方可能是预期使用者，但不是唯一的预期使用者。

（2）注册会计师识别预期使用者的方式。根据法律法规的规定确认预期使用者；根据与委托人签订的协议确认预期使用者。

当鉴证业务服务于特定的使用者或具有特定目的时，如：企业向银行贷款等，注册会计师很容易识别银行为预期使用者。

在大多数情况下，注册会计师无法识别使用鉴证报告的所有组织和人员，尤其在各种可能的预期使用者对鉴证对象存在不同的利益需求时，如：对上市公司的审计等。

（3）对预期使用者范围的界定：那些与鉴证对象有重要和共同利益的主要利益相关者。

4．三方关系人之间的关系

注册会计师对由责任方负责的鉴证对象或鉴证对象信息提出结论，以增强除责任方之外的预期使用者对鉴证对象信息的信任程度。

在某些情况下，责任方和预期使用者来自同一企业，也并不意味着二者就是同一方。如某公司同时设有董事会和监事会，监事会需要对董事会和管理层提供的信息进行监督。

由于鉴证结论有利于提高鉴证对象信息的可信性，有可能对责任方有用，因此，责任方也会成为预期使用者之一，但不是唯一的预期使用者。如财务报表审计，责任方是被审计单位的管理层，此时被审计单位管理层是审计报告的预期使用者之一，但同时预期使用者还包括企业的股东、债权人、监管机构等。

是否存在三方关系人是判断某项业务是否属于鉴证业务的重要标准之一，如果某项业务不存在除责任方之外的其他预期使用者，该项业务不构成一项鉴证业务。

鉴证业务还会涉及委托人，但委托人不是单独存在的一方，委托人通常是预期使用者之一，委托人也可能由责任方担任。

（二）鉴证对象

鉴证对象，具有多种不同的表现形式，可能是财务或非财务业绩或状况、物理特征、系统与过程、行为等，不同鉴证对象具有不同特征；

鉴证对象信息，是按照标准对鉴证对象进行评价和计量的结果。

例如：责任方按照会计准则和会计制度（标准），对其财务状况、经营成果和现金流量（鉴证对象）进行确认、计量和列报，形成财务报表（鉴证对象信息）。

例如：注册会计师按照适当依据（标准），直接对内部控制有效性（鉴证对象）进行评价，出具鉴证报告，该报告反映内部控制有效性的信息（鉴证对象信息）。

1．鉴证对象与鉴证对象信息的形式

鉴证对象与鉴证对象信息具有多种形式，主要包括以下几方面的内容。

（1）当鉴证对象为财务业绩或状况时（如历史或预测的财务状况、经营成果和现金流量），鉴证对象信息是财务报表。

（2）当鉴证对象为非财务业绩或状况时（如企业的运营情况），鉴证对象信息可能是反映效率或效果的关键指标。

（3）当鉴证对象为物理特征时（如设备的生产能力），鉴证对象信息可能是有关鉴证对象物理特征的说明文件。

（4）当鉴证对象为某种系统和过程时（如企业的内部控制或信息技术系统），鉴证对象信息可能是关于其有效性的认定。

（5）当鉴证对象为一种行为时（如遵守法律法规的情况），鉴证对象信息可能是对法律法规遵守情况或执行效果的声明。

2．鉴证对象的特征

鉴证对象具有不同特征，可能表现为定性或定量、客观或主观、历史或预测、时点或期间。如：以下鉴证对象具有如下特征：当鉴证对象为历史信息时，其特征是客观的、历史的；当鉴证对象为预测信息时，其特征是主观的、预测的；当鉴证对象为财务业绩时，其特征是定量的；当鉴证对象为注册资本的实收情况时，其特征是时点的；当鉴证对象为某内部控制过程时，其特征是期间的；当鉴证对象为遵守法律法规的情况时，其特征是定性的。

3．鉴证对象特征可能产生的影响

鉴证对象特征可能产生的影响有以下几个。

（1）按照标准对其进行评价和计量的准确性产生影响。

（2）证据的说服力。

一般而言，如果鉴证对象的特征表现为定量的、客观的、历史的或时点的，评价和计量的准确性相对较高，注册会计师获取证据的说服力相对较强，获得的保证水平也较高。

注册会计师应当在鉴证报告中说明与预期使用者特别相关的鉴证对象特征。特别相关指如果不在鉴证报告中说明鉴证对象的这一特征，将可能导致预期使用者对鉴证业务产生误解。如企业在首次公开发行股票时，其招股说明书中的预测性财务信息可能需要经注册会计师审核，提供有关拟上市公司预计收益的情况，那么该鉴证对象的预测性特征对于预期使用者来说就是特别相关的。

4．鉴证对象应具备的条件

适当的鉴证对象应当同时具备下列三个条件。

（1）鉴证对象可以识别。例如：某企业委托对某生产线（车间）经营情况鉴证，由于车间并不独立核算，因而无法识别（鉴证）其经营情况。

（2）不同的组织或人员对鉴证对象按照既定标准进行评价或计量的结果合理一致。

(3) 注册会计师能够搜集与鉴证对象有关的信息，获取充分、适当的证据，以支持其提出适当的鉴证结论。

不适当的鉴证对象应当采取如下三项对策。

(1) 不适当的鉴证对象可能误导预期使用者，注册会计师可出具保留或否定的结论。

(2) 不适当的鉴证对象可能造成工作范围受到限制，注册会计师可出具保留或无法表示的结论。

(3) 在适当情况下，注册会计师可考虑解除业务约定。

（三）标准

标准是指用于评价或计量鉴证对象的基准，当涉及列报时，还包括列报的基准。标准是鉴证业务不可或缺的要素。需要指出的是，对同一鉴证对象进行评价或计量时，并不一定要选择同一个标准。如要评价消费者满意度这一鉴证对象，某些责任方或注册会计师可能会以消费者投诉的次数作为衡量标准；而另外一些责任方或注册会计师可能会选择消费者在初始购买后的三个月内重复购买的数量作为衡量标准。

1．标准的类型

标准可分为两类：一是正式的规定，二是非正式的规定。

正式的规定，通常是一些"既定"的标准，是由法律法规规定或经政府认可的专业团体公开发布的。如编制财务报表时，其标准是权威机构发布的会计准则和相关会计制度；编制内部控制报告时，标准可能是已确立的内部控制规范或指引；编制遵循性报告时，标准可能是适用的法律法规。

非正式的规定，通常是一些"专门制订"的标准，是针对具体业务"量身定做"的。如：单位内部制订的行为准则或确定的绩效水平等。

2．标准的特征

适当的标准应当具备下列所有特征。

(1) 相关性，相关的标准有助于得出结论，便于预期使用者做出决策。

(2) 完整性，完整的标准不应忽略业务环境中可能影响得出结论的相关因素，当涉及列报时，还包括列报的基准。

(3) 可靠性，可靠的标准能够使能力相近的注册会计师在相似的业务环境中，对鉴证对象做出合理一致的评价或计量。

(4) 中立性，中立的标准有助于得出无偏向的结论。

(5) 可理解性，可理解的标准有助于得出清晰、易于理解、不会产生重大歧义的结论。

注册会计师基于自身的预期、判断和个人经验对鉴证对象进行的评价和计量，不构成适当的标准。

3. 标准的评价

采用的标准类型不同，注册会计师为评价该标准对于具体鉴证业务的适用性所需执行的工作也不同。

(1) 对正式的规定，注册会计师不需对其"适当性"进行评价，而只需评价该标准对具体业务的"适用性"。

(2) 对非正式的规定，注册会计师需要对标准本身的"适当性"进行评价，即是否具备上述五个特征。

在具体鉴证业务中，注册会计师评价标准各项特征的相对重要性，需要运用职业判断。

4. 标准的获取

标准可以通过下列四种方式供预期使用者获取。

(1) 公开发布。

(2) 在陈述鉴证对象信息时以明确的方式表述。

(3) 在鉴证报告中以明确的方式表述。

(4) 常识理解，如计量时间的标准是小时或分钟。

如果确定的标准仅能为特定的预期使用者获取，或仅与特定目的相关，鉴证报告的使用也应限于这些特定的预期使用者或特定目的。

（四）证据

注册会计师应当以职业怀疑态度计划和执行鉴证业务，获取有关鉴证对象信息是否不存在重大错报的充分、适当的证据。注册会计师应当及时对制订的计划、实施的程序、获取的相关证据以及得出的结论做出记录。

注册会计师在计划和执行鉴证业务，尤其在确定证据搜集程序的性质、时间和范围时，应当考虑重要性、鉴证业务风险以及可获取证据的数量和质量。

职业怀疑态度是指注册会计师以质疑的思维方式评价所获取证据的有效性，并对相互矛盾的证据，以及引起对文件记录或责任方提供的信息的可靠性产生怀疑的证据保持警觉。鉴证业务通常不涉及鉴定文件记录的真伪，注册会计师也不是鉴定文件记录真伪的专家，但应当考虑用作证据的信息的可靠性，包括考虑与信息生成和维护相关的控制的有效性。如果在执行业务过程中识别出的情况使其认为文件记录可能是伪造的或文件记录中的某些条款已发生变动，注册会计师应当做出进一步调查，包括直接向第三方询证，或考虑利用专家的工作，以评价文件记录的真伪。

证据的充分性是对证据数量的衡量，主要与注册会计师确定的样本量有关。证据的适当性是对证据质量的衡量，即证据的相关性和可靠性。

鉴证业务风险是指在鉴证对象信息存在重大错报的情况下，注册会计师提出不恰当结论的可能性。在直接报告业务中,鉴证对象信息仅体现在注册会计师的结论中,鉴证业务风险包括注册会计师不恰当地提出鉴证对象在所有重大方面遵守标准的结论的可能性。鉴证业务风险通常体现为重大错报风险和检查风险。

(五)鉴定报告

1. 出具鉴证报告的总体要求

注册会计师应当出具含有鉴证结论的书面报告,该鉴证结论应当说明注册会计师就鉴证对象信息获取的保证。

2. 鉴证结论的表述形式

(1)基于责任方认定业务与直接报告业务"鉴证结论"的表述方式。在基于责任方认定的业务中,注册会计师的鉴证结论可以采用下列两种表述形式。

①明确提及责任方认定,如"我们认为,责任方做出的'根据×标准,内部控制在所有重大方面是有效的'这一认定是公允的"。

②直接提及鉴证对象和标准,如"我们认为,根据×标准,内部控制在所有重大方面是有效的"。

在直接报告业务中,注册会计师应当明确提及鉴证对象和标准。

(2)合理保证鉴证业务与有限保证鉴证业务"鉴证结论"的表述方式。在合理保证的鉴证业务中,注册会计师应当以积极方式提出结论:

如,"我们认为,责任方做出的'根据×标准,内部控制在所有重大方面是有效的'这一认定是公允";或"我们认为,根据×标准,内部控制在所有重大方面是有效的"。

在有限保证的鉴证业务中,注册会计师应当以消极方式提出结论:

如,"基于本报告所述的工作,我们没有注意到任何事项使我们相信,责任方做出的'根据×标准,×系统在所有重大方面是有效的'这一认定是不公允的";或"基于本报告所述的工作,我们没有注意到任何事项使我们相信,根据×标准,×系统在任何重大方面是无效的"。

3. 鉴证结论的种类

注册会计师的鉴证结论有:无保留结论、保留结论、否定结论和无法提出结论四种。

对任何类型的鉴证业务,如果注册会计师的工作范围受到限制,注册会计师应当视受到限制的重大与广泛程度,出具保留结论或无法提出结论的报告。在某些情况下,注册会计师应当考虑解除业务约定。

如果存在下列情形,注册会计师应当视其影响的重大与广泛程度,出具保留结论或否定结论的报告。

(1)注册会计师的结论提及责任方的认定,且该认定未在所有重大方面做出公允表达;

(2) 注册会计师的结论直接提及鉴证对象和标准,且鉴证对象信息存在重大错报。

在承接业务后,如果发现标准或鉴证对象不适当,可能误导预期使用者,注册会计师应当视其重大与广泛程度,出具保留结论或否定结论的报告。

如果发现标准或鉴证对象不适当,造成工作范围受到限制,注册会计师应当视受到限制的重大与广泛程度,出具保留结论或无法提出结论的报告。在某些情况下,注册会计师应当考虑解除业务约定。

第四节 国家审计准则

一、国家审计准则体系

(一) 美国的国家审计准则

美国会计总署制订的国家审计准则由财务与合法性审计、经济性和效率性审计、计划项目效果审计三部分组成。

1. 财务与合法性审计

这部分准则确定以下几方面的内容。

(1) 被审计机构提供的财务报表是否按公认会计原则真实公允地反映了该机构的财务状况和经营成果。

(2) 被审计机构是否遵守了可能对财务报表有重要影响的有关法律和法规的规定。

2. 经济性和效率性审计

这部分准则确定以下几方面的内容。

(1) 被审机构是否正在经济有效地管理和利用其资源。

(2) 被审计机构工作效率不高和不经济性的原因何在。

(3) 被审计机构是否遵守了有关经济性和效率性问题的法律和法规。

3. 计划项目效果审计

这部分准则确定以下几方面的内容。

(1) 国家投资项目是否达到由议会或其他权力机关确定的预期结果和效益。

(2) 被审计机构是否考虑了可能以较低成本达到预期效果的其他可供选择的办法。

在上述审计准则中,第一部分内容的特点和要求与美国的民间审计准则基本相同。第二、三部分则是民间审计准则中所没有的,这是国家审计准则的特色。

（二）中国的国家审计准则体系

1989 年起着手制订国家准则，1996 年审计署发布了 38 个审计规范，2000 年，审计署修订、发布了《中华人民共和国国家审计基本准则》和一系列通用审计准则、专业审计准则。2004 年审计署颁布了《审计机关审计项目质量控制办法（试行）》。2010 年颁布了新修订的国家审计准则，于 2011 年 1 月 1 日起实施。

此次修订，参考《审计机关审计项目质量控制办法（试行）》的体系结构，将原有国家审计基本准则和通用审计准则规范的内容统一纳入《审计准则》，形成一个完整单一的国家审计准则。在审计准则的下一层次研究开发审计指南，进一步细化相关审计业务操作的具体要求。据此构建起由宪法、审计法和审计法实施条例、审计准则和审计指南等不同级次规定组成的审计法律规范体系。

二、中国国家审计准则

新国家审计准则共七章、200 条，包括总则、审计机关和审计人员、审计计划、审计实施、审计报告、审计业务质量控制与责任和附则。

"总则"一章规定了审计准则的制订依据，适用范围，审计机关与被审计单位的责任划分，审计目标，审计业务分类及审计业务流程等。

"审计机关和审计人员"一章规定了审计机关及其审计人员执行审计业务的基本条件和要求，基本审计职业道德原则，审计独立性，职业胜任能力，与被审计单位的职业关系等。

"审计计划"一章规定了年度审计项目计划的主要内容和编制程序，审计工作方案的主要内容和编制要求，对年度审计项目计划执行情况及执行结果的跟踪、检查和统计等。

"审计实施"一章分四节。第一节"审计实施方案"规定了审计实施方案的编制程序和主要内容等。第二节"审计证据"规定了审计证据的含义，审计证据适当性和充分性的质量要求，获取审计证据的模式、方法和要求，利用专家意见和其他机构工作结果的要求等。第三节"审计记录"规定了做出审计记录、编制审计工作底稿的事项范围、目标和质量要求，审计工作底稿的分类和内容，审计工作底稿的复核，审计工作底稿的利用等。第四节"重大违法行为检查"规定重大违法行为的特征，检查重大违法行为的特殊程序和应对措施等。

"审计报告"一章分五节。第一节"审计报告的形式和内容"规定了审计报告、专项审计调查报告的基本要素和主要内容，经济责任审计报告的特殊要素和内容，审计决定书、审计移送处理书的主要内容等。第二节"审计报告的编审"规定了审计报告等文书的起草、征求意见、复核、审理、审定、签发等编审环节的要求，专项审计调查中发现重大违法违规问题的处置方式等。第三节"专项报告与综合报告"规定了编写审计专项报告、信息简报、综合报告、经济责任审计结果报告、本级预算执行和其他财政收支情况审计结果报告和审计工作报告等基本要求。第四节"审计结果公布"规定了审计机关公布审计结果的信息范围、质量要求和审核批准程序等。第五节"审计结果跟踪检查"规定了跟踪检查的事项，检查的时间、方式，检查结果的报告和处理措施等。

"审计质量控制与责任"一章规定了建立审计质量控制制度的目标，审计质量控制要素，针对"质量责任"要素确定的各级质量控制环节的职责和责任，审计档案的质量控制责任及归档材料的内容，针对"质量监控"要素建立的审计业务质量检查、年度业务考核和优秀审计项目评选制度等。

第五节 内部审计准则

一、内部审计准则体系

（一）国际内部审计准则体系

国际内部审计准则由国际内部审计师协会制订和颁布。1978 年初次发布及 1993 年修订版都包括五个部分：独立性、职业熟练性、工作范围、审计工作的执行和内部审计部门的管理。2009 年 1 月发布《国际内部审计专业实务框架》（International Proffessionl Proctice Framework，简称 IPPF）由两部分构成：一是强制性指南，包括"内部审计定义"、《职业道德规范》和《国际内部审计专业实务标准》（简称《标准》）；二是强力推荐的指南，强力推荐的指南是 IIA 通过正式批准程序认可的，阐述有效执行"内部审计定义"、《职业道德规范》和《标准》的实务，包括立场公告、实务公告和实务指南。

1. 国际内部审计专业实务标准

《标准》的宗旨是：描述反映内部审计实务的基本原则；为开展和推动各类具有增值效应的内部审计业务提供框架；建立评估内部审计业绩的依据；促进组织流程和运营的改善。《标准》是以原则为导向的强制性要求，其组成内容包括：对组织和个人普遍适用的关于内部审计专业实务及其业绩评价基本要求的阐述；对阐述中所含术语或概念的释义。

《标准》由属性标准和工作标准组成。属性标准说明开展内部审计活动的组织和个人的特征。工作标准描述内部审计活动的性质，并提供了衡量内部审计活动的实施质量的准绳。属性标准和工作标准适用于所有的内部审计服务。

2. 立场公告

有助于对内部审计感兴趣的社会各界了解重大的治理、风险或控制事项以及内部审计在其中扮演的角色和作用。目前，IIA 已经颁布的两个立场公告是："内部审计在审计活动资源管理中的作用"（The Role of Internal Auditing in Resourcing the Internal Activity）和"内部审计在全面风险管理中的作用"（The Role of Internal Auditing in Enterprise Wide Risk Management）。

3. 实务公告

实务公告主要帮助内部审计师使用内部审计定义、《职业道德规范》和《标准》，同时推动良好的实践。实务公告涉及开展内部审计的方式、方法和需要考虑的因素，但是不包括详细的过程和程序。实务公告包含内部审计实务与跨国、国内或特定行业的事项、特定业务类型以及法律法规事宜相关。

4. 实务指南

为开展内部审计活动提供详细的指引，包括具体的过程和程序，例如工具、技术、程序以及分步骤的方法和形成书面文件的范例。

（二）中国内部审计准则体系

中国内部审计准则是中国内部审计工作规范体系的重要组成部分，由内部审计基本准则、内部审计具体准则、内部审计实务指南三个层次组成。

（1）内部审计基本准则。内部审计基本准则是内部审计准则的总纲，是内部审计机构和人员进行内部审计时应遵循的基本规范，是制订内部审计具体准则、内部审计实务指南的基本依据。

（2）内部审计具体准则。内部审计具体准则是依据内部审计基本准则制订的，是内部机构和人员在进行内部审计时应当遵循的具体规范。

（3）内部审计实务指南。内部审计实务指南是依据内部审计基本准则、内部审计具体准则制订的，为内部审计机构作人员进行内部审计提供的具有可操作性的指导意见。

二、中国内部审计基本准则

中国内部审计基本准则共有 6 章、33 条。第一章是总则共有 3 条内容，第二、三、四、五章分别为一般准则、作业准则、报告准则和内部管理准则，共 28 条，是内部审计基本准则的核心内容，第六章是附则，共 2 条。

（一）一般准则

一般准则主要包括以下内容。

（1）组织应当设置与其目标、性质、规模、治理结构等相适应的内部审计机构，并配备具有相应资格的内部审计人员。

（2）内部审计的目标、职责和权限等内容应当在组织的内部审计章程中明确规定。

(3) 内部审计机构和内部审计人员应当保持独立性和客观性，不得负责被审计单位的业务活动、内部控制和风险管理的决策与执行。

(4) 内部审计人员应当遵守职业道德，在实施内部审计业务时保持应有的职业谨慎。

(5) 内部审计人员应当具备相应的专业胜任能力，并通过后续教育加以保持和提高。

(6) 内部审计人员应当履行保密义务，对于实施内部审计业务中所获取的信息保密。

（二）作业准则

作业准则主要包括以下内容。

(1) 内部审计机构和内部审计人员应当全面关注组织风险，以风险为基础组织实施内部审计业务。

(2) 内部审计人员应当充分运用重要性原则，考虑差异或者缺陷的性质、数量等因素，合理确定重要性水平。

(3) 内部审计机构应当根据组织的风险状况、管理需要及审计资源的配置情况，编制年度审计计划。

(4) 内部审计人员根据年度审计计划确定的审计项目，编制项目审计方案。

(5) 内部审计机构应当在实施审计三日前，向被审计单位或者被审计人员送达审计通知书，做好审计准备工作。

(6) 内部审计人员应当深入了解被审计单位的情况，审查和评价业务活动、内部控制和风险管理的适当性和有效性，关注信息系统对业务活动、内部控制和风险管理的影响。

(7) 内部审计人员应当关注被审计单位业务活动、内部控制和风险管理中的舞弊风险，对舞弊行为进行检查和报告。

(8) 内部审计人员可以运用审核、观察、监盘、访谈、调查、函证、计算和分析程序等方法，获取相关、可靠和充分的审计证据，以支持审计结论、意见和建议。

(9) 内部审计人员应当在审计工作底稿中记录审计程序的执行过程，获取的审计证据，以及做出的审计结论。

(10) 内部审计人员应当以适当方式提供咨询服务，改善组织的业务活动、内部控制和风险管理。

（三）报告准则

报告准则主要包括以下内容。

(1) 内部审计机构应当在实施必要的审计程序后，及时出具审计报告。

(2) 审计报告应当客观、完整、清晰，具有建设性并体现重要性原则。

(3) 审计报告应当包括审计概况、审计依据、审计发现、审计结论、审计意见和审计建议。

(4) 审计报告应当包含是否遵循内部审计准则的声明。如存在未遵循内部审计准则的情形，应当在审计报告中做出解释和说明。

（四）内部管理准则

内部管理准则主要包括以下内容。

(1) 内部审计机构应当接受组织董事会或者最高管理层的领导和监督，并保持与董事会或者最高管理层及时、高效的沟通。

(2) 内部审计机构应当建立合理、有效的组织结构，多层级组织的内部审计机构可以实行集中管理或者分级管理。

(3) 内部审计机构应当根据内部审计准则及相关规定，结合本组织的实际情况制订内部审计工作手册，指导内部审计人员的工作。

(4) 内部审计机构应当对内部审计质量实施有效控制，建立指导、监督、分级复核和内部审计质量评估制度，并接受内部审计质量外部评估。

(5) 内部审计机构应当编制中长期审计规划、年度审计计划、本机构人力资源计划和财务预算。

(6) 内部审计机构应当建立激励约束机制，对内部审计人员的工作进行考核、评价和奖惩。

(7) 内部审计机构应当在董事会或者最高管理层的支持和监督下，做好与外部审计的协调工作。

(8) 内部审计机构负责人应当对内部审计机构管理的适当性和有效性负主要责任。

通过研究不同审计主体的审计准则，可以得出下述结论。

(1) 审计准则是对审计主体行为进行的规范，是审计主体执行审计业务的根本要求，无论何种审计主体执行审计业务都必须遵守其审计准则。

(2) 国家审计准则和内部审计准则的内容在很大程度上参考了民间审计准则，民间审计准则的内容构成了国家审计准则和内部审计准则的主要框架。

(3) 国家审计准则与民间审计准则的主要区别在于：①民间审计一般只涉及财务审计，而国家审计则不仅包括财务审计，还包括经济效益审计，即国外的"三 E"审计；②中国的国家审计准则规范了国家审计主体的处理处罚权，而民间审计准则没有这方面的规范。

第六节 审计质量控制准则

审计质量是指审计组织从事各项工作的优劣程度，包括：审计工作质量和审计项目质量。审计项目质量是以审计工作质量为基础的。

审计学基础

审计质量控制指由审计组织和审计人员依据审计质量控制标准，对各项审计工作或具体审计项目过程的质量进行自我约束的一项活动。审计质量控制目的是确保审计行为遵循审计准则，并表达恰当的审计意见。

一、民间审计质量控制准则

会计师事务所质量控制准则旨在规范会计师事务所的业务质量控制，明确会计师事务所及其人员的质量控制责任，适用于会计师事务所执行历史财务信息审计和审阅业务、其他鉴证业务及相关服务业务。

（一）质量控制制度的目的

会计师事务所应当根据会计师事务所质量控制准则，建立并保持质量控制制度，以合理保证：

（1）会计师事务所及其人员遵守职业准则和适用的法律法规的规定。

（2）会计师事务所和项目合伙人出具适合具体情况的报告。

职业准则，是指中国注册会计师鉴证业务基本准则、中国注册会计师审计准则、中国注册会计师审阅准则、中国注册会计师其他鉴证业务准则、中国注册会计师相关服务准则、质量控制准则和相关职业道德要求。相关职业道德要求，是指项目组和项目质量控制复核人员应当遵守的职业道德规范，通常是指中国注册会计师职业道德守则。

项目合伙人，是指会计师事务所中负责某项业务及其执行，并代表会计师事务所在出具的报告上签字的合伙人。

（二）质量控制制度的要素

会计师事务所应当建立并保持质量控制制度。质量控制制度包括针对下列要素而制订的政策和程序。

（1）对业务质量承担的领导责任。

（2）相关职业道德要求。

（3）客户关系和具体业务的接受与保持。

（4）人力资源。

（5）业务执行。

（6）监控。

会计师事务所应当将质量控制政策和程序形成书面文件，并传达到全体人员。

二、国家审计质量控制标准

（一）国家审计质量控制的目的

国家审计准则第一百七十二条规定，审计机关应当建立审计质量控制制度，以保证实现下列目标。

（1）遵守法律法规和本准则。

（2）做出恰当的审计结论。

（3）依法进行处理处罚。

（二）国家审计质量控制要素

国家审计准则第一百七十三条规定，审计机关应当针对下列要素建立审计质量控制制度：

（1）审计质量责任。

（2）审计职业道德。

（3）审计人力资源。

（4）审计业务执行。

（5）审计质量监控。

三、审计质量控制措施

（一）我国审计质量控制措施

1. 对人员素质的控制

对人员素质的控制主要包括以下内容。

（1）专业培训。

（2）建立聘用制度。

（3）建立考评激励机制。

（4）提供专业知识和技术帮助。

2. 对作业过程的控制

对作业过程的控制主要包括三个环节：委派审计人员环节、审计实施准备环节、审计工作实施环节。

3. 审计机关的分级质量控制

按照国家审计准则规定，我国审计机关实行审计组成员、审计组主审、审计组组长、审计机关业务部门、审理机构、总审计师和审计机关负责人对审计业务的分级质量控制。具体要求各级主体承担责任的事项规定。

（二）国外审计质量控制措施

国外审计质量控制的主要范围包括九个方面：独立性、委派审计人员、咨询、监督、雇用、提高业务水平、晋升、接受新客户和继续为老客户服务、检查。

本章小结

本章主要讲述了审计准则的基本知识、民间审计准则体系、中国注册会计师鉴证业务基本准则、国家审计准则、内部审计准则、审计质量控制准则。通过本章的学习，读者应该了解审计的种类、作用、产生和发展；了解国际审计准则体系、美国审计准则体系、中国注册会计师执业准则体系；掌握鉴证业务的定义、种类、目标、承接及其要素；掌握国家审计准则体系、中国国家审计准则；掌握民间审计质量控制准则、国家审计质量控制标准和审计质量控制措施。

本章习题

一、单项选择题

1. 世界上最早的审计准则是（　　）。
   A. 《国际审计准则》　　　　　B. 《美国公认审计准则》
   C. 《统一会计》　　　　　　　D. 《审计准则试行方案——公认的重要性和范围》

2. 中天华信会计师事务所近期同时执行了下列业务。其中以消极方式表述所得的结论，并且不提供高水平保证的是（　　）。
   A. 财务报表审计业务　　　　　B. 财务报表审阅业务
   C. 预测性财务信息审核业务　　D. 执行商定程序业务

3. 某政府组织聘请注册会计师对甲企业的持续经营报告进行鉴证，该持续经营报告由该政府组织编制并分发给预期使用者。该业务中的责任方是（　　）。
   A. 甲企业　　　　　　　　　　B. 政府组织
   C. 会计师事务所　　　　　　　D. 注册会计师

4. 在注册会计师对被审计单位财务报表进行审计的过程中，下列要素属于鉴证对象的是（　　）。
   A. 被审计单位所遵循的企业会计准则

B．被审计单位的财务状况、经营成果和现金流量

C．被审计单位管理层

D．被审计单位编制的财务报表

5．标准是指用于评价或计量鉴证对象的基准，当涉及列报时，还包括列报的基准。下列有关鉴证业务标准的说法中错误的是（　　）。

A．标准可以是正式的规定也可以是某些非正式的规定

B．非正式的规定通常是一些"专门制订的"标准，是针对具体的业务项目"量身定做"的，包括企业内部制订的行为准则、确定的绩效水平或商定的行为要求等

C．对同一鉴证对象进行评价或计量一定要选择同一个标准

D．标准是对所要发表意见的鉴证对象进行"度量"的一把"尺子"，责任方和注册会计师可以根据这把"尺子"对鉴证对象进行"度量"

二、多项选择题

1．关于基于责任方认定业务和直接报告业务，下列叙述正确的有（　　）。

A．在直接报告业务中，可能不存在责任方认定，即便存在，该认定也无法为预期使用者获取，预期使用者只能通过阅读鉴证报告获取有关鉴证对象的信息

B．在基于责任方认定业务中，预期使用者可以直接获取鉴证对象信息（责任方认定），而不一定要通过阅读鉴证报告

C．在直接报告业务中，注册会计师在鉴证报告中直接对鉴证对象提出结论

D．在基于责任方认定业务中，注册会计师提出结论的对象可能由责任方认定，也可能由鉴证对象认定

2．关于鉴证业务三方关系，下列叙述正确的有（　　）。

A．鉴证业务涉及的三方关系人包括注册会计师、委托人和预期使用者

B．鉴证业务涉及的三方关系人包括注册会计师、责任方和预期使用者

C．委托人通常是预期使用者之一，委托人也可能由责任方担任

D．预期使用者有时会包括责任方，在鉴证业务中，责任方可能会是唯一的预期使用者

3．当标准或鉴证对象不适当时，注册会计师做出的以下决策中正确的有（　　）。

A．考虑解除业务约定　　　　　　B．出具否定结论的报告

C．出具无法提出结论的报告　　　D．出具保留结论的报告

4．会计师事务所应当建立并保持质量控制制度。质量控制制度包括针对下列要素而制订的政策和程序（　　）。

A．对业务质量承担的领导责任　　B．相关职业道德要求

C. 客户关系和具体业务的接受与保持　　D. 业务执行

5. 我国审计质量控制措施有（　　）。

A. 对人员素质的控制　　　　　　　　B. 对审计计划的控制

C. 分级质量控制　　　　　　　　　　D. 内部控制

三、简答题

1. 什么是鉴证业务？与相关服务业务有什么区别？
2. 合理保证的鉴证业务与有限保证的鉴证业务有何不同？
3. 基于责任方认定的业务与直接报告的业务有什么区别？
4. 鉴证业务要素有哪些？
5. 会计师事务所质量控制要素有哪些？

第四章 职业道德与法律责任

【本章导读】

审计职业道德是审计人员在从业过程中应当遵守的各种行为规范的总和，它通过指导审计人员的行为，使审计工作满足社会需要、承担社会责任、履行社会义务。审计职业道德作为社会职业道德的组成部分，在实际生活中发挥着约束个人行为、调整人们在审计工作中所形成的社会关系、促进社会主义市场经济的繁荣和市场秩序的良好运转等其他职业道德无法替代的作用。

【本章目标】

- ➢ 了解注册会计师职业道德规范
- ➢ 掌握国家审计人员和内部审计人员的职业道德规范
- ➢ 掌握审计人员的法律责任

第一节 注册会计师职业道德规范

一、注册会计师职业道德的含义

职业道德是某一职业组织以公约、守则等形式公布的，其会员自愿接受的职业行为标准。注册会计师职业道德，是指注册会计师职业品德、职业纪律、专业胜任能力及职业责任等的总称。

为了向社会昭示注册会计师应达到的道德水准，美英等发达国家相继制订了为大家普遍接受的职业道德准则，国际会计师联合会道德委员会也制订了国际职业会计师道德准则。中国注册会计师协会自 1988 年成立以来，一直非常重视注册会计师职业道德规范建设。1992 年，颁布了《中国注册会计师职业道德守则（试行）》；1996 年 12 月 26 日，经财政部批准，颁布了《中国注册会计师职业道德基本准则》，于 1997 年 1 月 1 日起实施；2002 年 6 月 25 日，为解决注册会计师职业中违反职业道德的现象，颁布了《中国注册会计师职业道德规范指导意见》，于 2002 年 7 月 1 日起施行。

为了规范注册会计师职业行为，提高注册会计师职业道德水平，维护注册会计师职业形象，中国注册会计师协会 2009 年制订了《中国注册会计师职业道德守则》和《中国注册会计师协会非执业会员职业道德守则》，于 2010 年 7 月 1 日起施行。《中国注册会计师职业道德守则》分为五个层次，即《中国注册会计师职业道德守则第 1 号——职业道德基本原则》《中国注册会计师职业道德守则第 2 号——职业道德概念框架》《中国注册会计师职业道德守第 3 号——提供专业服务的具体要求》《中国注册会计师职业道德守则第 4 号——审计和审阅业务的独立性要求》《中国注册会计师职业道德守则第 5 号——其他鉴证业务的独立性要求》。本节重点介绍中国注册会计师职业道德守则的第 1 和第 2 号。

二、中国注册会计师职业道德基本原则

（一）诚信

诚信，是指诚实、守信。诚信原则要求注册会计师应当在所有的职业活动中，保持正直，诚实守信。注册会计师如果认为业务报告、申报资料或其他信息存在下列问题，则不得与这些有问题的信息发生牵连。

（1）含有严重虚假或误导性的陈述。

（2）含有缺少充分依据的陈述或信息。

（3）存在遗漏或含糊其辞的信息。

注册会计师如果注意到已与有问题的信息发生牵连，应当采取措施消除牵连。在鉴证业务中，如果注册会计师依据执业准则出具了恰当的非标准业务报告，不被视为违反上述要求。

（二）独立性

独立性是指不依附外力，且不受外界束缚。独立性原则要求注册会计师执行审计和审阅业务以及其他鉴证业务时，应当从实质上和形式上保持独立性，不得因任何利害关系影响其客观性。

会计师事务所在承办审计和审阅业务以及其他鉴证业务时，应当从整体层面和具体业务层面采取措施，以保持会计师事务所和项目组的独立性。

（三）客观和公正

客观和公正原则要求注册会计师应当公正处事、实事求是，不得由于偏见、利益冲突或他人的不当影响而损害自己的职业判断。

如果存在导致职业判断出现偏差，或对职业判断产生不当影响的情形，注册会计师不得提供相关专业服务。

（四）专业胜任能力和应有的关注

专业胜任能力原则要求注册会计师应当通过教育、培训和执业实践获取和保持专业胜任能力。注册会计师应当持续了解并掌握当前法律、技术和实务的发展变化，将专业知识和技能始终保持在应有的水平，确保为客户提供具有专业水准的服务。在应用专业知识和技能时，注册会计师应当合理运用职业判断。

注册会计师应当保持应有的关注，遵守执业准则和职业道德规范的要求，勤勉尽责，认真、全面、及时地完成工作任务。注册会计师应当采取适当措施，确保在其领导下工作的人员得到应有的培训和督导。注册会计师在必要时应当使客户以及业务报告的其他使用者了解专业服务的固有局限性。

（五）保密

注册会计师应当对职业活动中获知的涉密信息保密，不得有下列行为。

（1）未经客户授权或法律法规允许，向会计师事务所以外的第三方披露其所获知的涉密信息。

（2）利用所获知的涉密信息为自己或第三方谋取利益。

注册会计师应当对拟接受的客户或拟受雇的工作单位向其披露的涉密信息保密。在终止与客户的关系后，注册会计师应当对以前在职业活动中获知的涉密信息保密。如果获得新客户，注册会计师可以利用以前的经验，但不得利用或披露以前职业活动中获知的涉密信息。

注册会计师在社会交往中应当履行保密义务，警惕无意中泄密的可能性，特别是警惕无意中向近亲属或关系密切的人员泄密的可能性。近亲属是指配偶、父母、子女、兄弟姐妹、祖父母、孙子女、外孙子女。

注册会计师应当对所在会计师事务所的涉密信息保密，并应当采取措施，确保下级员工以及提供建议和帮助的人员履行保密义务。

在下列情形下，注册会计师可以披露涉密信息。

（1）法律法规允许披露，并且取得客户的授权。

（2）根据法律法规的要求，为法律诉讼、仲裁准备文件或提供证据，以及向监管机构报告所发现的违法行为。

（3）法律法规允许的情况下，在法律诉讼、仲裁中维护自己的合法权益。

（4）接受注册会计师协会或监管机构的执业质量检查，答复其询问和调查。

（5）法律法规、执业准则和职业道德规范规定的其他情形。

在决定是否披露涉密信息时，注册会计师应当考虑下列因素：

（1）客户同意披露的涉密信息，是否为法律法规所禁止。

（2）如果客户同意披露涉密信息，是否会损害利害关系人的利益。

（3）是否已了解和证实所有相关信息。

（4）信息披露的方式和对象。

（5）可能承担的法律责任和后果。

（六）良好的职业行为

注册会计师应当遵守相关法律法规，避免发生任何损害职业声誉的行为。注册会计师在向公众传递信息以及推介自己和工作时，应当客观、真实、得体，不得损害职业形象。

注册会计师应当诚实、实事求是，不得有下列行为。

（1）夸大宣传提供的服务、拥有的资质或获得的经验。

（2）贬低或无根据地比较其他注册会计师的工作。

三、职业道德概念框架

（一）职业道德概念框架的含义

职业道德概念框架是指解决职业道德问题的思路和方法，用以指导注册会计师。

（1）识别对职业道德基本原则的不利影响。

（2）评价不利影响的严重程度。

（3）必要时采取防范措施消除不利影响或将其降低至可接受的水平。

在运用职业道德概念框架时，注册会计师应当运用职业判断。如果发现存在可能违反职业道德基本原则的情形，注册会计师应当评价其对职业道德基本原则的不利影响。在评价不利影响的严重程度时，注册会计师应当从性质和数量两个方面予以考虑。如果认为对职业道德基本原则的不利影响超出可接受的水平，注册会计师应当确定是否能够采取防范措施消除不利影响或将其降低至可接受的水平。

（二）对遵循职业道德基本原则产生不利影响的因素

注册会计师对职业道德基本原则的遵循可能受到多种因素的不利影响。不利影响的性质和严重程度因注册会计师提供服务类型的不同而不同。可能对遵循职业道德基本原则产生不利影响的因素包括自身利益、自我评价、过度推介、密切关系和外在压力。

1. 自身利益导致不利影响的情形

自身利益导致不利影响的情形主要包括以下内容。

（1）鉴证业务项目组成员在鉴证客户中拥有直接的经济利益。

（2）会计师事务所的收入过分依赖某一客户。

（3）鉴证业务项目组成员与鉴证客户存在重要且密切的商业关系。

（4）会计师事务所担心可能失去某一重要客户。

（5）鉴证业务项目组成员正在与鉴证客户协商受雇于该客户。

（6）会计师事务所与客户就鉴证业务达成或有收费的协议。

（7）注册会计师在评价所在会计师事务所以往提供的专业服务时，发现了重大错误。

2．自我评价导致不利影响的情形

自我评价导致不利影响的情形主要包括以下内容。

（1）会计师事务所在对客户提供财务系统的设计或操作服务后，又对系统的运行有效性出具鉴证报告；

（2）会计师事务所为客户编制原始数据，这些数据构成鉴证业务的对象。

（3）鉴证业务项目组成员担任或最近曾经担任客户的董事或高级管理人员。

（4）鉴证业务项目组成员目前或最近曾受雇于客户，并且所处职位能够对鉴证对象施加重大影响。

（5）会计师事务所为鉴证客户提供直接影响鉴证对象信息的其他服务。

3．过度推介导致不利影响的情形

过度推介导致不利影响的情形主要包括以下内容。

（1）会计师事务所推介审计客户的股份。

（2）在审计客户与第三方发生诉讼或纠纷时，注册会计师担任该客户的辩护人。

4．密切关系导致不利影响的情形

密切关系导致不利影响的情形主要包括以下内容。

（1）项目组成员的近亲属担任客户的董事或高级管理人员。

（2）项目组成员的近亲属是客户的员工，其所处职位能够对业务对象施加重大影响。

（3）客户的董事、高级管理人员或所处职位能够对业务对象施加重大影响的员工，最近曾担任会计师事务所的项目合伙人。

（4）注册会计师接受客户的礼品或款待。

（5）会计师事务所的合伙人或高级员工与鉴证客户存在长期业务关系。

5．外在压力导致不利影响的情形

外在压力导致不利影响的情形主要包括以下内容。

（1）会计师事务所受到客户解除业务关系的威胁。

（2）审计客户表示，如果会计师事务所不同意对某项交易的会计处理，则不再委托其承办协议中的非鉴证业务。

（3）客户威胁将起诉会计师事务所。

（4）会计师事务所受到降低收费的影响而不恰当地缩小工作范围。

（5）由于客户员工对所讨论的事项更具有专长，注册会计师面临服从其判断的压力。

（6）会计师事务所合伙人告知注册会计师，除非同意审计客户不恰当的会计处理，否则将影响其晋升。

（三）应对不利影响的防范措施

注册会计师应当运用判断，确定如何应对超出可接受水平的不利影响，包括采取防范措施消除不利影响或将其降低至可接受的水平，或者终止业务约定或拒绝接受业务委托。

在运用判断时，注册会计师应当考虑：一个理性且掌握充分信息的第三方，在权衡注册会计师当时可获得的所有具体事实和情况后，是否很可能认为这些防范措施能够消除不利影响或将其降低至可接受的水平，以使职业道德基本原则不受损害。

应对不利影响的防范措施包括下列两类。

（1）法律法规和职业规范规定的防范措施。

（2）在具体工作中采取的防范措施。

1．法律法规和职业规范规定的防范措施

法律法规和职业规范规定的防范措施主要包括以下内容。

（1）取得注册会计师资格必需的教育、培训和经验要求。

（2）持续的职业发展要求。

（3）公司治理方面的规定。

（4）执业准则和职业道德规范的要求。

（5）监管机构或注册会计师协会的监控和惩戒程序。

（6）由依法授权的第三方对注册会计师编制的业务报告、申报资料或其他信息进行外部复核。

2．具体工作中采取的防范措施

在具体工作中，应对不利影响的防范措施包括会计师事务所层面的防范措施和具体业务层面的防范措施。会计师事务所层面的防范措施主要包括以下内容。

（1）领导层强调遵循职业道德基本原则的重要性。

（2）领导层强调鉴证业务项目组成员应当维护公众利益。

（3）制订有关政策和程序，实施项目质量控制，监督业务质量。

（4）制订有关政策和程序，识别对职业道德基本原则的不利影响，评价不利影响的严重程度，采取防范措施消除不利影响或将其降低至可接受的水平。

（5）制订有关政策和程序，确保遵循职业道德基本原则。

（6）制订有关政策和程序，识别会计师事务所或项目组成员与客户之间的利益或关系。

（7）制订有关政策和程序，监控对某一客户收费的依赖程度。

（8）向鉴证客户提供非鉴证服务时，指派鉴证业务项目组以外的其他合伙人和项目组，并确保鉴证业务项目组和非鉴证业务项目组分别向各自的业务主管报告工作。

（9）制订有关政策和程序，防止项目组以外的人员对业务结果施加不当影响。

（10）及时向所有合伙人和专业人员传达会计师事务所的政策和程序及其变化情况，并就这些政策和程序进行适当的培训。

（11）指定高级管理人员负责监督质量控制系统是否有效运行。

（12）向合伙人和专业人员提供鉴证客户及其关联实体的名单，并要求合伙人和专业人员与之保持独立。

（13）制订有关政策和程序，鼓励员工就遵循职业道德基本原则方面的问题与领导层沟通。

（14）建立惩戒机制，保障相关政策和程序得到遵守。

具体业务层面的防范措施主要包括以下内容。

（1）对已执行的非鉴证业务，由未参与该业务的注册会计师进行复核，或在必要时提供建议。

（2）对已执行的鉴证业务，由鉴证业务项目组以外的注册会计师进行复核，或在必要时提供建议。

（3）向客户审计委员会、监管机构或注册会计师协会咨询。

（4）与客户治理层讨论有关的职业道德问题。

（5）向客户治理层说明提供服务的性质和收费的范围。

（6）由其他会计师事务所执行或重新执行部分业务。

（7）轮换鉴证业务项目组合伙人和高级员工。

下列防范措施也有助于识别或制止违反职业道德基本原则的行为。

（1）监管机构、注册会计师协会或会计师事务所建立有效的公开投诉系统，使会计师事务所合伙人和员工以及公众能够注意到违反职业道德基本原则的行为。

（2）法律法规、职业规范或会计师事务所政策明确规定，注册会计师有义务报告违反职业道德基本原则的行为。

注册会计师可以根据业务的性质考虑依赖客户采取的防范措施，但是仅依赖客户的防范措施，不可能将不利影响降低至可接受的水平。

客户通过制订政策和程序采取的防范措施主要包括以下内容。

（1）要求由管理层以外的人员批准聘请会计师事务所。

（2）聘任具备足够经验和资历的员工，确保其能够做出恰当的管理决策。

（3）执行相关政策和程序，确保在委托非鉴证业务时做出客观选择。

（4）建立完善的公司治理结构，与会计师事务所进行必要的沟通，并对其服务进行适当的监督。

(四)道德冲突问题的解决

在遵循职业道德基本原则时,注册会计师应当解决遇到的道德冲突问题。在解决道德冲突问题时,注册会计师应当考虑下列因素。

(1)与道德冲突问题有关的事实。
(2)涉及的道德问题。
(3)道德冲突问题涉及的职业道德基本原则。
(4)会计师事务所制订的解决道德冲突问题的程序。
(5)可供选择的措施。

在考虑上述因素并权衡可供选择措施的后果后,注册会计师应当确定适当的措施。如果道德冲突问题仍无法解决,注册会计师应当考虑向会计师事务所内部的适当人员咨询。如果与所在会计师事务所或外部单位存在道德冲突,注册会计师应当确定是否与会计师事务所领导层或外部单位治理层讨论。

如果某项重大道德冲突问题未能解决,注册会计师可以考虑向注册会计师协会或法律顾问咨询。如果所有可能采取的措施都无法解决道德冲突问题,注册会计师不得再与产生道德冲突问题的事项发生牵连。在这种情况下,注册会计师应当确定是否退出项目组或不再承担相关任务,或者向会计师事务所提出辞职。

注册会计师应当考虑记录涉及的道德冲突问题、解决问题的过程,以及做出的相关决策。

第二节 国家审计人员和内部审计人员的职业道德规范

一、国家审计人员职业道德规范

审计人员职业道德,是指审计机关审计人员的职业品德、职业纪律、职业胜任能力和职业责任。2010年审计署修订颁布的国家审计准则第15条,对国家审计人员职业道德要求做了规定,要求恪守的基本职业道德:严格依法、正直坦诚、客观公正、勤勉尽责、保守秘密。

(1)严格依法就是审计人员应当严格依照法定的审计职责、权限和程序进行审计监督,规范审计行为。

(2)正直坦诚就是审计人员应当坚持原则,不屈从于外部压力;不歪曲事实,不隐瞒审计发现的问题;廉洁自律,不利用职权牟取私利;维护国家利益和公共利益。

(3)客观公正就是审计人员应当保持客观公正的立场和态度,以适当、充分的审计证据支持审计结论,实事求是地做出审计评价和处理审计发现的问题。

(4)勤勉尽责就是审计人员应当爱岗敬业,勤勉高效,严谨细致,认真履行审计职责,保证审计工作的质量。

(5)保守秘密就是审计人员应当保守其在执行审计业务中知悉的国家秘密、商业秘密;对于执行审计业务取得的资料、形成的审计记录和掌握的相关情况,未经批准不得对外提供和披露,不得用于与审计工作无关的目的。

二、内部审计人员职业道德规范

内部审计人员职业道德是内部审计人员在开展内部审计工作中应当具有的职业品德、应当遵守的职业纪律和应当承担的职业责任的总称。人无信不立,道德准则是建立信任的基础。

2003年4月12日,中国内审协会颁布了《内部审计人员职业道德规范》,对内部审计人员职业道德要求做了11项具体的规定。2013年修订2014年1月1日起施行的职业道德规范共7章21条。第一章是总则共有3条内容,第二、三、四、五、六章分别为一般准则、诚实正直、客观性、专业胜任能力和保密,共16条,是内部审计人员职业道德规范核心内容,第七章是附则,共2条。

(一)一般原则

内部审计人员职业道德规范的一般原则主要包括以下内容。

(1)内部审计人员在从事内部审计活动时,应当保持诚信正直。

(2)内部审计人员应当遵循客观性原则,公正、不偏不倚地做出审计职业判断。

(3)内部审计人员应当保持并提高专业胜任能力,按照规定参加后续教育。

(4)内部审计人员应当遵循保密原则,按照规定使用其在履行职责时所获取的信息。

(5)内部审计人员违反本规范要求的,组织应当批评教育,也可以视情节给予一定的处分。

(二)诚信正直

内部审计人员职业道德规范的诚信正直包括以下内容。

(1)内部审计人员在实施内部审计业务时,应当诚实、守信,不应有下列行为:歪曲事实;隐瞒审计发现的问题;进行缺少证据支持的判断;做误导性的或者含糊的陈述。

(2)内部审计人员在实施内部审计业务时,应当廉洁、正直,不应有下列行为:利用职权谋取私利;屈从于外部压力,违反原则。

(三)客观性

内部审计人员职业道德规范的客观性主要包括以下内容。

(1)内部审计人员实施内部审计业务时,应当实事求是,不得由于偏见、利益冲突而影响职业判断。

（2）内部审计人员实施内部审计业务前，应当采取下列步骤对客观性进行评估：识别可能影响客观性的因素；评估可能影响客观性因素的严重程度；向审计项目负责人或者内部审计机构负责人报告客观性受损可能造成的影响。

（3）内部审计人员应当识别下列可能影响客观性的因素：审计本人曾经参与过的业务活动；与被审计单位存在直接利益关系；与被审计单位存在长期合作关系；与被审计单位管理层有密切的私人关系；遭受来自组织内部和外部的压力；内部审计范围受到限制；其他。

（4）内部审计机构负责人应当采取下列措施保障内部审计的客观性：提高内部审计人员的职业道德水准；选派适当的内部审计人员参加审计项目，并进行适当分工；采用工作轮换的方式安排审计项目及审计组；建立适当、有效的激励机制；制订并实施系统、有效的内部审计质量控制制度、程序和方法；当内部审计人员的客观性受到严重影响，且无法采取适当措施降低影响时，停止实施有关业务，并及时向董事会或者最高管理层报告。

（四）专业胜任能力

内部审计人员职业道德规范的专业胜任能力主要包括以下内容。

（1）内部审计人员应当具备下列履行职责所需的专业知识、职业技能和实践经验：审计、会计、财务、税务、经济、金融、统计、管理、内部控制、风险管理、法律和信息技术等专业知识，以及与组织业务活动相关的专业知识；语言文字表达、问题分析、审计技术应用、人际沟通、组织管理等职业技能；必要的实践经验及相关职业经历。

（2）内部审计人员应当通过后续教育和职业实践等途径，了解、学习和掌握相关法律法规、专业知识、技术方法和审计实务的发展变化，保持和提升专业胜任能力。

（3）内部审计人员实施内部审计业务时，应当保持职业谨慎，合理运用职业判断。

（五）保密

内部审计人员职业道德规范的保密主要包括以下内容。

（1）内部审计人员应当对实施内部审计业务所获取的信息保密，非因有效授权、法律规定或其他合法事由不得披露。

（2）内部审计人员在社会交往中，应当履行保密义务，警惕非故意泄密的可能性。内部审计人员不得利用其在实施内部审计业务时获取的信息牟取不正当利益，或者以有悖于法律法规、组织规定及职业道德的方式使用信息。

第四章　职业道德与法律责任

第三节　审计人员的法律责任

注册会计师法律责任，是指注册会计师在审计过程中，由于没有遵循注册会计师执业准则、规则的要求，导致审计失败，而对委托人及利益相关的第三者应负的责任。

一、注册会计师法律责任

（一）注册会计师法律责任的基本知识

1. 注册会计师法律责任形成原因

导致注册会计师承担法律责任的主要原因是注册会计师违约、过失和欺诈。

（1）违约。所谓违约，是指未能达到合同条款（审计业务约定书）的要求。当违约给他人造成损失时，注册会计师应负违约责任。比如，会计师事务所在商定的期间内，未能提交纳税申报表，或违反了与被审计单位订立的保密协议等。

（2）过失——无意。所谓过失，是指在一定条件下，缺少应具有的合理的谨慎。评价注册会计师的过失，是以其他合格注册会计师在相同条件下可做到的谨慎标准。当过失给他人造成损失时，注册会计师应负过失责任。通常将过失按其程度不同分为普通过失和重大过失。

普通过失，普通过失（也有的称"一般过失"）通常是指没有保持职业上应有的合理的谨慎；对注册会计师则是指没有完全遵循专业准则的要求。比如，未按特定审计项目取得必要和充分的审计证据就出具审计报告的情况，可视为一般过失。

重大过失，重大过失是指连起码的职业谨慎都不保持，对业务或事务不加考虑，满不在乎；对注册会计师而言，则是指根本没有遵循专业准则或没有按专业准则的基本要求执行审计。

另外，还有一种过失叫"共同过失"，即对他人过失，受害方自己未能保持合理的谨慎，因而蒙受的损失。

比如，被审计单位未能向注册会计师提供编制纳税申报表所必要的信息，后来又控告注册会计师未能妥当地编制纳税申报表，这种情况可能使法院判定被审计单位有共同过失。再如，在审计中未能发现现金等资产短少时，被审计单位可以过失为由控告注册会计师，而注册会计师又可以说现金等问题是由缺乏适当的内部控制造成的，并以此为由来反击被审计单位的诉讼。

（3）欺诈——故意。欺诈又称舞弊，是以欺骗或坑害他人为目的的一种故意的错误行为。作案具有不良动机是欺诈的重要特征，也是欺诈与普通过失和重大过失的主要区别之一。对于注册会计师而言，欺诈就是为了达到欺骗他人的目的，明知委托单位的财务报表有重大错报,却加以虚伪的陈述,出具无保留意见的审计报告。

与欺诈相关的另一个概念是"推定欺诈",又称"涉嫌欺诈",是指虽无故意欺诈或坑害他人的动机,但却存在极端或异常的过失。

推定欺诈和重大过失这两个概念的界限往往很难界定,在美国许多法院曾经将注册会计师的重大过失解释为推定欺诈,特别是近年来有些法院放宽了"欺诈"一词的范围,使得推定欺诈在法律上成为等效的概念。这样,具有重大过失的注册会计师的法律责任就进一步加大了。

2. 经营失败、审计失败和审计风险

(1)经营失败,是指企业由于各种原因(经济或经营条件的变化,如经济衰退、不当的管理决策或出现意料之外的行业竞争等),而无法满足投资者的预期(极端情况是申请破产)。被审计单位在经营失败时,也可能会连累注册会计师。

(2)审计失败,是指注册会计师由于没有遵守审计准则的要求而发表了错误的审计意见。

(3)审计风险,是指财务报表中存在重大错报,而注册会计师发表不恰当审计意见的可能性。

由于审计中的固有限制影响注册会计师发现重大错报的能力,注册会计师不能对财务报表整体不存在重大错报获取绝对保证。特别是,如果被审计单位管理层精心策划和掩盖舞弊行为,注册会计师尽管完全按照审计准则执业,有时还是不能发现某项重大舞弊行为。

在绝大多数情况下,当注册会计师未能发现重大错报并出具了错误的审计意见时,就可能产生注册会计师是否恪守应有的职业谨慎的法律问题。

如果注册会计师在审计过程中没有尽到应有的职业谨慎,就属于审计失败。在这种情况下,法律通常允许因注册会计师未尽到应有的职业谨慎而遭受损失的各方,获得由审计失败导致的部分或全部损失的补偿。但由于审计业务的复杂性,判断注册会计师未能尽到应有的谨慎也是一件困难的工作。尽管如此,注册会计师如果未能恪守应有的职业谨慎通常由此承担责任,并可能致使会计师事务所也遭受损失。

3. 注册会计师法律责任种类

(1)民事责任,是指注册会计师在执业中因违反注册会计师法规定的法定义务给委托人或相关利害关系人造成损失,应当依法承担的民事赔偿后果。

《证券法》第二百零二条规定,注册会计师及其事务所应就其所负责的内容(审计报告等文件)弄虚作假,造成损失的,应当承担连带经济赔偿责任。

(2)行政责任,是指注册会计师由于违反行政法律规范或不履行行政法律义务,依法应承担的行政法律后果。《注册会计师法》规定,行政处罚对注册会计师个人来说,包括警告、暂停执业、吊销注册会计师证书;对会计师事务所而言,包括警告、没收违法所得、罚款、暂停执业、撤销等。

（3）刑事责任，是注册会计师因其犯罪行为所必须承受的，由司法机关代表国家所确定的否定性法律后果。《刑法》第二百二十九条规定，承担资产评估、验资、验证、会计、审计、法律服务等职责的中介组织的人员故意提供虚假证明文件，情况严重的，处5年以下有期徒刑或者拘役，并处罚金。

（二）美国注册会计师的民事法律责任

1. 习惯法下注册会计师的民事法律责任

（1）注册会计师对委托人的责任。在习惯法下，如果由于注册会计师的过失（即使是普通过失）给委托单位造成了经济损失，注册会计师对于委托单位就负有法律责任。

在习惯法下，委托单位一旦对注册会计师提起诉讼就负有举证责任，即必须向法院证明其已受到损失，以及这种损失是由于注册会计师的过失造成的。

（2）注册会计师对受益第三者的责任。在习惯法下，受益第三者同样地具有委托人和会计师事务所所订合同中的权利，因而也享有同等的追索权。

所谓受益第三者主要是指业务约定书中所指明的人，但此人既非要约人，又非承诺人。例如，注册会计师知道客户委托他对财务报表进行审计的目的是为了获取某家银行的贷款，那么这家银行就是受益第三者。

（3）注册会计师对其他第三者的责任。1931年美国厄特马斯公司对杜罗斯会计师事务所一案，确立了"厄特马斯主义"的传统做法，即：犯有普通过失的注册会计师不对未曾指明的第三者负责，因为第三者与注册会计师之间缺乏合同关系，除非第三者是主要受益者；但如果注册会计师犯有重大过失或欺诈行为，则应当对未指明的第三者负责。

20世纪80年代以来，美国许多法院扩大了厄特马斯主义的含义，判定具有普通过失的注册会计师对可以合理预期的第三者负有责任。

所谓可以合理预期的第三者，是指注册会计师在正常情况下能够预见将依赖财务报表的人。例如，资产负债表日有大额未归还的银行贷款，那么银行就是可以合理预期的第三者。习惯法下，注册会计师对于第三者的责任，举证的责任方也在原告。

2. 成文法下注册会计师的民事法律责任

（1）1933年《证券法》。1933年《证券法》具有三个特征：将注册会计师的责任限定在登记表中的财务报表和那些原始购买公司证券的投资者；只要注册会计师具有普通过失，就应对第三者负有责任；将不少举证责任由原告（证券购买人）转往被告（注册会计师）。

（2）1934年《证券交易法》。1934年《证券交易法》与1933年《证券法》相比，具有如下几个变化：1933年《证券法》将注册会计师的责任限定在登记表中的财务报表和那些原始购买公司证券的投资者；1934 年《证券交易法》要求注册会计师对上市公司每年的年度财务报表和买卖公司证券的任何人负责；1933 年《证券法》规定只要注册会计师具有普通过失，就应对第三者就负有责任；1934 年《证券交易法》将注册会计师的责任限定为重大过失或欺诈行为；1934 年《证券交易法》也将大部分的举证责任转往被告；但与 1933 年《证券法》不同的是，原告应当向法院证明他依赖了令人误解的财务报表，也就是说要证明这是他受损的直接原因。

（三）我国注册会计师法律责任

我国注册会计师的法律责任主要体现在《注册会计师法》《公司法》《证券法》《刑法》、最高人民法院的规定中等。

1. 民事责任

（1）《注册会计师法》的规定。1993 年 10 月 31 日颁布，1994 年 1 月 1 实施的《注册会计师法》在第六章"法律责任"中规定了注册会计师行政、刑事和民事责任。其中关于民事责任的条款是第 42 条"会计师事务所违反本法规定，给委托人、其他利害关系人造成损失的，应当依法承担赔偿责任。"

（2）《证券法》的规定。2005 年 12 月 29 日新修订的《证券法》第一百七十三条规定"证券服务机构为证券的发行、上市、交易等证券业务活动制作、出具审计报告、资产评估报告、财务顾问报告、资信评级报告或者法律意见书等文件，应当勤勉尽责，对所依据的文件资料内容的真实性、准确性、完整性进行核查和验证。其制作、出具的文件有虚假记载、误导性陈述或者重大遗漏，给他人造成损失的，应当与发行人、上市公司承担连带赔偿责任，但是能够证明自己没有过错的除外。"

（3）《公司法》的规定。2005 年 12 月 29 日新修订的《公司法》第二百零八条第三款规定"承担资产评估、验资或者验证的机构因其出具的评估结果、验资或者验证证明不实，给公司债权人造成损失的，除能够证明自己没有过错的外，在其评估或者证明不实的金额范围内承担赔偿责任。"

2. 行政责任和刑事责任

（1）《注册会计师法》的规定。《注册会计师法》第三十九条规定："会计师事务所违反本法第二十条、第二十一条规定的，由省级以上人民政府财政部门给予警告，没收违法所得，可以并处违法所得一倍以上五倍以下的罚款；情节严重的，并可以由省级以上人民政府财政部门暂停其经营业务或者予以撤销。

注册会计师违反本法第二十条、第二十一条规定的，由省级以上人民政府财政部门给予警告；情节严重的，可以由省级以上人民政府财政部门暂停其执行业务或者吊销注册会计师证书。

会计师事务所、注册会计师违反本法第二十条、第二十一条的规定，故意出具虚假的审计报告、验资报告，构成犯罪的，依法追究刑事责任。

（2）《证券法》的规定。《证券法》第二百零一条规定：为股票的发行、上市、交易出具审计报告、资产评估报告或者法律意见书等文件的证券服务机构和人员，违反本法第四十五条的规定买卖股票的，责令依法处理非法持有的股票，没收违法所得，并处以买卖股票等值以下的罚款。

《证券法》第二百零七条规定：违反本法第七十八条第二款的规定，在证券交易活动中做出虚假陈述或者信息误导的，责令改正，处三万元以上二十万元以下的罚款；属于国家工作人员的，还应当依法给予行政处分。

《证券法》第二百二十三条规定：证券服务机构未勤勉尽责，所制作、出具的文件有虚假记载、误导性陈述或者重大遗漏的，责令改正，没收业务收入，暂停或者撤销证券服务业务许可，并处以业务收入一倍以上五倍以下的罚款。对直接负责的主管人员和其他直接责任人员给予警告，撤销证券从业资格，并处以三万元以上十万元以下的罚款。

《证券法》第二百二十五条规定：上市公司、证券公司、证券交易所、证券登记结算机构、证券服务机构，未按照有关规定保存有关文件和资料的，责令改正，给予警告，并处以三万元以上三十万元以下的罚款；隐匿、伪造、篡改或者毁损有关文件和资料的，给予警告，并处以三十万元以上六十万元以下的罚款。

《证券法》第二百三十一条规定：违反本法规定，构成犯罪的，依法追究刑事责任。

（3）《公司法》的规定。《公司法》第二百零八条规定：承担资产评估、验资或者验证的机构提供虚假材料的，由公司登记机关没收违法所得，处以违法所得一倍以上五倍以下的罚款，并可以由有关主管部门依法责令该机构停业、吊销直接责任人员的资格证书，吊销营业执照。承担资产评估、验资或者验证的机构因过失提供有重大遗漏的报告的，由公司登记机关责令改正，情节较重的，处以所得收入一倍以上五倍以下的罚款，并可以由有关主管部门依法责令该机构停业、吊销直接责任人员的资格证书，吊销营业执照。

《公司法》第二百一十六条规定：违反本法规定，构成犯罪的，依法追究刑事责任。

（4）《刑法法》的规定。《刑法》第二百二十九条规定：承担资产评估、验资、验证、会计、审计、法律服务等职责的中介组织的人员故意提供虚假证明文件，情节严重的，处五年以下有期徒刑或者拘役，并处罚金。

二、国家审计人员的法律责任

由《审计法》对国家审计人员法律责任进行规定，具体规定有以下几个特点。

（1）《审计法》对审计法律责任的规定，是针对国家审计，而不包括社会审计和内部审计的法律责任，是在国家审计监督过程中发生的与审计机关履行审计监督职能密切相关的法律责任。

（2）《审计法》规定因实施审计监督产生的相关当事人的法律责任，相关当事人是法律责任的主体，包括被审计单位及其有关的直接责任人和国家审计人员。

（3）《审计法》规定的审计法律责任是以行政责任为主的法律责任，也包括相应的刑事责任，但不包括民事责任。

三、内部审计机构的法律责任

《审计署关于内部审计工作的规定》（2003年）规定对滥用职权、徇私舞弊、玩忽职守、泄漏秘密的内部审计人员，由所在单位依照有关规定予以处理；构成犯罪的，移交司法机关追究刑事责任。

四、防范法律责任风险的对策

审计职业界面对日益变化的经济和法律环境，面对日益加大的法律责任风险，不仅不能退缩或消极对待，反而应该采取积极的态度，勇于承担责任，并积极寻求科学和有效的措施减轻自己所面临的法律责任风险，尽量避免法律诉讼的发生。防范审计人员法律责任风险的对策主要有以下几个：

（1）明确会计人员和审计人员的责任；
（2）严格遵循职业道德规范和执业准则；
（3）建立审计质量控制制度；
（4）聘请熟悉和精通法律的法律顾问；
（5）深入了解被审计单位的情况；
（6）为审计人员提供充分的职业培训和职业咨询。

本章小结

本章主要讲述了注册会计师职业道德规范、国家审计人员和内部审计人员的职业道德规范和审计人员的法律责任。通过本章的学习，读者应该了解注册会计师职业道德含义；掌握中国注册会计师职业道德基本原则和职业道德概念框架；理解国家审计人员职业道德规范和内部审计人员职业道德规范；掌握注册会计师法律责任；了解国家审计人员的法律责任、内部审计机构的法律责任和防范法律责任风险的对策。

第四章 职业道德与法律责任

本章习题

一、单项选择题

1. 以下对保密要求的说法中不正确的是（   ）。

    A．注册会计师应当对其预期的客户或雇佣单位的信息予以保密

    B．在终止与客户或雇佣单位的关系之后，注册会计师可以披露其在执业过程中获知的信息

    C．如果法律法规允许披露，并且取得客户或雇用单位的授权，注册会计师可以披露客户或雇用单位的涉密信息

    D．接受注册会计师协会或监管机构的质量检查，此时注册会计师有权利和义务进行披露

2. 在承接业务的过程中，下列对职业道德基本原则不会产生不利影响的是（   ）。

    A．在推介自身和工作时，将自己的工作与其他会员的工作进行比较

    B．由于对提供的服务比较熟悉，报价低于同行的水平

    C．根据事务所的规定，向介绍本业务的个人支付 20%的业务中介费用

    D．在审计过程中，客户委托注册会计师开展信息服务，由于专业有限，注册会计师将该业务介绍给一软件公司，并向软件公司收取了少量的业务提成费用

3. 法律责任的出现，通常是因为（   ）。

    A．注册会计师没有保持应有的职业谨慎

    B．注册会计师没有查出所有的错报

    C．审计风险始终存在

    D．被审计单位舞弊

4. 下列关于被审计单位经营失败和注册会计师审计失败的说法中，正确的是（   ）。

    A．经营失败会导致审计失败

    B．如果没有保持应有的职业谨慎，就可能会出现审计失败，审计风险就会变成实际的损失

    C．审计失败是指财务报表中存在重大错报，而注册会计师发表不恰当审计意见的可能性

    D．审计失败是指财务报表中不存在重大错报，而注册会计师发表不恰当审计意见的可能性

5. 规定我国国家审计人员法律责任的法律是（   ）。

    A．《中华人民共和国注册会计师法》　　　　B．《中华人民共和国刑法》

C.《中华人民共和国民法通则》　　　　D.《中华人民共和国审计法》

二、多项选择题

1. 2010 年审计署修订颁布的国家审计准则，明确要求国家审计人员应该恪守的基本职业道德有（　　）。

　　A. 严格依法、客观公正　　　　　　B. 正直坦诚、勤勉尽责
　　C. 谦虚谨慎、戒骄戒躁　　　　　　D. 保守秘密

2. 2009 年 10 月中国注册会计师协会发布了《中国注册会计师职业道德守则》和《中国注册会计师协会非执业会员职业道德守则》，规定中国注册会计师职业道德基本原则有（　　）。

　　A. 获取和保持专业胜任能力，保持应有的关注，勤勉尽责

　　B. 不断接受后续教育，提高服务质量

　　C. 维护职业声誉，树立良好的职业形象

　　D. 履行保密义务，对于职业活动中获知的涉密信息保密

3.《中华人民共和国审计法》所规定的审计法律责任有（　　）。

　　A. 国家审计的行政责任

　　B. 民间审计的法律责任

　　C. 国家审计的民事责任

　　D. 国家审计的刑事责任

4. 为了有效防范审计人员法律责任风险，应采取的对策有（　　）。

　　A. 将审计人员的部分责任转由会计人员承担

　　B. 要求严格遵循职业道德规范和执业准则

　　C. 聘请法律顾问

　　D. 进行充分的职业培训

5. 对存货实施监盘属于审计准则的基本要求。注册会计师周琳在审计某公司财务报表时，没有对存货项目实施监盘程序，并出具了无保留意见审计报告。如果注册会计师协会在例行业务抽查中注意到了这一情况，但并没有认定周琳违反审计准则，其原因可能包括的有（　　）。

　　A. 周琳不知道准则中有关监盘的要求而没有实施监盘

　　B. 未实施监盘可能是受到被审计单位的限制，周琳并无过失

　　C. 被审计单位的存货余额占资产总额的比例很低

　　D. 周琳可能使用了用以替代监盘的其他满意的替代程序

三、简答题

1. 简述国家审计人员职业道德的内容。
2. 注册会计师职业道德基本原则有哪些?
3. 对职业道德基本原则产生不利影响的因素具体包括哪些方面?
4. 注册会计师法律责任的成因有哪些?
5. 如何理解经营失败、审计失败和审计风险?
6. 注册会计师、国家审计人员和内部审计人员承担的法律责任有何不同?
7. 审计人员应如何避免法律责任?

第五章 审计目标与审计过程

【本章导读】

《中国注册会计师审计准则第1101号——财务报表审计的目标和一般原则》规定，财务报表审计的目标是注册会计师通过执行审计工作，对财务报表的下列方面发表审计意见：财务报表是否按照适用的会计准则和相关会计制度的规定编制；财务报表是否在所有重大方面公允反映被审计单位的财务状况、经营成果和现金流量。审计过程是指审计项目从开始到结束的过程中，审计人员所采取的系统性工作步骤。

【本章目标】

- 了解审计目标与审计责任
- 掌握财务报表审计中对舞弊和法律法规的责任
- 掌握审计目标的实现过程

第一节 审计目标与审计责任

审计目标是在一定历史环境下，人们通过审计实践活动所期望达到的境地或最终结果，是审计理论研究的逻辑起点，是审计工作的出发点和归宿点。

一、民间审计的目标与责任

民间审计目标主要指财务报表审计目标，财务报表审计目标包括财务报表审计的总体目标以及与各类交易、账户余额和披露相关的具体审计目标。对财务报表审计的责任包括管理层及治理层的责任和注册会计师的责任。

（一）财务报表审计的总体目标

1. 与财务报表相关的基本概念

（1）财务报表。财务报表，是指依据某一财务报告编制基础对被审计单位历史财务信息做出的结构性表述，包括相关附注，旨在反映某一时点的经济资源或义务或者某一时期经济资源或义务的变化。相关附注通常包括重要会计政策概要和其他解释性信息。财务报表通常是指整套财务报表,有时也指单一财务报表。整套财务报表的构成应当根据适用的财务报告编制基础的规定确定。

(2)历史财务信息。历史财务信息,是指以财务术语表述的某一特定实体的信息,这些信息主要来自特定实体的会计系统,反映了过去一段时间内发生的经济事项,或者过去某一时点的经济状况或情况。

(3)适用的财务报告编制基础。适用的财务报告编制基础,是指法律法规要求采用的财务报告编制基础;或者管理层和治理层(如适用)在编制财务报表时,就被审计单位性质和财务报表目标而言,采用的可接受的财务报告编制基础。

财务报告编制基础分为通用目的编制基础和特殊目的编制基础。通用目的编制基础,是指旨在满足广大财务报表使用者共同的财务信息需求的财务报告编制基础,主要是指会计准则和会计制度。特殊目的编制基础,是指旨在满足财务报表特定使用者对财务信息需求的财务报告编制基础,包括计税核算基础、监管机构的报告要求和合同的约定等。

特殊目的财务报告编制基础分为公允列报编制基础和遵循性编制基础。公允列报编制基础,是指要求管理层和治理层(如适用)遵循其规定并包含下列内容之一的财务报告编制基础:(例:按照计税基础编制的财务报表出具的审计报告)①明确或隐含地认可,为了实现财务报表的公允列报,管理层和治理层(如适用)可能有必要提供除编制基础具体要求之外的其他披露;②明确地认可,为了实现财务报表的公允列报,在极其特殊的情况下,管理层和治理层(如适用)可能有必要偏离编制基础的某项要求。遵循性编制基础,是指要求管理层和治理层(如适用)遵循其规定的财务报告编制基础,但不包含前述①或②项中的任何一项内容。(例:按合同要求编制的财务报表出具的审计报告)

适用的财务报告编制基础通常指会计准则(财务报告准则)和法律法规的规定。此外,其他文件可能对如何应用适用的财务报告编制基础提供指引。在这种情况下,适用的财务报告编制基础可能还包括下列文件:与会计事项相关的法律法规、司法判决和职业道德要求;准则制订机构发布的具有不同权威性的会计解释;准则制订机构针对新出现的会计问题发布的具有不同权威性的意见;得到广泛认可和普遍使用的一般惯例或行业惯例。

如果会计准则与提供指引的文件存在冲突,或者构成财务报告编制基础的文件之间存在冲突,以具有最高权威性的文件为准。

(4)整套财务报表。适用的财务报告编制基础的规定也决定了整套财务报表的构成。就许多财务报告编制基础而言,财务报表旨在提供有关被审计单位财务状况、经营成果和现金流量的信息。对这些财务报告编制基础,整套财务报表通常包括资产负债表、利润表、现金流量表、所有者权益(或股东权益)变动表和相关附注。对另外一些财务报告编制基础,单一财务报表和相关附注也可能构成整套财务报表。例如,国际公共部门会计准则理事会发布的《国际公共部门会计准则——基于现金基础会计的财务报告》指出,如果一个公共部门实体依据该准则编制财务报表，则主要的财务报表是现金收支情况表。再如，下列单一财务报表（可能包括相关附注）也可能构成整套财务报表：资产负债表；利润表或经营状况表；留存收益表；现金流量表；不包括所有者权益的资产和负债表；所有者权益变动表；收入和费用表；产品线经营状况表。

2. 财务报表审计总体目标

审计的目的是提高财务报表预期使用者对财务报表的信赖程度。这一目的可以通过注册会计师对财务报表是否在所有重大方面按照适用的财务报告编制基础编制发表审计意见得以实现。就大多数通用目的财务报告框架而言，注册会计师针对财务报表是否在所有重大方面按照财务报告编制基础编制并实现公允反映发表审计意见。注册会计师按照审计准则和相关职业道德要求执行审计工作，能够形成这样的意见。

在执行财务报表审计工作时，注册会计师的总体目标主要有以下内容。

（1）对财务报表整体是否不存在由于舞弊或错误导致的重大错报获取合理保证，使得注册会计师能够对财务报表是否在所有重大方面按照适用的财务报告编制基础编制发表审计意见。

（2）按照审计准则的规定，根据审计结果对财务报表出具审计报告，并与管理层和治理层沟通。

注册会计师应当按照审计准则的规定，对财务报表整体是否不存在由于舞弊或错误导致的重大错报获取合理保证，以作为发表审计意见的基础。错报，是指某一财务报表项目的金额、分类、列报或披露，与按照适用的财务报告编制基础应当列示的金额、分类、列报或披露之间存在的差异。错报可能是由于错误或舞弊导致的。当注册会计师对财务报表是否在所有重大方面按照适用的财务报告编制基础编制并实现公允反映发表审计意见时，错报还包括根据注册会计师的判断，为使财务报表在所有重大方面实现公允反映，需要对金额、分类、列报或披露做出的必要调整。如果合理预期某一错报（包括漏报）单独或连同其他错报可能影响财务报表使用者依据财务报表做出的经济决策，则该项错报通常被认为是重大的。注册会计师针对财务报表整体发表审计意见，因此没有责任发现对财务报表整体影响并不重大的错报。

合理保证，是指注册会计师在财务报表审计中提供的一种高水平但非绝对的保证。当注册会计师获取充分、适当的审计证据将审计风险降至可接受的低水平时，就获取了合理保证。由于审计存在固有限制，注册会计师据以得出结论和形成审计意见的大多数审计证据是说服性而非结论性的，因此，审计只能提供合理保证，不能提供绝对保证。

在任何情况下，如果不能获取合理保证，并且在审计报告中发表保留意见也不足以实现向财务报表预期使用者报告的目的，注册会计师应当按照审计准则的规定出具无法表示意见的审计报告，或者在法律法规允许的情况下终止审计业务或解除业务约定。

需要说明的是，注册会计师对财务报表是否在所有重大方面按照适用的财务报告编制基础编制发表审计意见，这样的意见普遍适用于所有财务报表审计，但该审计意见不是对被审计单位未来生存能力或管理层经营效率、效果提供的保证。适用的法律法规可能要求注册会计师对其他特定事项（如内部控制的有效性、管理层报告与财务报表的一致性）发表意见。虽然审计准则及应用指南可能从这些事项与形成财务报表审计意见相关的角度提出一些要求并提供指引，但是当注册会计师负有额外责任对这些事项发表意见时，注册会计师还需要执行进一步工作。

财务报表审计的总体目标对注册会计师的审计工作发挥着导向作用，它界定了注册会计师的责任范围，直接影响注册会计师计划和实施审计程序的性质、时间和范围，决定了注册会计师如何发表审计意见。例如，既然财务报表审计目标是对财务报表整体发表审计意见，注册会计师就可以只关注与财务报表编制和审计有关的内部控制，而不对内部控制本身发表鉴证意见。同样，注册会计师关注被审计单位的违反法规行为，是因为这些行为影响到财务报表，而不是对被审计单位是否存在违反法规行为提供鉴证。

（二）管理层与治理层的责任

法律法规可能规定了管理层和治理层（如适用）与财务报告相关的责任。尽管不同的国家或地区对这些责任的范围或表述方式的规定可能不尽相同，但注册会计师按照审计准则的规定执行审计工作的前提是相同的，即管理层和治理层（如适用）已认可并理解其应当承担的责任。

1. 管理层和治理层的概念

管理层，是指对被审计单位经营活动的执行负有经营管理责任的人员。在某些被审计单位，管理层包括部分或全部的治理层成员，如治理层中负有经营管理责任的人员，或参与日常经营管理的业主（以下简称业主兼经理）。治理层，是指对被审计单位战略方向以及管理层履行经营管理责任负有监督责任的人员或组织。治理层的责任包括监督财务报告过程。在某些被审计单位，治理层可能包括管理层，如治理层中负有经营管理责任的人员，或业主兼经理。

2. 管理层与治理层的责任

财务报表是由被审计单位管理层在治理层的监督下编制的。审计准则不对管理层或治理层设定责任，也不超越法律法规对管理层或治理层责任做出的规定。管理层和治理层（如适用）认可与财务报表相关的责任，是注册会计师执行审计工作的前提，构成注册会计师按照审计准则的规定执行审计工作的基础。管理层和治理层认可并理解与财务报表相关的责任包括以下内容：

（1）按照适用的财务报告编制基础编制财务报表，并使其实现公允反映（如适用）。

（2）设计、执行和维护必要的内部控制，以使财务报表不存在由于舞弊或错误导致的重大错报。

（3）向注册会计师提供必要的工作条件，包括允许注册会计师接触与编制财务报表相关的所有信息，向注册会计师提供审计所需的其他信息，允许注册会计师在获取审计证据时不受限制地接触其认为必要的内部人员和其他相关人员。

管理层和治理层（如适用）在编制财务报表时需要以下内容。

（1）根据相关法律法规的规定确定适用的财务报告编制基础。

（2）根据适用的财务报告编制基础编制财务报表。

（3）在财务报表中对适用的财务报告编制基础做出恰当的说明。编制财务报表要求管理层根据适用的财务报告编制基础运用判断做出合理的会计估计，选择和运用恰当的会计政策。

（三）注册会计师的责任

按照中国注册会计师审计准则的规定对财务报表发表审计意见是注册会计师的责任。注册会计师作为独立的第三方，对财务报表发表审计意见，有利于提高财务报表的可信赖程度。为履行这一职责，注册会计师应当遵守相关职业道德要求，按照审计准则的规定计划和实施审计工作，获取充分、适当的审计证据，并根据获取的审计证据得出合理的审计结论，发表恰当的审计意见。注册会计师通过签署审计报告确认其责任。

财务报表审计不能减轻被审计单位管理层和治理层的责任。财务报表编制和财务报表审计是财务信息生成链条上的不同环节，两者各司其职；法律法规要求管理层和治理层对编制财务报表承担责任，有利于从源头上保证财务信息质量；在某些方面，注册会计师与管理层和治理层之间可能存在信息不对称，管理层和治理层作为内部人员，对企业的情况更为了解，更能做出适合企业特点的会计处理决策和判断，因此，管理层和治理层理应对编制财务报表承担完全责任；尽管在审计过程中，注册会计师可能向管理层和治理层提出调整建议，甚至在不违反独立性的前提下为管理层编制财务报表提供协助，但管理层仍然对编制财务报表承担责任，并通过签署财务报表确认这一责任。

按照审计准则和相关法律法规的规定，注册会计师还可能就审计中出现的事项，负有与管理层、治理层和其他财务报表使用者进行沟通和向其报告的责任。

（四）认定

财务报表审计的具体目标取决于总体目标和管理层对财务报表的认定，认定与审计目标密切相关，注册会计师的基本职责就是确定被审计单位管理层对其财务报表的认定是否恰当。

认定，是指管理层在财务报表中做出的明确或隐含的表达，注册会计师将其用于考虑可能发生的不同类型的潜在错报。在声明财务报表按照适用的财务报告编制基础编制时，管理层对财务报表各种要素及相关披露的确认、计量、列报与披露做出明确或隐含的认定。

注册会计师在考虑可能发生的潜在错报的不同类型时运用的认定，分为以下三类并可能采取以下形式。

1．与所审期间各类交易和事项相关的认定

（1）发生：记录的交易和事项已发生，且与被审计单位有关。

（2）完整性：所有应当记录的交易和事项均已记录。

（3）准确性：与交易和事项有关的金额及其他数据已恰当记录。

（4）截止：交易和事项已记录于正确的会计期间。

（5）分类：交易和事项已记录于恰当的账户。

2．与期末账户余额相关的认定

（1）存在：记录的资产、负债和所有者权益是存在的。

（2）权利和义务：记录的资产由被审计单位拥有或控制，记录的负债是被审计单位应当履行的偿还义务。

（3）完整性：所有应当记录的资产、负债和所有者权益均已记录。

（4）计价和分摊：资产、负债和所有者权益以恰当的金额包括在财务报表中，与之相关的计价或分摊调整已恰当记录。

3．与列报和披露相关的认定

（1）发生以及权利和义务：披露的交易、事项和其他情况已发生，并且与被审计单位有关。

（2）完整性：所有应当包括在财务报表中的披露均已包括。

（3）分类和可理解性：财务信息已被恰当地列报和描述，且披露内容表述清楚。

（4）准确性和计价：财务信息和其他信息已公允披露，且金额恰当。

（五）具体审计目标

1．与审计期间各类交易和事项相关的具体审计目标

（1）真实性：由发生认定推导出的具体审计目标是已记录的交易为真实的，即没有"多计"。例如，如果没有发生采购交易，但在采购日记账中记录了一笔购进，则违反了"发生"认定。

（2）完整性：由完整性认定推导出的具体审计目标是已发生的交易确实已经记录，即没有"少计"。例如，如果发生了采购交易，但在采购日记账中没有记录这一笔购进，则违反了"完整性"认定。

（3）准确性：由准确性认定推导出的具体审计目标是已记录的交易是按正确金额反映

的,即没有"错误"。例如,如果在销售交易中,发出商品的数量与账单上的数量不符或开账单时使用了错误的价格或账单中乘积加总有误,则违反了"准确性"认定。

(4)截止:由截止认定推导出的具体审计目标是接近资产负债表日的交易记录于恰当的期间。例如,如果采购交易中,本期交易推至下期或下期交易提前至本期,则违反了"截止"认定。

(5)分类:由分类认定推导出的具体审计目标是被审计单位记录的交易经过适当分类。例如,如果销售交易中,将营业资产的销售记录为正常商品销售,正常商品销售记录为营业资产的销售,则违反了"分类"认定。

2. 与期末账户余额相关的具体审计目标

(1)存在:记录的资产、负债和所有者权益是存在的。由存在推导出的具体审计目标是:已记录的金额确实存在,即:没有"高估"也没有"多计"。例如,如果不存在某顾客的应收账款,但在试算平衡表中记录了这笔应收账款,则违反了"存在"认定。

(2)权利和义务:记录的资产由被审计单位拥有或控制,记录的负债是被审计单位应当履行的偿还义务。由权利和义务推导出的具体审计目标是:资产是被审计单位的权利;负债是被审计单位的义务。例如,将经营性租入的设备反映在期末固定资产明细账余额中,则违反了"权利和义务"认定。

(3)完整性:所有应当记录的资产、负债和所有者权益均已记录。由完整性推导出的具体审计目标是:已存在的金额均已记录,即没有"低估"也没有"少计"。例如,如果存在某顾客的应付账款,但在试算平衡表中没有记录这笔应付账款,则违反了"完整性"认定。

(4)计价和分摊:资产、负债和所有者权益以恰当的金额包括在财务报表中,与之相关的计价或分摊调整已恰当记录。

3. 与列报相关的具体审计目标

(1)发生以及权利和义务:披露的交易、事项和其他情况已发生,且与被审计单位有关。例如,询问管理层应收账款是否质押或出售,如果质押或出售则需要在财务报表中披露,就是对列报的"权利"认定的运用。

(2)完整性:所有应当包括在财务报表中的披露均已包括。例如,检查关联方和关联方交易,如果存在则需要在财务报表中披露,就是对列报的"完整性"认定的运用。

(3)分类和可理解性:财务信息已被恰当地列报和描述,且披露内容表述清楚。例如,检查被审计单位是否将出售固定资产的收入记入主营业务收入,就是对列报的"分类和可理解性"认定的运用。

(4)准确性和计价:财务信息和其他信息已公允披露,且金额恰当。例如,检查财务报表附注是否分别披露原材料、在产品和产成品存货成本核算方法,就是对列报的"准确性和计价"认定的运用。

二、国家审计目标

（一）国家审计总目标

依据我国《宪法》《审计法》和《国家审计准则》的规定，我国国家审计总目标可以概括为：通过监督被审计单位财政收支、财务收支以及有关经济活动的真实性、合法性、效益性，维护国家经济安全，推进民主法治，促进廉政建设，保障国家经济和社会健康发展。

（1）真实性是指反映财政收支、财务收支以及有关经济活动的信息与实际情况相符合的程度。

（2）合法性是指财政收支、财务收支以及有关经济活动遵守法律、法规或者规章的情况。

（3）效益性是指财政收支、财务收支以及有关经济活动实现的经济效益、社会效益和环境效益。

三者之间的关系是：真实性是基础，合法性是基本要求，效益性是最终目的。

（二）被审计单位的责任和审计机关的责任

1. 被审计单位的责任

在财政收支、财务收支以及有关经济活动中，履行法定职责、遵守相关法律法规、建立并实施内部控制、按照有关会计准则和会计制度编报财务会计报告、保持财务会计资料的真实性和完整性，是被审计单位的责任。

2. 审计机关的责任

依据法律法规和审计准则的规定，对被审计单位财政收支、财务收支以及有关经济活动独立实施审计并做出审计结论，是审计机关的责任。

三、内部审计目标

根据《审计署关于内部审计工作的规定》（审计署 4 号令）的规定，内部审计是独立监督和评价本单位及所属单位财政收支、财务收支、经济活动的真实、合法和效益的行为，以促进加强经济管理和实现经济目标。

根据《内部审计基本准则》的规定，内部审计是一种独立、客观的确认和咨询活动，它通过运用系统、规范的方法，审查和评价组织的业务活动、内部控制和风险管理的适当性和有效性，以促进组织完善治理、增加价值和实现目标。

第二节 财务报表审计中对舞弊和法律法规的责任

一、财务报表审计中与舞弊相关的责任

舞弊，是指被审计单位的管理层、治理层、员工或第三方使用欺骗手段获取不当或非法利益的故意行为。财务报表的错报可能由于舞弊或错误所致。舞弊和错误的区别在于，导致财务报表发生错报的行为是故意行为还是非故意行为。

尽管注册会计师可能怀疑被审计单位存在舞弊，甚至在极少数情况下识别出发生的舞弊，但注册会计师并不对舞弊是否已实际发生做出法律意义上的判定。

（一）舞弊的种类

舞弊是一个宽泛的法律概念，但注册会计师关注的是导致财务报表发生重大错报的舞弊。与财务报表审计相关的故意错报，包括编制虚假财务报告导致的错报和侵占资产导致的错报。

1. 编制虚假财务报告导致的错报

编制虚假财务报告涉及为欺骗财务报表使用者而做出的故意错报（包括对财务报表金额或披露的遗漏）。这可能是由于管理层通过操纵利润来影响财务报表使用者对被审计单位业绩和盈利能力的看法而造成的。此类利润操纵可能从一些小的行为，或对假设的不恰当调整和对管理层判断的不恰当改变开始。压力和动机可能使这些行为上升到编制虚假财务报告的程度。由于承受迎合市场预期的压力或追求以业绩为基础的个人报酬最大化，管理层可能故意通过编制存在重大错报的财务报表而导致虚假财务报告。在某些被审计单位，管理层可能有动机大幅降低利润以降低税负，或虚增利润以向银行融资。

管理层可能通过以下方式编制虚假财务报告：对编制财务报表所依据的会计记录或支持性文件进行操纵、弄虚作假（包括伪造）或篡改；在财务报表中错误表达或故意漏记事项、交易或其他重要信息；故意地错误使用与金额、分类、列报或披露相关的会计原则。

2. 侵占资产导致的错报

侵占资产包括盗窃被审计单位资产，通常的做法是员工盗窃金额相对较小且不重要的资产。侵占资产也可能涉及管理层，他们通常更能够通过难以发现的手段掩饰或隐瞒侵占资产的行为。侵占资产可以通过以下方式实现：贪污收到的款项。例如，侵占收到的应收账款或将与已注销账户相关的收款转移至个人银行账户；盗窃实物资产或无形资产。例如，盗窃存货以自用或出售、盗窃废料以再销售、通过向被审计单位竞争者泄露技术资料与其串通以获取回报；使被审计单位对未收到的商品或未接受的劳务付款。例如，向虚构的供应商支付款项、供应商向采购人员提供回扣以作为其提高采购价格的回报、向虚构的员工

支付工资；将被审计单位资产挪为私用。例如，将被审计单位的资产作为个人或关联方贷款的抵押。

侵占资产通常伴随着虚假或误导性的记录或文件，其目的是隐瞒资产丢失或未经适当授权而被抵押的事实。

（二）治理层、管理层对舞弊的责任

被审计单位治理层和管理层对防止或发现舞弊负有主要责任。

1. 治理层监督管理层

治理层的监督包括考虑管理层凌驾于控制之上或对财务报告过程施加其他不当影响的可能性，例如，管理层为了影响分析师对被审计单位业绩和盈利能力的看法而操纵利润。

2. 管理层对舞弊的防范和遏制

管理层在治理层的监督下，高度重视对舞弊的防范和遏制是非常重要的。对舞弊进行防范可以减少舞弊发生的机会；对舞弊进行遏制，即发现和惩罚舞弊行为，能够警示被审计单位人员不要实施舞弊。对舞弊的防范和遏制需要管理层营造诚实守信和合乎道德的文化，并且这一文化能够在治理层的有效监督下得到强化。

（三）注册会计师对舞弊的责任

注册会计师对舞弊的责任主要有以下两个方面。

（1）在按照审计准则的规定执行审计工作时，注册会计师有责任对财务报表整体是否不存在由于舞弊或错误导致的重大错报获取合理保证。

审计准则的规定旨在帮助注册会计师识别和评估舞弊导致的重大错报风险，以及设计用以发现这类错报的审计程序。对能够导致财务报告产生重大错报的舞弊，注册会计师应当合理保证能够予以发现，这是实现财务报表审计目标的内在要求，也是财务报表审计的价值所在。而且，审计准则还规定，在获取合理保证时，注册会计师有责任在整个审计过程中保持职业怀疑，考虑管理层凌驾于控制之上的可能性，并认识到对发现错误有效的审计程序未必对发现舞弊有效。

（2）由于审计的固有限制，即使注册会计师按照审计准则的规定恰当计划和执行了审计工作，也不可避免地存在财务报表中的某些重大错报未被发现的风险。

在舞弊导致错报的情况下，固有限制的潜在影响尤其重大。舞弊导致的重大错报未被发现的风险，大于错误导致的重大错报未被发现的风险。其原因是舞弊可能涉及精心策划和蓄意实施以进行隐瞒（如伪造证明或故意漏记交易），或者故意向注册会计师提供虚假陈述。如果涉及串通舞弊，注册会计师可能更加难以发现蓄意隐瞒的企图。串通舞弊可能导致原本虚假的审计证据被注册会计师误认为具有说服力。

注册会计师发现舞弊的能力取决于舞弊者实施舞弊的技巧、舞弊者操纵会计记录的频

率和范围、舞弊者操纵的每笔金额的大小、舞弊者在被审计单位的职位级别、串通舞弊的程度等因素。

即使可以识别出实施舞弊的潜在机会,但对于诸如会计估计等判断领域的错报,注册会计师也难以确定这类错报是由于舞弊还是错误导致的。

管理层舞弊导致的重大错报未被发现的风险,大于员工舞弊导致的重大错报未被发现的风险。其原因是管理层往往可以利用职务之便,直接或间接操纵会计记录,提供虚假的财务信息,或凌驾于为防止其他员工实施类似舞弊而建立的控制之上。

因此,如果在完成审计工作后发现舞弊导致的财务报表重大错报,特别是串通舞弊或伪造文件记录导致的重大错报,并不必然表明注册会计师没有遵守审计准则。注册会计师是否按照审计准则的规定实施了审计工作,取决于其是否根据具体情况实施了审计程序,是否获取了充分、适当的审计证据,以及是否根据证据评价结果出具了恰当的审计报告。

二、财务报表审计中对法律法规的考虑

违反法律法规是指被审计单位有意或无意违背除适用的财务报告编制基础以外的现行法律法规的行为。

(一)法律法规种类

不同的法律法规对财务报表的影响差异很大。被审计单位需要遵守的所有法律法规,构成注册会计师在财务报表审计中需要考虑的法律法规框架。某些法律法规的规定对财务报表有直接影响,决定财务报表中报告的金额和披露。而有些法律法规需要管理层遵守,或规定了允许被审计单位开展经营活动的条件,但不会对财务报表产生直接影响。某些被审计单位处于高度管制的行业,如银行或化工企业等。而有些被审计单位仅受到通常与经营活动相关的法律法规的制约,如安全生产和公平就业等。由此,被审计单位需要遵守的法律法规可以划分为以下两类。

(1)通常对决定财务报表中的重大金额和披露有直接影响的法律法规(如税收和企业年金方面的法律法规);

(2)对决定财务报表中的金额和披露没有直接影响的其他法律法规,但遵守这些法律法规(如遵守经营许可条件、监管机构对偿债能力的规定或环境保护要求)对被审计单位的经营活动、持续经营能力或避免大额罚款至关重要;违反这些法律法规,可能对财务报表产生重大影响。

违反法律法规可能导致被审计单位面临罚款、诉讼或其他对财务报表产生重大影响的后果。

(二)被审计单位遵守法律法规的责任

管理层的责任是在治理层的监督下确保被审计单位的经营活动符合法律法规的规定。法律法规可能以不同的方式影响被审计单位的财务报表。最直接的方式是可能规定了适用的财务报告编制基础或者影响被审计单位需要在财务报表中做出的具体披露。法律法规也可能确立了被审计单位的某些法定权利和义务,其中部分权利和义务将在财务报表中予以确认。此外,法律法规还可能规定了对违反法律法规行为的惩罚。

下面列示的是被审计单位可能实施的政策和程序的示例,有助于防止和发现违反法律法规行为。

(1) 跟踪法律法规的变化,确保设计的经营程序符合法律法规的规定。

(2) 建立和执行适当的内部控制。

(3) 制订、公布和落实行为守则。

(4) 确保员工得到适当培训,了解行为守则。

(5) 监控行为守则的遵守情况,对违反行为守则的员工采取恰当的措施给予处分。

(6) 聘请法律顾问以帮助管理层跟踪法律法规的变化。

(7) 汇编重要的、被审计单位在其所处行业必须遵守的法律法规,保存被投诉的记录。

对于大型被审计单位,管理层通过将职责适当分配给内部审计机构、审计委员会和合规部门(法律部门),对前款所述政策和程序做出补充。

(三)注册会计师的责任

注册会计师有责任对财务报表整体不存在由于舞弊或错误导致的重大错报获取合理保证。在执行财务报表审计时,注册会计师需要考虑适用于被审计单位的法律法规框架。由于审计的固有限制,即使注册会计师按照审计准则的规定恰当地计划和执行审计工作,也不可避免地存在财务报表中的某些重大错报未被发现的风险。

1. 加大对注册会计师发现重大错报的影响因素

就法律法规而言,由于下列原因,审计的固有限制对注册会计师发现重大错报的能力的潜在影响会加大。

(1) 许多法律法规主要与被审计单位经营活动相关,通常不影响财务报表,且不能被与财务报告相关的信息系统所获取;

(2) 违反法律法规可能涉及故意隐瞒的行为,如共谋、伪造、故意漏记交易、管理层凌驾于控制之上或故意向注册会计师提供虚假陈述;

(3) 某行为是否构成违反法律法规,最终只能由法院认定。在通常情况下,违反法律法规与财务报表反映的交易和事项越不相关,就越难以被注册会计师关注或识别。

2. 注册会计师对两类法律法规的责任

（1）针对被审计单位需要遵守的两类不同的法律法规，注册会计师应当承担不同的责任。

（2）针对被审计单位需要遵守的第一类法律法规，注册会计师的责任是，就被审计单位遵守这些法律法规的规定获取充分、适当的审计证据。

（3）针对被审计单位需要遵守的第二类法律法规，注册会计师的责任仅限于实施特定的审计程序，以有助于识别可能对财务报表产生重大影响的违反这些法律法规的行为。

第三节 审计目标的实现过程

审计活动不仅是一种有目的的活动，而且是一种有组织、有步骤的过程。为达到审计目标，保证审计工作质量和降低审计风险，审计组织和审计人员必须遵循一定的工作步骤和操作规范，也就是审计过程。

一、民间审计的过程

注册会计师从接受审计业务委托到获取充分、适当审计证据，再到形成审计结论、发表意见、出具审计报告，即审计目标的实现过程包括以下五大环节。

（一）接受业务委托

1．承接业务总体要求

会计师事务所应当按照执业准则的规定，谨慎决策是否接受或保持某客户关系和具体审计业务。

2．承接业务基本条件

在接受新客户的业务前，或决定是否保持现有业务或考虑接受现有客户的新业务时，会计师事务所应当执行一些客户接受与保持的程序，以获取如下信息：

（1）考虑客户的诚信，没有信息表明客户缺乏诚信。

（2）具有执行业务必要的素质、专业胜任能力、时间和资源。

（3）能够遵守职业道德规范。

3．业务承接时执行程序基本目的

会计师事务所执行客户接受与保持的程序的目的，旨在识别和评估会计师事务所面临的风险。具体包括以下内容。

（1）考虑客户施加的风险。

(2) 复核执行业务的能力。

(3) 能否获得专业化协助。

(4) 是否存在任何利益冲突。

(5) 能否对客户保持独立性等。

（二）计划审计工作

1．总体要求

（1）对于任何一项审计业务，注册会计师在执行具体审计程序之前，都必须根据具体情况制订科学、合理的计划，使审计业务以有效的方式得到执行。

（2）计划审计工作不是审计业务的一个孤立阶段，而是一个持续的、不断修正的过程，贯穿于整个审计过程的始终。

2．计划审计工作主要内容

（1）在本期审计业务开始时开展的初步业务活动。

（2）制订总体审计策略。

（3）制订具体审计计划等。

（三）实施风险评估程序

1．总体要求

（1）注册会计师必须实施风险评估程序，以此作为评估财务报表层次和认定层次重大错报风险的基础。

（2）风险评估程序是必要程序，了解被审计单位及其环境特别是为注册会计师在许多关键环节做出职业判断提供了重要基础。

（3）了解被审计单位及其环境实际上是一个连续和动态地搜集、更新与分析信息的过程，贯穿于整个审计过程的始终。

（4）注册会计师应当运用职业判断确定需要了解被审计单位及其环境的程度。

2．风险评估程序的环节

（1）了解被审计单位及其环境。

（2）识别和评估财务报表层次以及各类交易、账户余额和披露认定层次的重大错报风险，包括特别风险和仅通过实施实质性程序无法应对的重大错报风险等。

（四）实施控制测试和实质性程序

1．总体要求

注册会计师通过实施控制测试和实质性程序获取充分、适当的审计证据，据以形成审计结论的基础。

2．两个层面的工作

（1）注册会计师评估财务报表重大错报风险后，应当运用职业判断，针对评估的财务报表层次重大错报风险确定总体应对措施。

（2）注册会计师针对评估的认定层次重大错报风险设计和实施进一步审计程序，以将审计风险降至可接受的低水平。

（五）完成审计工作和编制审计报告

1．总体要求

注册会计师在完成财务报表所有业务循环的进一步审计程序后，还应当按照有关审计准则的规定做好审计完成阶段的工作，并根据所获取的各种证据，合理运用专业判断，形成适当的审计意见。

2．审计完成阶段的工作

（1）审计期初余额、比较信息、期后事项和或有事项。

（2）考虑持续经营问题和获取书面声明。

（3）汇总审计差异，并提请被审计单位调整或披露。

（4）复核审计工作底稿和财务报表。

（5）与管理层和治理层沟通。

（6）评价所有审计证据，形成审计意见。

（7）编制审计报告等。

二、国家审计过程

根据《审计法》和《审计法实施条例》的相关规定，国家审计过程一般包括审计准备、审计实施和审计报告三个阶段。

（一）审计准备阶段

1．组成审计组

根据《审计法》规定，审计机关根据审计项目计划确定的审计事项组成审计组。

2．开展审前调查

审前调查应当了解被审计单位的经济性质、管理体制、机构设置、人员编制情况；财政、财务隶属关系或者国有资产监督管理关系；职责范围或者经营范围；财务会计机构及其工作情况；相关的内部控制及其执行情况；重大会计政策选用及变动情况；以往接受审计情况及其他需要了解的情况。

3. 编制审计方案

审计方案是指审计机关为顺利完成审计任务,达到预期审计目的,在实施审计前对审计工作所做的计划和安排。

4. 制发审计通知书

审计通知书由审计机关负责人签发,其内容一般包括:被审计单位名称(主送单位);执行审计任务的依据;审计范围、方式、时间、具体要求;必要的追溯和延伸审计事项;审计组组长姓名、审计组成员姓名;审计机关公章及签发日期等。

(二)审计实施阶段

1. 进入被审计单位

审计通知书送达被审计单位三日后,特殊情况下审计组持审计通知书,即可进入被审计单位实施审计工作。

2. 实施内部控制测评

审计组应当在审计准备阶段初步了解被审计单位内部控制的基础上,进一步对其内部控制的设计和运行情况进行调查了解并进行相关测试,对内部控制的有效性做出评价,以确定是否依赖内部控制,确定实质性测试的性质、时间和范围。

3. 进行实质性测试

审计人员运用检查、监盘、观察、查询、函证、计算、分析性复核等方法获取有关财政财务收支真实、合法和效益的客观、相关、充分和合法的审计证据,提出审计意见。

(三)审计报告阶段

(1)汇总审计资料。

(2)撰写审计组的审计报告。

(3)制发审计机关的审计报告、审计决定书和审计移送处理书。

(4)向社会公告审计结果。

三、内部审计过程

内部审计过程既不同于民间审计过程,也与国家审计过程存在着一定的差异。从形式上看,内部审计过程的几个基本阶段与国家审计大致相同,但由于内部审计的主要工作是评价经营活动和内部控制的适当性、合法性和有效性,所以其实施阶段的主要内容是了解和测试内部控制。

审计过程整体比对如表 5-1 所示。

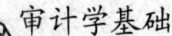

表 5-1 审计过程整体比对

	国家审计	内部审计	民间审计
计划阶段	制订年度审计计划	制订年度审计计划	
准备阶段	成立审计组并组织审前学习和调查	确定重要性与审计风险	接受业务委托
	编制审计方案	编制审计方案	签订审计业务约定书
	发出审计通知书	发出审计通知书	计划审计工作
实施阶段	进入被审计单位	测试内部控制	实施风险评估程序
	对内部控制进行测试	获取审计证据	实施控制测试和实质性程序
	对会计报表项目进行实质性测试	编制审计工作底稿	重新确定重要性水平
终结阶段	筛选整理审计证据、审计工作底稿	编制审计报告	完成审计工作
	拟定提纲，撰写审计报告		
	对审计报告进行复核和审定	分级复核审计报告	出具审计报告
	整理审计文件，进行审计小结	后续跟踪	建立审计档案
	后续跟踪		

本章小结

本章主要讲述了审计目标与审计责任、财务报表审计中对舞弊和法律法规的责任、审计目标的实现过程。通过本章的学习，读者应该掌握民间审计的目标与责任；了解国家审计目标和内部审计目标；理解财务报表审计中与舞弊相关的责任、财务报表审计中对法律法规的考虑；掌握民间审计的过程、国家审计过程和内部审计过程。

本章习题

一、单项选择题

1. 在国家审计的总目标中，最终目标是（　　）。
   A．真实性　　　B．合法性　　　C．效益性　　　D．客观性

2. 按照现代公司治理结构的要求，公司治理层应当承担的责任是（　　）。
   A．监督财务报告的过程　　　　B．选择适用的会计准则和制度
   C．选择和运用恰当的会计政策　　D．做出合理的会计估计

3. 甲公司当年购入设备一台，会计部门在入账时，漏记了该设备的运费，则违反的认定是（　　）。
   A．存在　　　B．完整性　　　C．计价和分摊　　　D．截止

4. 注册会计师在对 W 公司进行审计时，发现 W 公司有一笔赊销给甲公司的业务没有记录，则其主要违反财务报表中应收账款的相关认定是（　　）。
   A．发生　　　B．存在　　　C．完整性　　　D．计价和分摊

5. 下列有关对舞弊和法律法规考虑的说法不正确的是（　　）。
   A．违反法规行为，是被审计单位有意或无意地违反会计准则和相关会计制度的法律法规的行为
   B．保证经营活动符合法律法规的规定，防止和发现违反法规行为是被审计单位管理层的责任
   C．违反法规行为与通常反映在财务报表中的交易和事项相关度越小，注册会计师越不可能注意到或识别出可能存在的违反法规行为
   D．注册会计师执行财务报表审计业务的目标和责任在于对财务报表发表审计意见。注册会计师的这一责任不能与被审计单位管理层的责任相混淆，更不能以注册会计师对财务报表的审计代替管理层应承担的遵守法律法规的责任

二、多项选择题

1. 下列属于国家审计报告阶段的主要工作内容有（　　）。
   A．编制审计工作底稿
   B．公布审计结果
   C．编审、复核、审理和签发审计报告和审计决定
   D．检查审计整改情况

2. 关于治理层、管理层和注册会计师对舞弊责任的表述中，正确的有（　　）。

A．治理层有责任合理保证财务报表在整体上不存在重大错报

B．防止或发现舞弊是被审计单位治理层和管理层的责任

C．对于注册会计师发现舞弊的责任，注册会计师职业界与社会公众之间存在"期望差距"

D．由于审计的固有限制，即使按照审计准则的规定恰当地计划和实施审计工作，注册会计师也不能对财务报表整体不存在重大错报获取绝对保证

3．对存货项目而言，注册会计师能够根据管理层的"计价和分摊"认定推论得出的具体审计目标是（　　）。

A．存货入账的期间是恰当的　　　B．存货项目的合计数与总账一致

C．存货的所有权是明确的　　　　D．可变现净值减少时已做适当冲减

4．注册会计师 A 通过盘点得知存货实有 500 万元，但是财务报表上记录 600 万元，注册会计师应认为管理层对存货项目的（　　）认定存在问题。

A．发生　　　　　　　　　　　　B．准确性

C．计价和分摊　　　　　　　　　D．存在

5．根据《内部审计基本准则》的规定，内部审计是一种独立、客观的确认和咨询活动，它通过运用系统、规范的方法，审查和评价组织的业务活动、内部控制和风险管理的（　　）和（　　），以促进组织完善治理、增加价值和实现目标。

A．适当性　　　　　　　　　　　B．合法性

C．有效性　　　　　　　　　　　D．合理性

三、简答题

1．注册会计师的总体目标是什么？如何理解？

2．在财务报表审计中，注册会计师和被审计单位对财务报表各承担什么责任？关系如何？

3．什么是管理层认定？有哪几类管理层认定？

4．民间审计、国家审计和内部审计的审计过程有何不同？

第六章 审计计划与审计重要性

【本章导读】

审计计划是指注册会计师为了完成各项审计业务，达到预期的审计目标，在具体执行审计程序之前编制的工作计划。审计计划通常可分为总体审计计划和具体审计计划两部分。审计重要性原则要求审计师在考虑审计环境、审计资源、审计风险、审计成本等各因素的基础上，关注重要审计事项。审计重要性原则能否得到有效地贯彻执行，将直接关系到审计工作效率的提高和审计资源的节约，关系到审计质量的提升。

【本章目标】

➢ 掌握审计计划
➢ 掌握审计的重要性

第一节 审计计划

一、民间审计计划

计划审计工作并非审计业务的一个孤立阶段，而是一个持续的、不断修正的过程。计划审计工作通常于上期审计工作结束后不久或伴随着上期审计工作的完成就开始了，直至本期审计工作结束为止。在计划审计工作时，注册会计师需要进行初步业务活动、制订总体审计策略和具体审计计划。在此过程中，需要做出很多关键决策，包括确定可接受的审计风险水平和重要性水平等。

（一）初步业务活动

1. 初步业务活动的目的和内容

初步业务活动是指注册会计师在本期审计业务开始时开展的有利于计划和执行的审计工作，实现审计目标的活动的总称。在本期审计业务开始时开展初步业务活动，有助于注册会计师识别和评价可能对计划和执行审计工作产生负面影响的事项或情况。

（1）初步业务活动的目的。注册会计师开展初步业务活动有助于其在计划审计工作时达到下列目的：一是确保注册会计师具备执行业务所需的独立性和能力；二是确保不存在因管理层诚信问题而可能影响注册会计师保持该项业务的意愿的事项；三是确保与被审计单位之间不存在对业务约定条款的误解。

（2）初步业务活动的内容。根据《中国注册会计师审计准则第 1201 号——计划审计工作》，注册会计师应当在本期审计业务开始时开展下列初步业务活动：一是针对保持客户关系和具体审计业务实施相应的质量控制程序；二是评价遵守相关的职业道德要求（包括评价遵守独立性）的情况，三是就业务约定书条款与被审计单位达成一致意见。

2. 审计业务约定书的内容

注册会计师应当在审计业务开始前，就审计业务约定条款与管理层或治理层（如适用）达成一致意见，并将达成一致意见的审计业务约定条款记录于审计业务约定书或其他适当形式的书面协议中。如果法律法规足够详细地规定了审计业务约定条款，注册会计师除了记录适用的法律法规以及管理层认可并理解其责任的事实外，不必将前述事项记录于书面协议。

如果法律法规规定的管理层的责任与审计准则的规定相似，注册会计师根据判断可能确定法律法规规定的责任与审计准则的规定在效果上是等同的。如果等同，注册会计师可以使用法律法规的措辞，在书面协议中描述管理层的责任；如果不等同，注册会计师应当使用审计准则的措辞，在书面协议中描述这些责任。

审计业务约定书是指会计师事务所与被审计单位签订的，用以记录和确认审计业务的委托与受托关系、审计目标和范围、双方的责任以及报告的格式等事项的书面协议。在审计工作开始前，注册会计师向被审计单位致送审计业务约定书，有助于避免管理层对审计产生误解，这符合被审计单位和注册会计师双方的利益。

审计业务约定书的具体内容和格式可能因被审计单位的不同而不同，但应当包括以下主要内容。

（1）财务报表审计的目标与范围。

（2）注册会计师的责任。

（3）管理层的责任。

（4）指出用于编制财务报表所适用的财务报告编制基础。

（5）提及注册会计师拟出具的审计报告的预期形式和内容，以及对在特定情况下对出具的审计报告可能不同于预期形式和内容的说明。

（6）审计工作的范围，包括提及适用的法律法规、审计准则，以及注册会计师协会发布的职业道德守则和其他公告。

（7）对审计业务结果的其他沟通形式。

（8）说明由于审计和内部控制的固有限制，即使审计工作按照审计准则的规定得到恰当的计划和执行，仍不可避免地存在某些重大错报未被发现的风险。

（9）计划和执行审计工作的安排，包括审计项目组的构成。

（10）管理层确认将提供书面声明。

（11）管理层同意向注册会计师及时提供财务报表草稿和其他所有附带信息，以使注册会计师能够按照预定的时间表完成审计工作。

（12）管理层同意告知注册会计师在审计报告日至财务报表报出日之间注意到的可能影响财务报表的事实。

（13）收费的计算基础和收费安排。

（14）管理层确认收到审计业务约定书并同意其中的条款。

如果情况需要，审计业务约定书也可列明下列内容。

（1）在某些方面对利用其他注册会计师和专家工作的安排。

（2）对审计涉及的内部审计人员和被审计单位其他员工工作的安排。

（3）在首次审计的情况下，与前任注册会计师（如存在）沟通的安排。

（4）说明对注册会计师责任可能存在的限制。

（5）注册会计师与被审计单位之间需要达成进一步协议的事项。

（6）向其他机构或人员提供审计工作底稿的义务。

3. 审计业务约定条款的变更

在完成审计业务前，如果被审计单位或委托人要求将审计业务变更为保证程度较低的业务，注册会计师应当考虑要求变更审计业务约定条款的理由是否合理。在缺乏合理理由的情况下，注册会计师不应同意变更审计业务约定条款。

下列事项可能导致被审计单位要求注册会计师变更审计业务约定条款。

（1）环境变化对审计服务的需求产生影响。

（2）对原来要求的审计业务的性质存在误解。

（3）无论是管理层施加的还是其他情况引起的审计范围受到限制。

上述第（1）和第（2）项通常被认为是变更业务约定条款的合理理由，但如果有迹象表明该变更要求与错误的、不完整的或者不能令人满意的信息有关，注册会计师不应认为该变更是合理的。例如，如果注册会计师不能就应收款项获取充分、适当的审计证据，而被审计单位要求将审计业务变更为审阅业务，以避免注册会计师发表保留意见或无法表示意见，则该变更是不合理的。

如果审计业务约定条款发生变更，注册会计师应当与管理层就新的业务约定条款达成一致意见，并记录于业务约定书或其他适当形式的书面协议中。如果注册会计师不同意变更审计业务约定条款，而管理层又不允许继续执行原审计业务，注册会计师应当：

（1）在适用的法律法规允许的情况下，解除审计业务约定；

（2）确定是否有约定义务或其他义务向治理层、所有者或监管机构等报告该事项。

（二）总体审计策略

审计计划分为总体审计策略和具体审计计划两个层次。注册会计师应当针对总体审计策略中所识别的不同事项，制订具体审计计划，并考虑通过有效利用审计资源以实现审计目标。值得注意的是，虽然制订总体审计策略的过程通常在具体审计计划之前，但是两项计划具有内在紧密联系，对其中一项的决定可能会影响甚至改变对另外一项的决定。

注册会计师应当制订总体审计策略，以确定审计工作的范围、时间安排和方向，并指导具体审计计划的制订。

1. 审计范围

在确定审计范围时，注册会计师一般需要考虑下列事项。

（1）编制拟审计的财务信息所依据的财务报告编制基础，包括是否需要将财务信息调整至按照其他财务报告编制基础编制。

（2）特定行业的报告要求，如某些行业监管机构要求提交的报告。

（3）预期审计工作涵盖的范围，包括应涵盖的组成部分的数量及所在地点。

（4）母公司和集团组成部分之间存在的控制关系的性质，以确定如何编制合并财务报表。

（5）由组成部分注册会计师审计组成部分的范围。

（6）拟审计的经营分部的性质，包括是否需要具备专门知识。

（7）外币折算，包括外币交易的会计处理、外币财务报表的折算和相关信息的披露。

（8）除为合并目的执行的审计工作之外，对个别财务报表进行法定审计的需求。

（9）内部审计工作的可获得性及注册会计师拟信赖内部审计工作的程度。

（10）被审计单位使用服务机构的情况，及注册会计师如何取得有关服务机构内部控制设计和运行有效性的证据。

（11）对利用在以前审计工作中获取的审计证据（如获取的与风险评估程序和控制测试相关的审计证据）的预期。

（12）信息技术对审计程序的影响，包括数据的可获得性和对使用计算机辅助审计技术的预期。

（13）协调审计工作与中期财务信息审阅的预期涵盖范围和时间安排，以及中期审阅所获取的信息对审计工作的影响。

（14）与被审计单位人员的时间协调和相关数据的可获得性。

2. 报告目标，时间安排和所需沟通的性质

在计划报告目标、时间安排和所需沟通时，注册会计师一般需要考虑下列事项。

（1）被审计单位对外报告的时间表，包括中间阶段和最终阶段。

(2) 与管理层和治理层举行会谈，讨论审计工作的性质、时间安排和范围。

(3) 与管理层和治理层讨论注册会计师拟出具的报告的类型和时间安排以及沟通的其他事项（口头或书面沟通），包括审计报告、管理建议书和向治理层通报的其他事项。

(4) 与管理层讨论预期就整个审计业务中对审计工作的进展进行的沟通。

(5) 与组成部分注册会计师沟通拟出具的报告的类型和时间安排，以及与组成部分审计相关的其他事项。

(6) 项目组成员之间沟通的预期的性质和时间安排，包括项目组会议的性质和时间安排，以及复核已执行工作的时间安排。

(7) 预期是否需要和第三方进行其他沟通，包括与审计相关的法定或约定的报告责任。

3. 审计方向

在确定审计方向时，注册会计师一般需要考虑下列事项。

(1) 按照《中国注册会计师审计准则第 1221 号——计划和执行审计工作时的重要性》的规定确定重要性，并在适用的情况下考虑下列事项：按照《中国注册会计师审计准则第 1401 号——对集团财务报表审计的特殊考虑》的规定，为组成部分确定重要性并就此与组成部分注册会计师进行沟通；初步识别重要组成部分和重要的交易、账户余额和披露。

(2) 初步识别的可能存在较高重大错报风险的领域。

(3) 评估的财务报表层次的重大错报风险对指导、监督和复核的影响。

(4) 就项目组成员在搜集和评价审计证据过程中保持质疑的思维方式和职业怀疑的必要性，向项目组成员进行强调所采用的方式。

(5) 以前审计中对内部控制运行有效性评价的结果，包括识别出的缺陷的性质和应对措施。

(6) 与会计师事务所内部向被审计单位提供其他服务的人员讨论可能对审计产生影响的事项。

(7) 有关管理层对设计、执行和维护健全的内部控制重视程度的证据，包括有关这些控制得以适当记录的证据。

(8) 交易量规模，以确定注册会计师信赖内部控制是否使审计工作更有效率。

(9) 被审计单位全体人员对内部控制在业务成功运行方面的重要性的认识。

(10) 影响被审计单位的重大业务发展变化，包括信息技术和业务流程的变化，关键管理人员变化，以及收购、兼并和处置。

(11) 重大的行业发展情况，如行业法规和报告要求的变化。

(12) 财务报告编制基础的重大变化，如适用的会计准则的变化。

(13) 其他相关重大变化，如影响被审计单位的法律环境的变化。

4．审计资源

制订总体审计策略的过程有助于注册会计师确定下列事项（当然这些事项的确定还有待完成风险评估程序之后）。

（1）向具体审计领域调配的资源，包括向高风险领域分派有相当经验的项目组成员，就复杂的事项请示专家的工作等。

（2）向具体审计领域分配资源的多少，包括分派到重要地点进行存货监盘的项目组成员的人数，在集团审计中复核组成部分注册会计师工作的范围，向高风险领域分配的审计时间预算等。

（3）何时调配这些资源，包括是在期中审计阶段还是在关键的截止日期调配资源等。

（4）如何管理、指导和监督这些资源，包括预期何时召开项目组预备会和总结会，预期项目合伙人和经理如何进行复核（是现场复核还是非现场复核），是否需要实施项目质量控制复核等。

（三）具体审计计划

总体审计策略一经制订，注册会计师就可以针对总体审计策略中的各个事项制订具体审计计划，并考虑通过有效利用审计资源实现审计目标。具体审计计划比总体审计策略更加详细，其内容包括为获取充分、适当的审计证据以将审计风险降至可接受的低水平，项目组成员拟实施的审计程序的性质、时间和范围。可以说，为获取充分、适当的审计证据，而确定审计程序的性质、时间和范围的决策是具体审计计划的核心。具体审计计划应当包括风险评估程序、计划实施的进一步审计程序和其他审计程序。

1．风险评估程序

具体审计计划应当包括按照《中国注册会计师审计准则第1211号——通过了解被审计单位及其环境识别和评估重大错报风险》的规定，计划实施的风险评估程序的性质、时间安排和范围。

2．计划实施的进一步审计程序

具体审计计划应当包括按照《中国注册会计师审计准则第1231号——针对评估的重大错报风险采取的应对措施》的规定，在认定层次计划实施的进一步审计程序的性质、时间安排和范围。进一步审计程序包括控制测试和实质性程序。

需要强调的是，计划这些审计程序，会随着具体审计计划的制订逐步深入，并贯穿于审计的整个过程。例如，计划风险评估程序在审计过程的较早阶段进行，而计划进一步审计程序的性质、时间安排和范围，取决于风险评估程序的结果。因此，为达到制订具体审计计划的要求，注册会计师需要完成风险评估程序，识别和评估重大错报风险，并针对评估的认定层次的重大错报风险，计划实施进一步审计程序的性质、时间和范围。

通常,注册会计师计划的进一步审计程序可以分为进一步审计程序的总体方案和拟实施的具体审计程序(包括进一步审计程序的具体性质、时间和范围)两个层次。进一步审计程序的总体方案主要是指注册会计师针对各类交易、账户余额和列报决定采用的总体方案(包括实质性方案或综合性方案)。具体审计程序则是对进一步审计程序的总体方案的延伸和细化,它通常包括控制测试和实质性程序的性质、时间和范围。在实务中,注册会计师通常单独制订一套包括这些具体程序的"进一步审计程序表",待具体实施审计程序时,注册会计师将基于所计划的具体审计程序,进一步记录所实施的审计程序及结果,并最终形成有关进一步审计程序的审计工作底稿。

另外,完整、详细的进一步审计程序的计划包括对各类交易、账户余额和列报实施的具体审计程序的性质、时间和范围,包括抽取的样本量等。在实务中,注册会计师可以统筹安排进一步审计程序的先后顺序,如果对某类交易、账户余额或列报已经做出计划,则可以安排先行开展工作,与此同时再制订其他交易、账户余额和列报的进一步审计程序。

3. 计划其他审计程序

具体审计计划应当包括根据审计准则的规定,计划应当实施的其他审计程序。计划的其他审计程序可以包括上述进一步程序的计划中没有涵盖的、根据其他审计准则的要求注册会计师应当执行的既定程序。

在审计计划阶段,除了按照《中国注册会计师审计准则第 1211 号——通过了解被审计单位及其环境识别和评估重大错报风险》进行计划工作,注册会计师还需要兼顾其他准则中规定的、针对特定项目在审计计划阶段应执行的程序及记录要求。例如,《中国注册会计师审计准则第 1141 号——财务报表审计中与舞弊相关的责任》《中国注册会计师审计准则第 1324 号——持续经营》《中国注册会计师审计准则第 1142 号——财务报表审计中对法律法规的考虑》及《中国注册会计师审计准则第 1323 号——关联方》等准则中对注册会计师针对这些特定项目在审计计划阶段应当执行的程序及其记录做出了规定。当然,由于被审计单位所处行业、环境各不相同,特别项目可能也有所不同。例如,有些企业可能涉及环境事项、电子商务等,在实务中注册会计师应根据被审计单位的具体情况确定特定项目并执行相应的审计程序。

(四)审计过程中对计划的修改

制订总体审计策略和具体审计计划不是孤立或不连续的过程,而是相互紧密联系的,对其中一项的修改可能导致对另一项的相应修改。由于未预期事项的存在、条件的变化或通过实施审计程序获取的审计证据等原因,注册会计师可能需要基于修正后的风险评估结果,对总体审计策略和具体审计计划,以及相应的原计划的进一步审计程序的性质、时间安排和范围做出修改。当注册会计师之后注意到的信息与计划审计程序时获知的信息存在重大差异时（如注册会计师通过实施实质性程序获取的审计证据可能与实施控制测试获取的审计证据相矛盾），就可能发生这种情况。

审计过程可以分为不同阶段，通常前面阶段的工作结果会对后面阶段的工作计划产生一定的影响，而后面阶段的工作过程中又可能发现需要对已制订的相关计划进行相应的更新和修改。通常来讲，这些更新和修改涉及比较重要的事项。例如，对重要性水平的修改，对某类交易、账户余额和列报的重大错报风险的评估和进一步审计程序（包括总体方案和拟实施的具体审计程序）的更新和修改等。一旦计划被更新和修改，审计工作也就应当进行相应修正。

例如，如果在制订审计计划时，注册会计师基于对材料采购交易的相关控制的设计和执行获取的审计证据，认为相关控制设计合理并得以执行，因此未将其评价为高风险领域并且计划执行控制测试。但是在执行控制测试时获得的审计证据与审计计划阶段获得的审计证据相矛盾，注册会计师认为该类交易的控制没有得到有效执行，此时，注册会计师可能需要修正对该类交易的风险评估，并基于修正的评估风险修改计划的审计方案，如采用实质性方案。

（五）指导、监督与复核

注册会计师应当制订计划，确定对项目组成员的指导、监督以及对其工作进行复核的性质、时间安排和范围。对项目组成员工作的指导、监督与复核的性质、时间和范围主要取决于下列因素。

（1）被审计单位的规模和复杂程度。

（2）审计领域。

（3）评估的重大错报风险。例如，当评估的某审计领域的重大错报风险增加时，注册会计师通常需要相应扩大对项目组成员指导与监督的范围，增强指导与监督的及时性，并对其工作执行更详细的复核。

（4）执行审计工作的项目组成员的专业素质和胜任能力。

注册会计师应在评估重大错报风险的基础上，计划对项目组成员工作的指导、监督与复核的性质、时间和范围。当评估的重大错报风险增加时，注册会计师通常会扩大指导与监督的范围，增强指导与监督的及时性，执行更详细的复核工作。在计划复核的性质、时间和范围时，注册会计师还应考虑单个项目组成员的素质和专业胜任能力。

二、国家审计计划

根据国家审计准则规定，国家审计计划包括年度审计项目计划和审计工作方案。在实施项目前，还应编制审计实施方案。

第六章 审计计划与审计重要性

(一) 年度审计项目计划

审计机关应当根据法定的审计职责和审计管辖范围，编制年度审计项目计划。编制年度审计项目计划应当服务大局，围绕政府工作中心，突出审计工作重点，合理安排审计资源，防止不必要的重复审计。

1. 年度审计项目计划编制流程

审计机关按照下列步骤编制年度审计项目计划。

（1）调查审计需求，初步选择审计项目。审计机关从下列方面调查审计需求，初步选择审计项目：国家和地区财政收支、财务收支以及有关经济活动情况；政府工作中心；本级政府行政首长和相关领导机关对审计工作的要求；上级审计机关安排或者授权审计的事项；有关部门委托或者提请审计机关审计的事项；群众举报、公众关注的事项；经分析相关数据认为应当列入审计的事项；其他方面的需求。

下列审计项目应当作为必选审计项目：法律法规规定每年应当审计的项目；本级政府行政首长和相关领导机关要求审计的项目；上级审计机关安排或者授权的审计项目。审计机关对必选审计项目，可以不进行可行性研究。

（2）对初选审计项目进行可行性研究，确定备选审计项目及其优先顺序。审计机关对初选审计项目进行可行性研究，确定初选审计项目的审计目标、审计范围、审计重点和其他重要事项。进行可行性研究重点调查研究下列内容：与确定和实施审计项目相关的法律法规和政策；管理体制、组织结构、主要业务及其开展情况；财政收支、财务收支状况及结果；相关的信息系统及其电子数据情况；管理和监督机构的监督检查情况及结果；以前年度审计情况；其他相关内容。

审计机关在调查审计需求和可行性研究过程中，从下列方面对初选审计项目进行评估，以确定备选审计项目及其优先顺序：项目重要程度，评估在国家经济和社会发展中的重要性、政府行政首长和相关领导机关及公众关注程度、资金和资产规模等；项目风险水平，评估项目规模、管理和控制状况等；审计预期效果；审计频率和覆盖面；项目对审计资源的要求。

（3）评估审计机关可用审计资源，确定审计项目，编制年度审计项目计划。审计机关应当对确定的审计项目配置必要的审计人力资源、审计时间、审计技术装备、审计经费等审计资源。审计机关根据项目评估结果，确定年度审计项目计划。

2. 审计计划的协调

（1）审计项目间的协调。审计项目与专项审计调查项目计划的协调：对于预算管理或者国有资产管理使用等与国家财政收支有关的特定事项，符合下列情形的，可以进行专项审计调查：涉及宏观性、普遍性、政策性或者体制、机制问题的；事项跨行业、跨地区、跨单位的；事项涉及大量非财务数据的；其他适宜进行专项审计调查的。

直接审计下级审计机关审计管辖范围内的项目计划协调：上级审计机关直接审计下级审计机关审计管辖范围内的重大审计事项，应当列入上级审计机关年度审计项目计划，并及时通知下级审计机关。

授权审计项目计划的协调：上级审计机关可以依法将其审计管辖范围内的审计事项，授权下级审计机关进行审计。对于上级审计机关审计管辖范围内的审计事项，下级审计机关也可以提出授权申请，报有管辖权的上级审计机关审批。获得授权的审计机关应当将授权的审计事项列入年度审计项目计划。

国外援贷款项目审计计划的协调：根据中国政府及其机构与国际组织、外国政府及其机构签订的协议和上级审计机关的要求，审计机关确定对国际组织、外国政府及其机构援助、贷款项目进行审计的，应当纳入年度审计项目计划。

同一年度内对同一被审计单位安排的不同审计项目间的协调：审计机关同一年度内对同一被审计单位实施不同的审计项目，应当在人员和时间安排上进行协调，尽量避免给被审计单位工作带来不必要的影响。

（2）审计计划编制工作的协调。指导下级审计机关编制审计计划：上级审计机关应当指导下级审计机关编制年度审计项目计划，提出下级审计机关重点审计领域或者审计项目安排的指导意见。

计划管理部门与业务部门、派出机构工作上的协调：审计机关计划管理部门与业务部门或者派出机构，应当建立经常性的沟通和协调机制。调查审计需求、进行可行性研究和确定备选审计项目，以业务部门或者派出机构为主实施；备选审计项目排序、配置审计资源和编制年度审计项目计划草案，以计划管理部门为主实施。

3．审计计划的内容和形式

（1）审计计划的内容。审计机关年度审计项目计划的内容主要包括以下内容。

①审计项目名称。
②审计目标，即实施审计项目预期要完成的任务和结果。
③审计范围，即审计项目涉及的具体单位、事项和所属期间。
④审计重点。
⑤审计项目组织和实施单位。
⑥审计资源。

采取跟踪审计方式实施的审计项目，年度审计项目计划应当列明跟踪的具体方式和要求。专项审计调查项目的年度审计项目计划应当列明专项审计调查的要求。

（2）审计计划的形式。审计机关编制年度审计项目计划可以采取文字、表格或者两者相结合的形式。

4. 审计计划的审批、调整和执行

（1）审计计划审批。年度审计项目计划应当按照审计机关规定的程序审定。审计机关在审定年度审计项目计划前，根据需要，可以组织专家进行论证。审计机关应当将年度审计项目计划报经本级政府行政首长批准并向上一级审计机关报告。

（2）审计计划的调整。年度审计项目计划在执行过程中，遇有下列情形之一的，应当按照原审批程序调整。

①本级政府行政首长和相关领导机关临时交办审计项目的。

②上级审计机关临时安排或者授权审计项目的。

③突发重大公共事件需要进行审计的。

④原定审计项目因被审计单位发生重大变化，导致原计划无法实施的。

⑤需要更换审计项目实施单位的。

⑥审计目标、审计范围等发生重大变化需要调整的。

⑦需要调整的其他情形。

（3）审计计划的执行、检查和统计。审计机关应当将年度审计项目计划下达审计项目组织和实施单位执行。年度审计项目计划一经下达，审计项目组织和实施单位应当确保完成，不得擅自变更。

审计机关应当定期检查年度审计项目计划执行情况，评估执行效果。审计项目实施单位应当向下达审计项目计划的审计机关报告计划执行情况。审计机关应当按照国家有关规定，建立和实施审计项目计划执行情况及其结果的统计制度。

（二）审计工作方案

1. 编制条件

年度审计项目计划确定审计机关统一组织多个审计组共同实施一个审计项目或者分别实施同一类审计项目的，审计机关业务部门应当编制审计工作方案。

2. 编制要求

审计机关业务部门编制审计工作方案，应当根据年度审计项目计划形成过程中调查审计需求、进行可行性研究的情况，开展进一步调查，对审计目标、范围、重点和项目组织实施等进行确定。

3. 审计工作方案的内容

通常，审计工作方案的内容主要包括以下内容。

（1）审计目标。

（2）审计范围。

（3）审计内容和重点。

审计学基础

(4) 审计工作组织安排。
(5) 审计工作要求。

4. 审批和执行

审计机关业务部门编制的审计工作方案应当按照审计机关规定的程序审批。在年度审计项目计划确定的实施审计起始时间之前，下达到审计项目实施单位。审计机关批准审计工作方案前，根据需要，可以组织专家进行论证。

审计机关业务部门根据审计实施过程中情况的变化，可以申请对审计工作方案的内容进行调整，并按审计机关规定的程序报批。审计工作方案作为审计管理的一个方面，是审计计划的细化；其内容和要求应当与审计计划保持一致。

（三）审计实施方案

审计机关应当在实施项目审计前组成审计组。审计组应当调查了解被审计单位及其相关情况，评估被审计单位存在重要问题的可能性，确定审计应对措施，编制审计实施方案。对于审计机关已经下达审计工作方案的，审计组应当按照审计工作方案的要求编制审计实施方案。

1. 审计实施方案的内容和形式

一般来说，审计实施方案的内容主要包括以下内容。
(1) 审计目标。
(2) 审计范围。
(3) 审计内容、重点及审计措施，包括审计事项和审计应对措施。
(4) 审计工作要求，包括项目审计进度安排、审计组内部重要管理事项及职责分工等。

采取跟踪审计方式实施审计的，审计实施方案应当对整个跟踪审计工作做出统筹安排。专项审计调查项目的审计实施方案应当列明专项审计调查的要求。

编制和调整审计实施方案可以采取文字、表格或者两者相结合的形式。

2. 审计实施方案调整

审计人员实施审计时，应当持续关注已做出的重要性判断和对存在重要问题可能性的评估是否恰当，及时做出修正，并调整审计应对措施。

遇有下列情形之一的，审计组应当及时调整审计实施方案。
(1) 年度审计项目计划、审计工作方案发生变化的。
(2) 审计目标发生重大变化的。
(3) 重要审计事项发生变化的。
(4) 被审计单位及其相关情况发生重大变化的。
(5) 审计组人员及其分工发生重大变化的。

(6) 需要调整的其他情形。

3. 审计实施方案审批

一般审计项目的审计实施方案应当经审计组组长审定，并及时报审计机关业务部门备案。重要审计项目的审计实施方案应当报经审计机关负责人审定。

审计组调整审计实施方案中的下列事项，应当报经审计机关主要负责人批准。

(1) 审计目标。

(2) 审计组组长。

(3) 审计重点。

(4) 现场审计结束时间。

三、内部审计计划

内部审计计划是指内部审计机构和内部审计人员为完成审计业务，达到预期的审计目的，对审计工作或者具体审计项目做出的安排。审计计划一般包括年度审计计划和项目审计方案。

（一）年度审计计划

年度审计计划是对年度预期要完成的审计任务所做的工作安排，是组织年度工作计划的重要组成部分。内部审计机关负责人应当在本年度编制下年度审计计划，并报经组织董事会或者最高管理层批准。内部审计机构应当根据批准后的审计计划组织开展内部审计活动。在审计计划执行过程中，如有必要，应当按照规定的程序对审计计划进行调整。内部审计机构负责人应当定期检查审计计划的执行情况。

内部审计机构在编制年度审计计划前，应当重点调查了解下列情况，以评价具体审计项目的风险。

(1) 组织的战略目标、年度目标及业务活动重点。

(2) 对相关业务活动有重大影响的法律、法规、政策、计划和合同。

(3) 相关内部控制的有效性和风险管理水平。

(4) 相关业务活动的复杂性及其近期变化。

(5) 相关人员的能力及其岗位的近期变动。

(6) 其他与项目有关的重要情况。

年度审计计划应当包括下列基本内容。

(1) 年度审计工作目标。

(2) 具体审计项目及实施时间。编制年度审计计划应当结合内部审计中长期规划，在对组织风险进行评估的基础上，根据组织的风险状况、管理需要和审计资源的配备情况，确定具体审计项目及时间安排。

（3）各审计项目需要的审计资源。内部审计机构负责人应当根据具体审计项目的性质、复杂程度及时间要求，合理安排审计资源。

（4）后续审计安排。

（二）项目审计方案

项目审计方案是对实施具体审计项目所需要的审计内容、审计程序、人员分工、审计时间等做出的安排。内部审计机构应当根据年度审计计划确定的审计项目和时间安排，选派内部审计人员开展审计工作。

审计项目负责人应当在审计项目实施前编制项目审计方案，并报经内部审计机构负责人批准。审计项目负责人应当根据被审计单位的下列情况，编制项目审计方案。

（1）业务活动概况。

（2）内部控制、风险管理体系的设计及运行情况。

（3）财务、会计资料。

（4）重要的合同、协议及会议记录。

（5）上次审计结论、建议及后续审计情况。

（6）上次外部审计的审计意见。

（7）其他与项目审计方案有关的重要情况。

项目审计方案应当包括下列基本内容。

（1）被审计单位、项目的名称。

（2）审计目标和范围。

（3）审计内容和重点。

（4）审计程序和方法。

（5）审计组成员的组成及分工。

（6）审计起止日期。

（7）对专家和外部审计工作结果的利用。

（8）其他有关内容。

四、民间审计计划、国家审计计划和内部审计计划的关系

通常，民间审计计划、国家审计计划和内部审计计划之间的关系如下。

（1）民间审计只编项目计划，无期间计划；国家审计和内部审计均有期间计划。

（2）民间审计、国家审计和内部审计的项目计划均考虑重要性和审计风险。

第二节 审计重要性

《中国注册会计师审计准则第 1221 号——计划和执行审计工作时的重要性》《内部审计具体准则 17 号——重要性与审计风险》《国家审计准则》均对重要性进行了规范，这里以民间审计为例介绍重要性和审计风险。

一、审计重要性与审计风险

（一）审计重要性的含义

财务报告编制基础通常从编制和列报财务报表的角度阐释重要性概念。财务报告编制基础可能以不同的术语解释重要性，但通常而言，重要性概念可从下列几方面进行理解。

（1）如果合理预期错报（包括漏报）单独或汇总起来可能影响财务报表使用者依据财务报表做出的经济决策，则通常认为错报是重大的。

（2）对重要性的判断是根据具体环境做出的，并受错报的金额或性质的影响，或受两者共同作用的影响。

（3）判断某事项对财务报表使用者是否重大，是在考虑财务报表使用者整体共同的财务信息需求的基础上做出的。由于不同财务报表使用者对财务信息的需求可能差异很大，因此不考虑错报对个别财务报表使用者可能产生的影响。

适用的财务报告编制基础对重要性概念的规定，为注册会计师在审计工作中确定重要性提供了参考依据。如果适用的财务报告编制基础未对重要性概念做出规定，那么审计准则为注册会计师确定重要性提供了参考依据。

注册会计师对重要性的确定属于职业判断，受注册会计师对财务报表使用者对财务信息需求的认识的影响。就审计而言，注册会计师针对财务报表使用者做出下列假定是合理的。

（1）拥有经营、经济活动和会计方面的适当知识，并有意愿认真研究财务报表中的信息。

（2）理解财务报表是在运用重要性水平基础上编制、列报和审计的。

（3）认可建立在对估计和判断的应用以及对未来事项的考虑的基础上的会计计量具有固有的不确定性。

（4）依据财务报表中的信息做出合理的经济决策。

在计划审计工作时，注册会计师需要对认为重大的错报金额做出判断。做出的判断为下列方面提供了基础。

（1）确定风险评估程序的性质、时间安排和范围。

（2）识别和评估重大错报风险。

（3）确定进一步审计程序的性质、时间安排和范围。

在计划审计工作时确定的重要性（即确定的某一金额），并不必然表明单独或汇总起来低于该金额的未更正错报一定被评价为不重大。即使某些错报低于重要性，与这些错报相关的具体情形可能使注册会计师将其评价为重大。

尽管设计审计程序以发现仅因其性质而可能被评价为重大的错报并不可行，但是注册会计师在评价未更正错报对财务报表的影响时，不仅要考虑错报金额的大小，还要考虑错报的性质以及错报发生的特定环境。

（二）审计风险

在计划和执行审计工作中，注册会计师需要考虑审计重要性及重要性与审计风险之间的关系。审计风险，是指当财务报表存在重大错报时，注册会计师发表不恰当审计意见的可能性。风险评估建立在为实现其目的获取必要信息所实施的审计程序和整个审计过程中所获取的审计证据的基础上。风险评估是一项职业判断，而不是一项能够精确计量的事项。

在审计准则中，审计风险不包括财务报表不存在重大错报，而注册会计师发表的审计意见认为财务报表存在重大错报的风险。这种风险通常可以忽略不计。审计风险是一个与审计过程相关的技术术语，并不是指注册会计师的业务风险，如因诉讼、负面宣传或其他与财务报表审计相关的事项而导致损失的可能性。

审计风险取决于重大错报风险和检查风险。

1. 重大错报风险

重大错报风险是指财务报表在审计前存在重大错报的可能性。重大错报风险可能存在于下列两个层次。

（1）财务报表层次。

（2）各类交易、账户余额和披露的认定层次。

财务报表层次的重大错报风险，是指与财务报表整体存在广泛联系并潜在影响多项认定的重大错报风险。

评估认定层次的重大错报风险的目的，是确定所需实施的进一步审计程序的性质、时间安排和范围以获取充分、适当的审计证据。这种证据使注册会计师能够在审计风险处于可接受的低水平时对财务报表发表意见。注册会计师使用多种方法评估重大错报风险。例如，注册会计师可以利用风险模型（即用数学术语表达审计风险各要素之间一般关系的模型），得出可接受的检查风险。这种模型可能有助于计划审计程序。

认定层次重大错报风险由固有风险和控制风险两部分组成。固有风险和控制风险是被审计单位的风险，独立于财务报表审计而存在的。

固有风险是指假设不存在相关的内部控制，某一认定发生重大错报的可能性，无论该错报是单独考虑，还是连同其他错报构成重大错报。

某些认定及相关类别的交易、账户余额和披露，固有风险较高。例如，复杂的计算或者金额来源于具有高度不确定性的会计估计的账户，固有风险较高。外部环境引起的经营风险也可能影响固有风险，例如，技术进步可能导致某项产品陈旧，进而导致存货易于高估。被审计单位及其环境的某些因素，可能与多个或所有类别的交易、账户余额或披露相关，也可能影响与某一具体认定相关的固有风险。例如，这些因素可能包括缺乏持续经营的营运资本或由于大规模的经营失败而表现出的产业衰退。

控制风险是指某项认定发生了重大错报，无论该错报单独考虑，还是连同其他错报构成重大错报，而该错报没有被企业的内部控制及时防止、发现和纠正的可能性。控制风险取决于内部控制设计、执行和维护的有效性。管理层采用内部控制，旨在应对识别出的影响被审计单位实现与财务报表编制相关的目标的风险。然而，由于内部控制的固有限制，无论内部控制设计和运行如何有效，也只能降低而不能消除财务报表的重大错报风险。内部控制的固有限制包括诸如人为差错的可能性，因串通舞弊或管理层不适当地凌驾于控制之上而使内部控制被规避的可能性。因此，控制风险始终存在。审计准则规定了在确定拟实施的实质性程序的性质、时间安排和范围时，注册会计师需要测试或可以选择测试内部控制运行有效性的情形。

审计准则通常不单独提及固有风险和控制风险，而仅提及重大错报风险（即两者综合评估的结果）。然而，注册会计师可以根据其偏好的审计技术或方法以及实务的考虑，单独或综合评估固有风险和控制风险。重大错报风险的评估结果可以用定量术语（如百分比）或非定量的术语表达。在任何情况下，做出适当的风险评估，要比评估所采用的具体方法更重要。

2. 检查风险

检查风险是指某一认定存在错报，该错报单独或连同其他错报是重大的，但注册会计师未能发现这种错报的可能性。检查风险与注册会计师为将审计风险降至可接受的低水平而确定的审计程序的性质、时间安排和范围相关。因此，它取决于审计程序及其执行的有效性。下列措施有助于提高审计程序及其执行的有效性，降低注册会计师选取不适当的审计程序、错误执行适当的审计程序或错误解释审计结果的可能性。

（1）制订恰当的计划。

（2）为项目组分派合适的人员。

（3）保持职业怀疑。

（4）监督和复核已执行的审计工作。由于审计的固有限制，检查风险只能降低而无法消除。因此，检查风险始终存在。

3. 检查风险与重大错报风险的关系

在既定的审计风险水平下，可接受的检查风险水平与评估的认定层次重大错报风险成反向关系。例如，注册会计师认为重大错报风险越高，可接受的检查风险越低，相应地，注册会计师需要获取更具有说服力的审计证据。

检查风险与重大错报风险的反向关系用数学模型表示如下：

$$审计风险 = 重大错报风险 \times 检查风险$$

这个模型也就是审计风险模型。假设针对某一认定，注册会计师将可接受的审计风险水平设定为5%，注册会计师实施风险评估程序后将重大错报风险评估为25%，则根据这一模型，可接受的检查风险为20%。当然，实务中，注册会计师不一定用绝对数量表达这些风险水平，而选用"高""中""低"等文字描述。

（三）重要性和审计风险的运用

在计划和执行审计工作，评价识别出的错报对审计的影响，以及未更正错报对财务报表和审计意见的影响时，注册会计师需要运用重要性概念。注册会计师需要在整个审计过程中考虑重要性和审计风险，尤其是在下列重要审计环节。

（1）识别和评估重大错报风险。

（2）确定进一步审计程序的性质、时间安排和范围。

（3）评价未更正错报对财务报表和形成审计意见的影响。

二、计划审计工作时确定重要性和实际执行的重要性

在制订总体审计策略时，注册会计师应当确定财务报表整体的重要性。根据被审计单位的特定情况，如果存在一个或多个特定类别的交易、账户余额或披露，其发生的错报金额虽然低于财务报表整体的重要性，但合理预期可能影响财务报表使用者依据财务报表做出的经济决策，注册会计师还应当确定适用于这些交易、账户余额或披露的一个或多个重要性水平。

（一）确定财务报表整体的重要性

确定重要性需要运用职业判断。通常先选定一个基准，再乘以某一百分比作为财务报表整体的重要性。

1. 基准

在选择基准时，需要考虑的因素包括以下几个方面。

（1）财务报表要素（如资产、负债、所有者权益、收入和费用）。

（2）是否存在特定会计主体的财务报表使用者特别关注的项目（如为了评价财务业

绩，使用者可能更关注利润、收入或净资产）。

（3）被审计单位的性质、所处的生命周期阶段以及所处行业和经济环境。

（4）被审计单位的所有权结构和融资方式（例如，如果被审计单位仅通过债务而非权益进行融资，财务报表使用者可能更关注资产及资产的索偿权，而非被审计单位的收益）。

（5）基准的相对波动性。

适当的基准取决于被审计单位的具体情况，包括各类报告收益（如税前利润、营业收入、毛利和费用总额），以及所有者权益或净资产。对于以盈利为目的的实体，通常以经常性业务的税前利润作为基准。如果经常性业务的税前利润不稳定，选用其他基准可能更加合适，如毛利或营业收入。

就选定的基准而言，相关的财务数据通常包括前期财务成果和财务状况、本期最新的财务成果和财务状况、本期的预算和预测结果。当然，本期最新的财务成果和财务状况、本期的预算和预测结果需要根据被审计单位情况的重大变化（如重大的企业并购）和被审计单位所处行业和经济环境情况的相关变化等做出调整。例如，当按照经常性业务的税前利润的一定百分比确定被审计单位财务报表整体的重要性时，如果被审计单位本年度税前利润因情况变化出现意外增加或减少，注册会计师可能认为按照近几年经常性业务的平均税前利润确定财务报表整体的重要性更加合适。

重要性与注册会计师出具审计报告的财务报表相关。如果财务报表涵盖期间超过或少于十二个月（如被审计单位是新成立的或变更财务报告期间），则重要性与涵盖该期间的财务报表相关。

2. 百分比

为选定的基准确定百分比需要运用职业判断。百分比和选定的基准之间存在一定的联系，如经常性业务的税前利润对应的百分比通常比营业收入对应的百分比要高。例如，对以盈利为目的的制造行业实体，注册会计师可能认为经常性业务的税前利润的 5%是适当的；而对非盈利组织，注册会计师可能认为总收入或费用总额的 1%是适当的。百分比无论是高一些还是低一些，只要符合具体情况，都是适当的。

（二）特定类别的交易、账户余额或披露的重要性水平

下列因素可能表明存在一个或多个特定类别的交易、账户余额或披露，其发生的错报金额虽然低于财务报表整体的重要性，但合理预期将影响财务报表使用者依据财务报表做出的经济决策。

（1）法律法规或适用的财务报告编制基础是否影响财务报表使用者对特定项目（如关联方交易、管理层和治理层的薪酬）计量或披露的预期。

（2）与被审计单位所处行业相关的关键性披露（如制药企业的研究与开发成本）。

（3）财务报表使用者是否特别关注财务报表中单独披露的业务的特定方面（如新收购的业务）。

在根据被审计单位的特定情况考虑是否存在上述交易、账户余额或披露时，注册会计师可能发现了解治理层和管理层的看法和预期是有用的。

（三）实际执行的重要性

注册会计师应当确定实际执行的重要性，以评估重大错报风险并确定进一步审计程序的性质、时间安排和范围。实际执行的重要性，是指注册会计师确定的低于财务报表整体的重要性的一个或多个金额，旨在将未更正和未发现错报的汇总数超过财务报表整体的重要性的可能性降至适当的低水平。如果适用，实际执行的重要性还指注册会计师确定的低于特定类别的交易、账户余额或披露的重要性水平的一个或多个金额。

仅为发现单项重大的错报而计划审计工作将忽视这样一个事实，即单项非重大错报的汇总数可能导致财务报表出现重大错报，更不用说还没有考虑可能存在的未发现错报。

确定财务报表整体的实际执行的重要性（根据定义可能是一个或多个金额），旨在将财务报表中未更正和未发现错报的汇总数超过财务报表整体的重要性的可能性降至适当的低水平。

与确定特定类别的交易、账户余额或披露的重要性水平相关的实际执行的重要性，旨在将这些交易、账户余额，或披露中未更正与未发现错报的汇总数超过这些交易、账户余额，或披露的重要性水平的可能性降至适当的低水平。

确定实际执行的重要性并非简单机械的计算，需要注册会计师运用职业判断，并考虑下列几个因素的影响。

（1）对被审计单位的了解（这些了解在实施风险评估程序的过程中得到更新）。

（2）前期审计工作中识别出的错报的性质和范围。

（3）根据前期识别出的错报对本期错报做出的预期。

通常而言，实际执行的重要性通常为财务报表整体重要性的 50%～75%。接近财务报表整体重要性 50%的情况有以下几个。

（1）经常性审计。

（2）以前年度审计调整较多项目总体风险较高（如处于高风险行业，经常面临较大市场压力，首次承接的审计项目或者需要出具特殊目的报告等）。

接近财务报表整体重要性 75%的情况有以下几个。

（1）经常性审计，以前年度审计调整较少。

（2）项目总体风险较低（如处于低风险行业，市场压力较小）。

(三) 审计过程中修改的重要性

如果在审计过程中获知了某项信息，而该信息可能导致注册会计师确定与原来不同的财务报表整体的重要性，或者特定类别的交易、账户余额，或披露的一个或多个重要性水平（如适用），注册会计师应当予以修改。

由于存在下列原因，注册会计师可能需要修改财务报表整体的重要性和特定类别的交易、账户余额或披露的重要性水平（如适用）。

（1）审计过程中情况发生重大变化（如决定处置被审计单位的一个重要组成部分）。

（2）获取新信息。

（3）通过实施进一步审计程序，注册会计师对被审计单位及其经营的了解发生变化。

例如，注册会计师在审计过程中发现，实际财务成果与最初确定财务报表整体的重要性时使用的预期本期财务成果相比存在很大差异，则需要修改重要性。

如果认为运用低于最初确定的财务报表整体的重要性和特定类别的交易、账户余额，或披露的一个或多个重要性水平（如适用）是适当的，注册会计师应当确定是否有必要修改实际执行的重要性，并确定进一步审计程序的性质、时间安排和范围是否仍然适当。

（五）重要性与审计风险的关系

重要性与审计风险之间存在反向关系。重要性水平越高，审计风险越低；重要性水平越低，审计风险越高。这里所说的重要性水平高低指的是金额的大小。通常，4 000 元的重要性水平比 2 000 元的重要性水平高。在理解两者之间的关系时，必须注意，重要性水平是注册会计师从财务报表使用者的角度进行判断的结果。如果重要性水平是 4 000 元，则意味着低于 4 000 元的错报不会影响到财务报表使用者的决策，此时注册会计师需要通过执行有关审计程序合理保证能发现高于 4 000 元的错报。如果重要性水平是 2 000 元，则金额在 2 000 元以上的错报就会影响财务报表使用者的决策，此时注册会计师需要通过执行有关审计程序合理保证能发现金额在 2 000 元以上的错报。显然，重要性水平为 2 000 元时审计不出这样的重大错报的可能性即审计风险，要比重要性水平为 4 000 元时的审计风险高。审计风险越高，越要求注册会计师搜集更多更有效的审计证据，以将审计风险降至可接受的低水平。因此，重要性和审计证据之间也是反向变动关系。

值得注意的是，注册会计师不能通过不合理地人为调高重要性水平，降低审计风险。因为重要性是依据重要性概念中所述的判断标准确定的，而不是由主观期望的审计风险水平决定的。

由于重要性和审计风险存在上述反向关系，而且这种关系对注册会计师将要执行的审计程序的性质、时间和范围有直接的影响，因此，注册会计师应当综合考虑各种因素，合理确定重要性水平。

三、评价审计过程中识别出的错报

错报,是指某一财务报表项目的金额、分类、列报或披露,与按照适用的财务报告编制基础应当列示的金额、分类、列报或披露之间存在的差异;或根据注册会计师的判断,为使财务报表在所有重大方面实现公允反映,需要对金额、分类、列报或披露做出的必要调整。错报可能是由于错误或舞弊导致的。

通常,错报可能由下列事项导致。

(1)搜集或处理用以编制财务报表的数据时出现错误。

(2)遗漏某项金额或披露。

(3)由于疏忽或明显误解有关事实导致做出不正确的会计估计。

(4)注册会计师认为管理层对会计估计做出不合理的判断或对会计政策做出不恰当的选择和运用。

(一)累积识别出的错报

注册会计师可能将低于某一金额的错报界定为明显微小的错报,对这类错报不需要累积,因为注册会计师认为这些错报的汇总数明显不会对财务报表产生重大影响。"明显微小"不等同于"不重大"。明显微小错报的金额的数量级,与按照《中国注册会计师审计准则第 1221 号——计划和执行审计工作时的重要性》确定的重要性的数量级相比,是完全不同的(明显微小错报的数量级更小)。这些明显微小的错报,无论单独或者汇总起来,无论从规模、性质或其发生的环境来看都是明显微不足道的。如果不确定一个或多个错报是否明显微小,就不能认为这些错报是明显微小的。

为了帮助注册会计师评价审计过程中累积的错报的影响以及与管理层和治理层沟通错报事项,将错报区分为事实错报、判断错报和推断错报可能是有用的。事实错报是毋庸置疑的错报;判断错报是由于注册会计师认为管理层对会计估计做出不合理的判断或不恰当地选择和运用会计政策而导致的差异;推断错报是注册会计师对总体存在的错报做出的最佳估计数,涉及根据在审计样本中识别出的错报来推断总体的错报。《中国注册会计师审计准则第1314号——审计抽样》规定了如何确定推断错报和评价样本结果。

(二)对审计过程中识别出的错报的考虑

如果出现下列情况之一,注册会计师应当确定是否需要修改总体审计策略和具体审计计划。

(1)识别出的错报的性质以及错报发生的环境表明可能存在其他错报,并且可能存在的其他错报与审计过程中累积的错报合计起来可能是重大的。错报可能不会孤立发生,一项错报的发生还可能表明存在其他错报。例如,注册会计师识别出由于内部控制失效而导致的错报,或被审计单位广泛运用不恰当的假设或评估方法而导致的错报,均可能表明还存在其他错报。

(2)抽样风险和非抽样风险可能导致某些错报未被发现。审计过程中累积错报的汇总数接近按照《中国注册会计师审计准则第 1221 号——计划和执行审计工作时的重要性》的规定确定的重要性,则表明存在比可接受的低风险水平更大的风险,即可能未被发现的错报连同审计过程中累积错报的汇总数,可能超过重要性。

注册会计师可能要求管理层检查某类交易、账户余额或披露,以使管理层了解注册会计师识别出的错报的发生原因,并要求管理层采取措施以确定这些交易、账户余额或披露实际发生错报的金额,以及对财务报表做出适当的调整。例如,在从审计样本中识别出的错报推断总体错报时,注册会计师可能提出这些要求。注册会计师应当实施追加的审计程序,以确定错报是否仍然存在。

(三)错报的沟通和更正

除非法律法规禁止,注册会计师应当及时将审计过程中累积的所有错报与适当层级的管理层进行沟通。注册会计师还应当要求管理层更正这些错报。

及时与适当层级的管理层沟通错报事项是重要的,因为这能使管理层评价这些事项是否为错报,并采取必要行动,如有异议则告知注册会计师。适当层级的管理层通常是指有责任和权限对错报进行评价并采取必要行动的人员。法律法规可能限制注册会计师向管理层或被审计单位内部的其他人员通报某些错报。例如,法律法规可能专门规定禁止通报某事项或采取其他行动,这些通报或行动可能不利于有关权力机构对实际存在的或怀疑存在的违法行为展开调查。在某些情况下,注册会计师的保密义务与通报义务之间存在的潜在冲突可能很复杂。此时,注册会计师可以考虑征询法律意见。

管理层更正所有错报(包括注册会计师通报的错报),能够保持会计账簿和记录的准确性,降低由于与本期相关的、非重大的且尚未更正的错报的累积影响而导致未来期间财务报表出现重大错报的风险。

如果管理层拒绝更正沟通的部分或全部错报,注册会计师应当了解管理层不更正错报的理由,并在评价财务报表整体是否不存在重大错报时考虑该理由。《中国注册会计师审计准则第 1501 号——对财务报表形成审计意见和出具审计报告》要求注册会计师评价财务报表是否在所有重大方面按照适用的财务报告编制基础编制。这项评价包括考虑被审计单位会计实务的质量(包括表明管理层的判断可能出现偏向的迹象)。注册会计师对管理层不更正错报的理由的理解,可能影响其对被审计单位会计实务质量的考虑。

(四) 评价未更正错报的影响

1. 未更正错报

未更正错报,是指注册会计师在审计过程中累积的且被审计单位未更正的错报。

2. 对计划审计工作时确定的重要性的考虑

在评价未更正错报的影响之前,注册会计师应当重新评估按照《中国注册会计师审计准则第 1221 号——计划和执行审计工作时的重要性》的规定确定的重要性,以根据被审计单位的实际财务结果确认其是否仍然适当。因为注册会计师在确定重要性时,通常依据对被审计单位财务结果的估计,此时可能尚不知道实际的财务结果。因此,在评价未更正错报的影响之前,注册会计师可能有必要依据实际的财务结果对重要性做出修改。

按照《中国注册会计师审计准则第 1221 号——计划和执行审计工作时的重要性》的规定,如果在审计过程中获知了某项信息,而该信息可能导致注册会计师确定与原来不同的财务报表整体重要性或者特定类别交易、账户余额或披露的一个或多个重要性水平(如适用),注册会计师应当予以修改。因此,在注册会计师评价未更正错报的影响之前,可能已经对重要性或重要性水平(如适用)做出重大修改。但是,如果注册会计师对重要性或重要性水平(如适用)进行的重新评价导致需要确定较低的金额,则应重新考虑实际执行的重要性和进一步审计程序的性质、时间安排和范围的适当性,以获取充分、适当的审计证据,作为发表审计意见的基础。

注册会计师需要考虑每一单项错报,以评价其对相关类别的交易、账户余额或披露的影响,包括评价该项错报是否超过特定类别的交易、账户余额或披露的重要性水平(如适用)。如果注册会计师认为某一单项错报是重大的,则该项错报不太可能被其他错报抵消。例如,如果收入存在重大高估,即使这项错报对收益的影响完全可被相同金额的费用高估所抵消,注册会计师仍认为财务报表整体存在重大错报。对于同一账户余额或同一类别的交易内部的错报,这种抵消可能是适当的。然而,在得出抵消非重大错报是适当的这一结论之前,需要考虑可能存在其他未被发现的错报的风险。

3. 注册会计师应当确定未更正错报单独或汇总起来是否重大

在确定时,注册会计师应当考虑以下几点。

(1) 相对某类交易、账户余额或披露以及财务报表整体而言,错报的金额和性质以及错报发生的特定环境。

(2) 与以前期间相关的未更正错报对相关类别的交易、账户余额或披露以及财务报表整体的影响。

确定一项分类错报是否重大,需要进行定性评估。例如,分类错报对负债或其他合同条款的影响,对单个财务报表项目或小计数的影响,以及对关键比率的影响。即使分类错

第六章 审计计划与审计重要性

报超过了在评价其他错报时运用的重要性水平，注册会计师可能仍然认为该分类错报对财务报表整体不产生重大影响。例如，如果资产负债表项目之间的分类错报金额相对于所影响的资产负债表项目金额较小，并且对利润表或所有关键比率不产生影响，注册会计师可以认为这种分类错报对财务报表整体不产生重大影响。

即使某些错报低于财务报表整体的重要性，但因与这些错报相关的某些情况，在将其单独或连同在审计过程中累积的其他错报一并考虑时，注册会计师也可能将这些错报评价为重大错报。可能影响评价的情况包括以下几个。

（1）错报对遵守监管要求的影响程度。

（2）错报对遵守债务合同或其他合同条款的影响程度。

（3）错报与会计政策的不正确选择或运用相关，这些会计政策的不正确选择或运用对当期财务报表不产生重大影响，但可能对未来期间财务报表产生重大影响。

（4）错报掩盖收益的变化或其他趋势的程度（尤其是在结合宏观经济背景和行业状况进行考虑时）。

（5）错报对用于评价被审计单位财务状况、经营成果或现金流量的有关比率的影响程度。

（6）错报对财务报表中列报的分部信息的影响程度。例如，错报事项对某一分部或对被审计单位的经营或盈利能力有重大影响的其他组成部分的重要程度。

（7）错报对增加管理层薪酬的影响程度。例如，管理层通过达到有关奖金或其他激励政策规定的要求以增加薪酬。

（8）相对于注册会计师所了解的以前向财务报表使用者传达的信息（如盈利预测），错报是重大的。

（9）错报对涉及特定机构或人员的项目的相关程度。例如，与被审计单位发生交易的外部机构或人员是否与管理层成员有关联关系。

（10）错报涉及对某些信息的遗漏，尽管适用的财务报告编制基础未对这些信息做出明确规定，但是注册会计师根据职业判断认为这些信息对财务报表使用者了解被审计单位的财务状况、经营成果或现金流量是重要的。

（11）错报对其他信息（如包含在"管理层讨论与分析"或"经营与财务回顾"中的信息）的影响程度，这些信息与已审计财务报表一同披露，并被合理预期可能影响财务报表使用者做出的经济决策。《中国注册会计师审计准则第 1521 号——注册会计师对含有已审计财务报表的文件中的其他信息的责任》规范了注册会计师如何考虑含有已审计财务报表的文件中的其他信息，针对这些信息，注册会计师没有出具报告的义务。

需要指出的是，这些因素只是举例，不可能涵盖所有情况，也并非所有审计都会出现上述全部因素，仅供注册会计师参考。注册会计师不能以存在这些因素为由而必然认为错报是重大的。

《中国注册会计师审计准则第 1141 号——财务报表审计中与舞弊相关的责任》说明了如何考虑由于或可能由于舞弊导致的错报对审计的其他方面的影响，即使错报金额相对财务报表而言并不重大。

与以前期间相关的非重大未更正错报的累积影响，可能对本期财务报表产生重大影响。有多种可接受的方法供注册会计师评价这些未更正错报对本期财务报表的影响。在不同期间使用相同的评价方法可以保持一致性。

本章小结

本章主要讲述了审计计划和审计的重要性。通过本章的学习，读者应该掌握民间审计计划、国家审计计划和内部审计计划；了解民间审计计划、国家审计计划和内部审计计划的关系；了解审计重要性与审计风险；掌握计划审计工作时确定重要性和实际执行的重要性、评价审计过程中识别出的错报。

本章习题

一、单项选择题

1．注册会计师在审计测试中发现最近购入存货的实际价值为 15 000 元，但账面记录的金额却为 10 000 元。因此，存货和应付账款分别被低估了 5 000 元，这里被低估的 5 000 元就是（　　）。

　　A．判断错报　　　　　　　　B．推断错报
　　C．累积错报　　　　　　　　D．已识别的对事实的具体错报

2．在既定的审计风险水平下，下列表述错误的是（　　）。

　　A．评估的认定层次重大错报风险越低，可接受的检查风险越高
　　B．可接受的检查风险与认定层次重大错报风险的评估结果成正向关系
　　C．评估的认定层次重大错报风险越高，可接受的检查风险越低
　　D．可接受的检查风险与认定层次重大错报风险的评估结果成反向关系

3．下列关于财务报表层次重大错报风险的说法不正确的是（　　）。

　　A．通常与控制环境有关
　　B．与财务报表整体存在广泛联系

C. 可能影响多项认定

D. 可以界定于某类交易、账户余额和披露的具体认定

4. 在理解重要性概念时，下列表述中错误的是（　　）。

A. 重要性取决于在具体环境下对错报金额和性质的判断

B. 如果一项错报单独或连同其他错报可能影响财务报表使用者依据财务报表做出的经济决策，则该项错报是重大的

C. 判断一项错报对财务报表是否重大，应当将使用者作为一个群体对共同性的财务信息的需求来考虑

D. 在重要性水平之下的小额错报，无须关注

5. 下列有关审计业务约定书的说法中错误的是（　　）。

A. 审计业务约定书是会计师事务所与被审计单位签订的，而不是与委托人签订的

B. 审计业务约定书的具体内容和格式不会因不同的被审计单位而不同

C. 审计业务约定书具有经济合同的性质，它的目的是为了明确约定各方的权利和义务。约定书一经约定各方签字认可，即成为法律上生效的契约，对各方均具有法定约束力

D. 会计师事务所承接任何审计业务，均应与被审计单位签订审计业务约定书

二、多项选择题

1. 注册会计师应当在总体审计策略中清楚地说明审计资源的规划和调配，包括（　　）。

A. 向具体审计领域调配的资源，包括向高风险领域分派有适当经验的项目组成员，就复杂的问题利用专家工作等

B. 如何管理、指导、监督这些资源的利用，包括预期何时召开项目组预备会和总结会，预期项目合伙人和经理如何进行复核，是否需要实施项目质量控制复核等

C. 何时调配这些资源，包括是在期中审计阶段还是在关键的截止日期调配资源等

D. 向具体审计领域分配资源的数量，包括安排到重要存货存放地观察存货盘点的项目组成员的数量，对其他注册会计师工作的复核范围，对高风险领域安排的审计时间预算等

2. 注册会计师陈华在制订甲公司2017年度财务报表审计的总体审计策略时，为了界定审计范围，注册会计师需要考虑的事项包括（　　）。

A. 甲公司编制拟审计的财务信息所依据的财务报告编制基础

B. 对利用在以前审计工作中获取的审计证据的预期

C. 内部审计工作的可获得性及注册会计师拟信赖内部审计工作的程度

D. 甲公司对外报告的时间表

3. 下列有关计划审计工作的说法中正确的有（　　）。

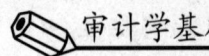

A．计划审计工作贯穿于整个审计业务的始终，并不是审计业务的一个孤立阶段，而是一个持续的、不断修正的过程

B．注册会计师计划的进一步审计程序可以分为进一步审计程序的总体方案和拟实施的具体审计程序（包括进一步审计程序的具体性质、时间和范围）两个层次

C．在初步计划审计工作时，注册会计师就应当确定在被审计单位财务报表中可能存在重大错报风险的重大账户及其相关认定

D．审计业务约定书具有经济合同的性质，一旦约定双方签字认可，即成为签字注册会计师与被审计单位之间在法律上生效的契约

4．下列属于审计机关年度审计项目计划的内容的是（　　）。

A．审计项目名称　　　　　　B．审计目标

C．审计范围　　　　　　　　D．审计工作组织安排

5．年度内部审计计划应当包括的内容是（　　）。

A．内部审计年度工作目标　　B．具体审计项目及实施时间

C．各审计项目所分配的审计资源　　D．后续审计的必要安排

三、简答题

1．说明总体审计策略和具体审计计划的关系。

2．如何理解重要性概念？重要性和审计风险关系如何？

3．什么是审计风险？其构成因素有哪些？

4．什么是检查风险？说明检查风险不能降至为零的原因以及可能解决的措施。

5．说明民间审计计划、国家审计计划和内部审计计划的不同。

6．初步业务活动内容有哪些？

第七章 审计证据和审计工作底稿

【本章导读】

审计证据是指审计机关和审计人员获取的，用以证明审计事实真相，形成审计结论的证明材料。其主要特征有证据范围的广泛性、证据用途的多样性、证据搜集主体的特定性等。审计证据分为实物证据、书面证据、口头证据和环境证据。

审计工作底稿是指审计人员在审计工作过程中形成的全部审计工作记录和获取的资料。它是审计证据的载体（可作为审计过程和结果的书面证明），也是形成审计结论的依据。注册会计师审计术语之一。审计工作底稿，是指注册会计师对制订的审计计划、实施的审计程序、获取的相关审计证据，以及得出的审计结论做出的记录。

【本章目标】

> 了解审计证据的相关知识
> 掌握函证的相关知识
> 理解分析程序
> 掌握审计工作底稿

第一节 审计证据

审计的整个过程，就是围绕审计目标，搜集审计证据，并根据审计证据形成审计结论和审计意见的过程。

证据是审理案件时，能够证明案件真实情况的客观事实，是认定案件事实的根据。证据必须经过查证属实，才能作为定案的根据。证据有七种：物证、书证；证人证言；当事人陈述；当事人的陈述和辩解；鉴定结论；勘验、检查笔录；视听资料。证明案件真实情况的一切事实，都是证据。

审计证据是审计人员在执行审计业务中，为了形成审计意见所获取的证据。财务报表审计中，审计证据是指注册会计师为了得出审计结论和形成审计意见而使用的信息。审计证据包括构成财务报表基础的会计记录所含有的信息和其他信息。

一、审计证据的内容

审计证据的内容具体包括以下几个方面。

（1）构成财务报表基础的会计记录所含有的信息。会计记录，是指对初始会计分录形成的记录和支持性记录。例如，支票、电子资金转账记录、发票和合同；总分类账、明细分类账、会计分录以及对财务报表予以调整但未在账簿中反映的其他分录；支持成本分配、计算、调节和披露的手工计算表和电子数据表。

依据会计记录编制财务报表是被审计单位管理层的责任，注册会计师应当测试会计记录以获取审计证据。会计记录中含有的信息本身并不足以提供充分的审计证据作为对财务报表发表审计意见的基础，注册会计师还应当获取用做审计证据的其他信息。

（2）其他信息。其他信息包括：注册会计师从被审计单位内部或外部获取的会计记录以外的信息，如被审计单位会议记录、内部控制手册、询证函的回函、分析师的报告、与竞争者的比较数据等；注册会计师通过询问、观察和检查等审计程序获取的信息，如通过检查存货获取存货存在性的证据等；注册会计师自身编制或获取的可以通过合理推断得出结论的信息，如注册会计师编制的各种计算表、分析表等。

构成财务报表编制基础的会计记录所包含的信息和其他信息共同构成了审计证据，两者缺一不可。如果没有前者，审计工作将无法进行；如果没有后者，可能无法识别重大错报风险。只有将两者结合在一起，才能将审计风险降至可接受的低水平，为注册会计师发表审计意见提供合理基础。

二、审计证据的作用

审计证据是用来说明被审计事项与相关既定标准的符合程度，从而对被审计单位的某些性质或者关键特征（如公允性、真实性、合法性）做出证明性结论。审计证据的功能就是证明。既定标准又称"审计依据"，是提出审计意见、做出审计结论和决定的客观依据。从审计工作全过程和注册会计师职业角度看，审计证据的作用主要体现在以下几个方面。

（1）审计证据是形成审计意见的基础。
（2）审计证据是降低审计风险的手段。
（3）审计证据是回避审计责任的措施。
（4）审计证据是控制审计质量的途经。

三、审计证据与法律证据的区别

审计证据与法律证据在取得和鉴定方面均有区别。法律证据由诉讼双方提供，裁决者并不参与证据的搜集；审计证据则需由审计人员搜集，并根据审计证据做出判断。法律上通常要求以最可靠的证据来证实所起诉内容；在审计过程中，什么可作为证据，如何取得适当证据，应由审计人员根据审计目标与自己的专业经验加以判断。

四、审计证据的种类

审计证据可以按照不同的标准进行分类，不同种类的审计证据具有不同的证明力。审计证据的分类既有助于注册会计师更有效地搜集审计证据，也有助于正确评价和综合运用审计证据，最终达到提高审计质量的目的。

（一）按审计证据外在表现形式分类

按审计证据外在表现形式分类，可以分为实物证据、书面证据、口头证据和环境证据。

1．实物证据

实物证据指通过实际观察或有形资产的检查所取得的、用以确定某些实物资产是否确实存在的证据。例如，库存现金、各种存货和固定资产可以通过有形资产检查的方式证明其是否确实存在。实物证据通常是证明实物资产是否存在的非常有力的证据，但实物证据的存在并不能完全证实被审计单位对其拥有所有权；对实物资产的清点，虽然可以确定实物数量，但质量好坏（将影响资产价值）有时难以判断。

2．书面证据

书面证据是注册会计师所获取的各种以书面文件为形式的一类证据。在审计过程中，注册会计师往往要大量地获取和利用书面证据，书面证据是审计证据的主要组成部分，也可称为基本证据。最常见的书面证据主要包括以下几个。

（1）会计记录：会计凭证；会计账簿；各种试算表和汇总表等。

（2）被审计单位管理层声明书。

（3）其他书面文件：董事会及股东大会会议记录；重要计划、合同资料等。

3．口头证据

口头证据是被审计单位职员或其他有关人员对注册会计师的提问进行口头答复所形成的一类证据。一般而言，口头证据本身不足以证明事情的真相，仅仅提供一些重要线索，为进一步调查确认所用。如注册会计师在对应收账款进行账龄分析后，可以向应收账款负责人询问逾期应收账款的回收可能性。如果该负责人的意见与注册会计师自行估计的坏账损失基本一致，则这一口头证据就可成为注册会计师对有关坏账损失的判断的重要证据。在审计过程中，注册会计师应把各种重要的口头证据做成记录，并注明是何人、何时、在何种情况下所做的口头陈述，必要时还应获得被询问者的签名确认。相对而言，不同人员对同一问题所做的口头陈述相同时，口头证据具有较高的可靠性。但在一般情况下，口头证据需要得到其他相应证据的支持。

4. 环境证据

环境证据也称状况证据，是指对被审计单位产生影响的各种环境事实。最常见的环境证据主要包括以下几个方面。

（1）有关行业和宏观经济的运行情况。

（2）有关内部控制的情况。

（3）被审计单位管理人员的素质。

（4）各种管理条件和管理水平。

环境证据一般不属于基本证据，但它可帮助注册会计师了解被审计单位及其经济活动所处的环境，其是注册会计师进行判断所必须掌握的资料。

（二）按审计证据的来源分类

按审计证据的来源可分为内部证据和外部证据。

1. 内部证据

内部证据，指由被审计单位内部机构或职员编制或提供的证据，如领料单。内部证据按证据处理过程，可分为只在被审计单位内部流转的证据；由被审计单位内部产生，但在被审计单位外部流转，并获其他单位或个人承认的内部证据。

一般而言，内部证据不如外部证据可靠，但如果内部证据在外流转，并获其他单位或个人的承认（如销售发票、付款支票等），则具有较强的可靠性。即使是只在被审计单位内部流转的书面证据，其可靠程度也因被审计单位内部控制的好坏而异。若内部证据（如收料单与发料单）经过了被审计单位不同部门的审核、签章，且所有凭据预先都有连续编制并按序号依次处理，则这些内部证据也具有较强的可靠性；相反，若被审计单位的内部控制不健全，注册会计师就不能过分地信赖其内部自制的书面证据。

2. 外部证据

外部证据，指由被审计单位以外的组织机构或人士所编制和处理的证据。如采购发票等，一般具有较强的证明力。外部证据按证据的处理过程，又包括由被审计单位以外的机构或人士编制，并由其直接递交给注册会计师的外部证据（如应收账款函证回函）；由被审计单位以外的机构或人士编制，但为被审计单位持有并递交给注册会计师的外部证据（如银行对账单）；由注册会计师为证明某个事项而自己动手编制的各种计算表、分析表或自行进行观察（这类证据的可信程度取决于注册会计师观察误差的风险大小）。

（三）按审计证据支持审计结论的相关程度分类

按审计证据支持审计结论的相关程度分类，可以分为直接证据和间接证据。

1. 直接证据

直接证据是指与被证实项目及具体审计项目直接有关的证据。如账簿记录对报表项目。一般情况下，有了直接证据，无须再搜集其他证据，就能根据直接证据得出审计结论。

2. 间接证据

间接证据是指与被证实项目及具体审计项目无直接关系的证据，如各种原始凭证和记账凭证对报表项目。尽管间接证据不能直接说明被证实项目或具体审计目标，但它可以减少需要获取的直接证据的数量和规模，从而可降低审计成本，提高审计效率。

（四）按审计证据的相互关系分类

按审计证据的相互关系分类，可以分为基本证据、辅助证据和矛盾证据。

1. 基本证据

基本证据，是指对形成审计意见、做出审计结论有直接影响的审计证据。如证明被审计单位财务状况好坏时，被审计单位的财务报表、会计账簿等就是基本证据。

2. 辅助证据

辅助证据，是指补充说明基本证据的证据。如要证明账簿记录的真实性，各种记账凭证是基本证据，而附在记账凭证后面的各种原始凭证，是编制记录凭证的依据，它们补充说明记账凭证来证明账簿的真实性，因而它们是辅助证据。

3. 矛盾证据

矛盾证据是指证明的方向与基本证据相反或证明的内容与基本证据不一致的证据。遇到矛盾证据，注册会计师必须进一步搜集审计证据，并加以深入分析和鉴定，以肯定或否定证据间的矛盾。

五、审计证据的特性

注册会计师应当保持职业怀疑态度，运用职业判断，评价审计证据的充分性和适当性。

（一）审计证据的充分性

审计证据的充分性是对审计证据数量的衡量，主要与注册会计师确定的样本量有关。例如，对某个审计项目实施某一选定的审计程序，从300个样本中获取的审计证据比从150个样本中获取的审计证据更充分。

注册会计师需要获取的审计证据的数量受错报风险的影响。错报风险越大，需要的审计证据可能越多。具体来说，在可接受的审计风险水平一定的情况下，重大错报风险越大，注册会计师就应实施越多的测试工作，将检查风险降至可接受水平，以将审计风险控制在可接受的低水平范围内。

例如，某电器公司受行业性质影响，存货陈旧的可能性较高，计价错报的可能性较大；因而，在审计中应选取更多的存货样本进行测试，以确定存货陈旧程度，进而确定存货价值是否被实际高估。

（二）审计证据的适当性

审计证据的适当性是对审计证据质量的衡量，即审计证据在支持各类交易、账户余额、列报（包括披露）的相关认定，或发现其中存在错报方面具有相关性和可靠性。相关性和可靠性是审计证据适当性的核心内容，只有相关且可靠的审计证据才是高质量的。

1. 审计证据的相关性

审计证据要有证明力，必须与注册会计师的审计目标相关。例如，怀疑被审计单位发出存货没有向顾客开具发票，需要获取销售完整性的审计证据。注册会计师正确的审计程序是从发货单中选取样本，追查每张发货单是否已开具发票（副本），这样获取的证据与完整性审计目标相关；注册会计师错误的审计程序是从发票副本中选取样本，追查每张发票是否附有发货单，这样获取的证据与完整性审计目标不相关。

审计证据是否相关必须结合具体审计目标来考虑。在确定审计证据的相关性时，注册会计师应当考虑以下几个方面。

（1）特定的审计程序可能只为某些认定提供相关的审计证据，而与其他认定无关。例如，检查期后应收账款收回的记录和文件，可以提供有关存在和计价的审计证据，但不一定与期末截止是否适当有关。

（2）针对同一项认定可以从不同来源获取审计证据或获取不同性质的审计证据。例如，分析应收账款的账龄和应收账款的期后收款情况，可以获取与坏账准备有关的审计证据。

（3）只与特定认定相关的审计证据并不能替代与其他认定相关的审计证据。例如，有关存货存在的审计证据并不能替代与存货计价相关的审计证据。

2. 审计证据的可靠性

审计证据的可靠性是指证据的可信程度。例如，注册会计师亲自检查存货所获得的证据，就比被审计单位管理层提供给注册会计师的存货数据更可靠。

审计证据的可靠性受其来源和性质的影响，并取决于获取审计证据的具体环境。注册会计师在判断审计证据的可靠性时，通常会考虑下列原则。

（1）从外部独立来源获取的审计证据比从其他来源获取的审计证据更可靠。从外部独立来源获取的审计证据由完全独立于被审计单位以外的机构或人士编制并提供，未经被审计单位有关职员之手，从而减少了伪造、更改凭证或业务记录的可能性，因而其证明力最强。例如，银行询证回函、应收账款询证回函、保险公司出具的证明等，相反，从其他来源获取的审计证据，由于证据提供者与被审计单位存在经济或行政关系等原因，其可靠性应受到质疑,例如,被审计单位会计记录、会议记录等。

(2)内部控制有效时内部生成的审计证据比内部控制薄弱时内部生成的审计证据更可靠。如果被审计单位有着健全的内部控制且在日常管理中得到一贯执行,会计记录的可信赖程度将会增加,如果被审计单位的内部控制薄弱,甚至不存在任何内部控制,被审计单位内部凭证记录的可靠性就为降低。例如,如果销售业务相关内部控制有效,注册会计师就能从发货单、销售发票中取得比内部控制不健全更加可靠的审计证据。

(3)直接获取的审计证据比间接获取或推论得出的审计证据更可靠。例如,注册会计师直接观察某项内部控制的运行等到的证据,比询问被审计单位某项内部控制的运行得到的证据更可靠。

(4)以文件、记录形式(无论是纸质、电子或其他介质)存在的审计证据比口头形式的审计证据更可靠。例如,会议的同步书面记录,比讨论事项后的口头表述更可靠。

(5)从原件获取的审计证据比从传真件或复印件获取的审计证据更可靠。

注册会计师在按照上述原则评价审计证据的可靠性时,还应当注意可能出现的重要例外情况。例如,审计证据虽然是从独立的外部来源获得的,但如果该证据是由不知情者或不具备资格者提供,审计证据也可能是不可靠的。同样,如果注册会计师不具备评价证据的专业能力,那么即使是直接获取的证据,也可能不可靠。

(三)充分性和适当性之间的关系

充分性和适当性是审计证据的两个重要特征,两者缺一不可,只有充分且适当的审计证据才是有证明力的。

1. 审计证据质量越高,需要的审计证据可能越少

注册会计师需要获取的审计证据的数量受审计证据质量的影响,也就是说,审计证据质量越高,需要的审计证据可能越少。例如,被审计单位内部控制健全有效时生成的审计证据更可靠,注册会计师只要获取适量的审计证据,就可以为发表审计意见提供合理的基础。

2. 更多的审计证据,可能无法弥补其质量上的缺陷

尽管审计证据的充分性和适当性相关,但如果审计证据的质量存在缺陷,注册会计师仅靠获取更多的审计证据可能无法弥补其质量上的缺陷。如注册会计师应当获取收入完整性证据,却获取收入真实性证据,故即便收入真实性证据再多,也无法证明收入完整性。

(四)评价充分性和适当性时的特殊考虑

1. 对文件记录可靠性的考虑

审计工作通常不涉及鉴定文件记录的真伪,注册会计师也不是鉴定文件记录真伪的专

家，但应当考虑用作审计证据的信息的可靠性，并考虑与这些信息生成与维护相关控制的有效性。

如果在审计过程中识别出的情况使其认为文件记录可能是伪造的，或文件记录中的某些条款已发生变动，注册会计师应当做出进一步调查，包括直接向第三方询证，或考虑利用专家的工作以评价文件记录的真伪。

2．使用被审计单位生成信息时的考虑

如果在实施审计程序时使用被审计单位生成的信息，注册会计师应当就这些信息的准确性和完整性获取审计证据。例如，审查收入项目时，注册会计师应当考虑价格信息的准确性和销售数量的完整性。

3．证据相互矛盾时的考虑

如果针对某项认定从不同来源获取的审计证据或获取的不同性质的审计证据能够相互印证，与该项认定相关的审计证据则具有更强的说服力。例如，注册会计师检查委托加工协议发现有委托加工材料，经函证确实存在，则委托加工材料是真实的。

如果从不同来源获取的审计证据或获取的不同性质的审计证据不一致，表明某项审计证据可能不可靠，注册会计师应当追加必要的审计程序。

4．获取审计证据时对成本的考虑

注册会计师可以考虑获取审计证据的成本与所获取住处的有用性之间的关系，但不应以获取审计证据的困难和成本为由减少不可替代的审计程序。

在保证获取充分、适当的审计证据的前提下，控制审计成本也是会计师事务所增强竞争能力和获利能力所必需的。但为了保证得出的审计结论、形成的审计意见是恰当的，注册会计师不应将获取审计证据的成本高低和难易程度作为减少不可替代的审计程序的理由。 例如，在某些情况下，存货监盘是证实存货存在性认定的不可替代的审计程序，注册会计师在审计中不得以检查成本高和难以实施为由而不执行该程序。

四、获取审计证据的审计程序

（一）审计程序的目的

按审计程序的目的可将注册会计师为获取充分、适当的审计证据而实施的审计程序分为风险评估程序、控制测试（必要时或决定测试时）和实质性程序。

1．风险评估程序

注册会计师应当实施风险评估程序，以此作为评估财务报表层次和认定层次重大错报风险的基础。

风险评估程序为注册会计师确定重要性水平、识别需要特别考虑的领域、设计和实施

进一步审计程序等工作提供了重要基础,有助于注册会计师合理分配审计资源,获取充分、适当的审计证据。

需要注意的是,风险评估程序并不能识别出所有的重大错报风险,虽然它可作为评估财务报表层次和认定层次重大错报风险的基础,但并不能为发表审计意见提供充分、适当的审计证据。为了获取充分、适当的审计证据,注册会计师还需要实施进一步程序,包括实施控制测试(必要时或决定测试时)和实质性程序。

2．控制测试

当存在下列情形之一时,控制测试是必要的。

(1)在评估认定层次重大错报风险时,预期控制的运行是有效的,注册会计师应当实施控制测试以支持评估结果。

(2)仅实施实质性程序不足以提供有关认定层次的充分、适当的审计证据,注册会计师应当实施控制测试,以获取内部控制运行有效性的审计证据。

实施控制测试的目的是测试内部控制在防止、发现并纠正认定层次重大错报方面的运行有效性,从而支持或修正重大错报风险的评估结果,据以确定实质性程序的性质、时间和范围。

3．实质性程序

注册会计师应当计划和实施实质性程序,以应对评估的重大错报风险。

实质性程序包括对各类交易、账户余额、列报的细节测试以及实质性分析程序。

注册会计师对重大错报风险的评估是一种判断,可能无法充分识别所有的重大错报风险,并且由于内部控制存在固有局限性,无论对重大错报风险的评估结果如何,注册会计师都应当针对所有重大的各类交易、账户余额、列报实施实质性程序。

(二)获取审计证据的具体程序

在审计过程中,注册会计师可根据需要单独或综合运用以下七种审计程序,以获取充分、适当的审计证据。

1．检查

检查,是指注册会计师对被审计单位内部或外部生成的,以纸质、电子或其他介质形式存在的记录和文件进行审查,或对资产进行实物审查。

检查记录或文件可以提供可靠程度不同的审计证据,审计证据的可靠性取决于记录或文件的性质和来源,而在检查内部记录或文件时,其可靠性则取决于生成该记录或文件的内部控制的有效性。将检查用作控制测试的一个例子,是检查记录以获取关于授权的审计证据。

某些文件是表明一项资产存在的直接审计证据,如构成金融工具的股票或债券,但检查此类文件并不一定能提供有关所有权或计价的审计证据。此外，检查已执行的合同可以提供与被审计单位运用会计政策（如收入确认）相关的审计证据。

检查有形资产可为其存在提供可靠的审计证据，但不一定能够为权利和义务或计价等认定提供可靠的审计证据。对个别存货项目进行的检查，可与存货监盘一同实施。

检查程序具有方向性，即顺查和逆查。

2. 观察

观察，是指注册会计师察看相关人员正在从事的活动或实施的程序。观察程序具有方向性，即从账面观察到实物或过程，反之，从实物或过程观察到账面。例如，注册会计师对被审计单位人员执行的存货盘点或控制活动进行观察。观察可以提供执行有关过程或程序的审计证据，但观察所提供的审计证据仅限于观察发生的时点，而且被观察人员的行为可能因被观察而受到影响，这也会使观察提供的审计证据受到限制。《中国注册会计师审计准则第 1311 号——对存货、诉讼和索赔、分部信息等特定项目获取审计证据的具体考虑》及其应用指南对存货监盘做出了进一步规定并提供了指引。

3. 询问

询问，是指注册会计师以书面或口头方式，向被审计单位内部或外部的知情人员获取财务信息和非财务信息，并对答复进行评价的过程。作为其他审计程序的补充，询问广泛应用于整个审计过程中。询问方法获取审计证据具有以下特征。

（1）知情人员对询问的答复可能为注册会计师提供尚未获悉的信息或佐证证据。

（2）对询问的答复也可能提供与注册会计师已获取的其他信息存在重大差异的信息，例如，关于被审计单位管理层凌驾于控制之上的可能性的信息。

（3）在某些情况下，对询问的答复为注册会计师修改审计程序或实施追加的审计程序提供了基础。

（4）尽管对通过询问获取的审计证据予以佐证通常特别重要，但在询问管理层意图时，获取的支持管理层意图的信息可能是有限的。在这种情况下，了解管理层过去所声称意图的实现情况、选择某项特别措施时声称的原因以及实施某项具体措施的能力，可以为佐证通过询问获取的证据提供相关信息。

（5）针对某些事项，注册会计师可能认为有必要向管理层和治理层（如适用）获取书面声明，以证实对口头询问的答复。

4. 函证

函证，是指注册会计师直接从第三方（被询证者）获取书面答复以作为审计证据的过程，书面答复可以采用纸质、电子或其他介质等形式。函证的适用情形包括以下几个方面的内容。

（1）当针对的是与特定账户余额及其项目相关的认定时，函证常常是相关的程序。

（2）函证不必仅仅局限于账户余额，还适用于对协议和交易条款进行函证。例如，注册会计师可能要求对被审计单位与第三方之间的协议和交易条款进行函证。注册会计师可能在询证函中询问协议是否做过修改，如果做过修改，要求被询证者提供相关的详细信息。

（3）函证程序还可以用于获取不存在某些情况的审计证据。如不存在可能影响被审计单位收入确认的"背后协议"。

5. 重新计算

重新计算，是指注册会计师对记录或文件中的数据计算的准确性进行核对，重新计算可通过手工方式或电子方式进行。

6. 重新执行

重新执行，是指注册会计师独立执行原本作为被审计单位内部控制组成部分的程序或控制。

7. 分析程序

分析程序，是指注册会计师通过分析不同财务数据之间以及财务数据与非财务数据之间的内在关系，对财务信息做出评价。分析程序还包括在必要时对识别出的、与其他相关信息不一致或与预期值差异重大的波动或关系进行调查。

（三）总体审计程序与具体程序的关系

注册会计师可以将 7 种具体审计程序单独或组合起来用做风险评估程序、控制测试和实质性程序，或者说，注册会计师在三类总体审计程序的取证环节可以单独或组合用到 7 种具体审计程序来实现，如图 7-1 所示。

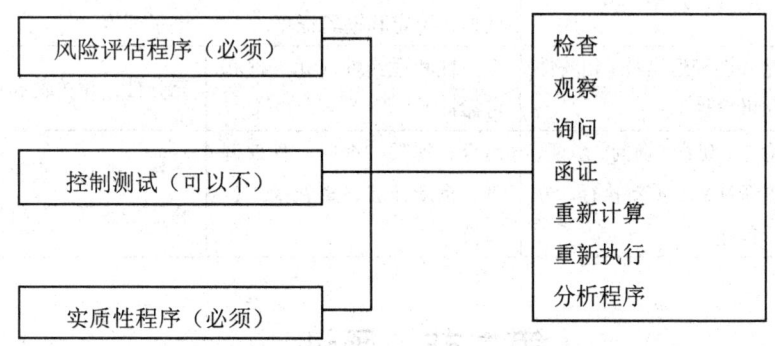

图 7-1 总体审计程序与具体程序的关系

（四）具体审计程序与认定的关系

具体审计程序与认定的关系如表 7-1 所示。

表 7-1 具体审计程序与认定的关系

具体程序 \ 特点	特点	所获取的审计证据主要能够证明的认定
检查	可提供可靠程度不同的审计证据，审计证据的可靠性取决于记录或文件的来源和性质	存在、完整性
观察	观察提供的审计证据仅限于观察发生的时点	存在
询问	询问本身不足以发现认定层次存在的重大错报，也不足以测试内部控制运行的有效性	与存在、完整性、权利和义务等认定有一定关系
函证	函证获取的审计证据可靠性较高	存在、权利和义务
重新计算	通常包括计算销售发票和存货的总金额、加总日记账和明细账、检查折旧费用和预付费用的计算、检查应纳税额的计算等	计价和分摊、准确性
重新执行	注册会计师重新编制银行存款余额调节表与被审计单位编制的银行存款余额调节表进行比较就是一种重新执行程序	计价和分摊
分析程序	分析程序的使用需要存在有预期数据关系	计价和分摊、存在、完整性

五、民间审计与国家审计及内部审计审计证据的比较

民间审计与国家审计及内部审计审计证据的比较如表 7-2 所示。

表 7-2 民间审计与国家审计及内部审计审计证据的比较

	民间审计	国家审计	内部审计
基本分类	书面证据、实物证据、口头证据、环境证据	书面证据、实物证据、口头证据、环境证据、视听电子证据、鉴定和勘验证据	书面证据、实物证据、口头证据、环境证据、视听电子证据
证据特性	充分性和适当性（相关性和可靠性）	充分性和适当性（相关性和可靠性）	充分性、相关性和可靠性
取证方法	检查、观察、询问、函证、重新计算、重新执行、分析程序	检查、观察、询问、外部调查、重新计算、重新操作、分析	审核、观察、监盘、询问、函证、计算、分析性复核

第二节 函证

一、函证决策

注册会计师应当确定是否有必要实施函证程序以获取认定层次的相关、可靠的审计证

第七章 审计证据和审计工作底稿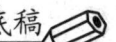

据。在做出决策时,注册会计师应当考虑评估的认定层次重大错报风险,以及通过实施其他审计程序获取的审计证据如何将检查风险降至可接受的水平。

(一)评估的认定层次重大错报风险

评估的认定层次重大错报风险主要有以下几个。

(1)《中国注册会计师审计准则第 1231 号——针对评估的重大错报风险采取的应对措施》规定,注册会计师应当针对评估的财务报表层次重大错报风险,设计和实施总体应对措施,针对评估的认定层次重大错报风险,设计和实施进一步审计程序(包括审计程序的性质、时间安排和范围);无论评估的重大错报风险结果如何,注册会计师都应当针对所有重大类别的交易、账户余额和披露,设计和实施实质性程序;注册会计师应当考虑是否将函证程序用作实质性程序。

(2)《中国注册会计师审计准则第 1231 号——针对评估的重大错报风险采取的应对措施》规定,评估的风险越高,需要获取越有说服力的审计证据。为此,注册会计师可以增加审计证据的数量或者获取更相关、更可靠的审计证据,或将两种方式结合使用。例如,注册会计师更加重视直接从第三方获取审计证据,或从不同的独立来源获取相互印证的审计证据。实施函证程序,可以帮助注册会计师获取可靠性高的审计证据,以应对由于舞弊或错误导致的特别风险。

(3)《中国注册会计师审计准则第 1141 号——财务报表审计中与舞弊相关的责任》规定,针对由于舞弊导致的认定层次重大错报风险,注册会计师应当考虑实施函证程序以获取更多的相互印证的信息。

(4)《中国注册会计师审计准则第 1301 号——审计证据》规定,通过函证等方式从独立来源获取的相互印证的信息,可以提高注册会计师从会计记录或管理层书面声明中获取的审计证据的保证水平。

(二)审计其他审计程序可接受的风险水平

这里的其他审计程序是指除函证程序以外的其他审计程序。例如,对应收账款期末余额存在性认定,注册会计师可能实施对形成应收账款余额的销售交易和收款交易的细节进行测试,实施实质性分析程序,并根据这些程序的结果确定和实施函证程序,如果实施其他审计程序获取的审计证据能将检查风险降至可接受的水平,注册会计师可不实施函证;如果不能,则注册会计师需要运用函证程序。

二、函证的内容、范围、时间安排和方式

注册会计师可以在考虑被审计单位的经营环境、内部控制的有效性、账户或交易的性质、被询证者处理询证函的习惯做法及回函的可能性等基础上,确定函证的内容、范围、

时间安排和方式。

（一）函证的内容

1．银行存款、借款及与金融机构往来的其他重要信息

注册会计师应当对银行存款、借款（包括零余额账户和在本期内注销的账户）及与金融机构往来的其他重要信息实施函证程序，除非有充分证据表明某一银行存款、借款及与金融机构往来的其他重要信息对财务报表不重要且与之相关的重大错报风险很低。如果不对这些项目实施函证程序，注册会计师应当在审计工作底稿中说明理由。

2．应收账款

注册会计师应当对应收账款实施函证程序，除非有充分证据表明应收账款对财务报表不重要，或函证很可能无效。如果认为函证很可能无效，注册会计师应当实施替代审计程序，获取相关、可靠的审计证据。如果不对应收账款函证，注册会计师应当在审计工作底稿中说明理由。

3．实施函证的其他财务报表项目

注册会计师可以根据具体情况和实际需要对下列内容（包括但并不限于）实施函证：交易性金融资产；应收票据；其他应收款；预付账款；由其他单位代为保管、加工或销售的存货；长期股权投资；应付账款；预收账款；保证、抵押或质押；或有事项；重大或异常的交易。

（二）实施函证程序的范围

注册会计师可以采用审计抽样或其他选取测试项目的方法选择函证样本。为保证样本代表总体，样本通常包括以下几方面内容。

（1）金额较大的项目。

（2）账龄较长的项目。

（3）交易频繁但期末余额较小的项目。

（4）重大关联方交易。

（5）重大或异常的交易。

（6）可能存在争议、舞弊或错误的交易。

（三）实施函证程序的时间

注册会计师通常以资产负债表日为截止日，在资产负债表日后适当时间内实施函证。如果重大错报风险评估为低水平，注册会计师可选择资产负债表日前适当日期为截止日实施函证，并对所函证项目自该截止日起至资产负债表日止发生的变动实施实质性程序。

第七章 审计证据和审计工作底稿

（四）询证函的控制

当实施函证程序时，注册会计师应当对询证函保持控制，包括以下内容。

1. 确定需要确认或填列的信息

函证程序通常用于确认或填列有关账户余额及其要素的信息。函证程序还可用于确认被审计单位与其他机构或人员签订的协议、合同或从事的交易的条款，或用于确认不存在某些交易条件，如"背后协议"。

2. 选择适当的被询证者

当询证函致送给对函证信息知情的被询证者时，询证函回函可以提供更相关和可靠的审计证据。例如，一位了解所函证交易或安排的金融机构职员可能是该金融机构回函的最佳人选。

3. 设计询证函

设计询证函包括正确填列被询证者的姓名和地址，以及被询证者直接向注册会计师回函的地址等信息。

询证函的设计可能直接影响回函率，以及从回函中获取的审计证据的可靠性和性质。在设计询证函时，注册会计师需要考虑的因素包括：函证针对的认定；识别出的重大错报风险，包括舞弊风险；询证函的版面设计和表述方式；以往审计或类似业务的经验；沟通的方式（如以纸质、电子或其他介质等形式）；管理层对被询证者的授权或是否鼓励被询证者向注册会计师回函。只有询证函包含管理层授权时，被询证者可能才愿意回函；预期的被询证者确认或提供信息（如被询证者能够提供的信息是单张发票金额还是总额）的能力。

确认询证函寄发的姓名、单位名称和地址是否正确，包括在寄发前检查部分或全部姓名、单位名称和地址的真实性。

4. 发出询证函并予以跟进，必要时再次向被询证者寄发询证函

当在合理的时间内没有收到询证函回函时，注册会计师可以再次发出询证函。例如，在重新核实原地址的准确性后，注册会计师再次发出询证函并予以跟进。

（五）函证的方式

注册会计师可采用积极的或消极的函证方式实施函证，也可将两种方式结合使用。

1. 积极的函证方式

积极式函证，是指要求被询证者直接向注册会计师回复，表明是否同意询证函所列示的信息，或填列所要求的信息的一种询证方式。

积极式函证要求被询证者在所有情况下都必须回函，确认所列示的信息是否正确或填

列询证函要求的信息。通常认为，对积极式询证函的回函能够提供可靠的审计证据。但存在被询证者对所列示的信息不验证是否正确就予以回函确认的风险。为了降低这种风险，注册会计师可以采用另外一种形式的询证函，即在询证函中不列明账户余额（或其他信息），而是要求被询证者填列有关信息或进一步提供信息。但是，采用这种空白式询证函要求被询证者做出更多工作，可能导致回函率降低。

积极式询证函（格式一）

企业询证函

编号：

××（公司）：

　　本公司聘请的××会计师事务所正在对本公司××年度财务报表进行审计，按照中国注册会计师审计准则的要求，应当询证本公司与贵公司的往来账项等事项。下列数据出自本公司账簿记录，如与贵公司记录相符，请在本函下端"信息证明无误"处签章证明；如有不符，请在"信息不符"处列明不符金额。回函请直接寄至××会计师事务所。

回函地址：

邮编：　　　　电话：　　　　传真：　　　　联系人：

1. 本公司与贵公司的往来账项列示如下。

单位：元

截止日期	贵公司欠	欠贵公司	备　注

2. 其他事项。

本函仅为复核账目之用，并非催款结算。若款项在上述日期之后已经付清，仍请及时函复为盼。

（公司盖章）
年　　月　　日

结论：1. 信息证明无误。

（公司盖章）
年　　月　　日
经办人：

2. 信息不符，请列明不符的详细情况：

第七章 审计证据和审计工作底稿

（公司盖章）
年　　月　　日
经办人：

积极式询证函（格式二）

企业询证函

编号：

××（公司）：

　　本公司聘请的××会计师事务所正在对本公司××年度财务报表进行审计，按照中国注册会计师审计准则的要求，应当询证本公司与贵公司的往来账项等事项。请列示截止××年×月×日贵公司与本公司往来款项余额。回函请直接寄至××会计师事务所。

回函地址：
邮编：　　　　电话：　　　　传真：　　　　联系人：
本函仅为复核账目之用，并非催款结算。若款项在上述日期之后已经付清，仍请及时函复为盼。

（公司盖章）
年　　月　　日

1. 贵公司与本公司的往来账项列示如下。

单位：元

截止日期	贵公司欠	欠贵公司	备　注

2. 其他事项。

（公司盖章）
年　　月　　日
经办人：

2．消极式函证方式

　　消极式函证，是指要求被询证者只有在不同意询证函所列示的信息时才直接向注册会计师回复的一种询证方式。

　　对消极式询证函而言，未收到回函并不能明确表明预期的被询证者已经收到询证函或已经核实了询证函中包含的信息的准确性。因此，未收到消极式询证函的回函提供的审计证据，远不如积极式询证函的回函提供的审计证据有说服力。如果询证函中的信息对被询证者不利，则被询证者更有可能回函表示其不同意；相反，如果询证函中的信息对被询证者有利，回函的可能性就会相对较小。例如，被审计单位的供应商如果认为询证函低估了被审计单位的应付账款余额，则其更有可能回函；如果高估了该余额，则回函的可能性很小。因此，注册会计师在考虑这些余额是否可能低估时，向供应商发出消极式询证函可能是有用的程序，但是，利用这种程序搜集该余额高估的证据就未必有效。

消极式函证比积极式函证提供的审计证据的说服力低。除非同时满足下列条件，注册会计师不得将消极式函证作为唯一实质性程序，以应对评估的认定层次重大错报风险：注册会计师将重大错报风险评估为低水平，并已就与认定相关的控制的运行的有效性获取充分、适当的审计证据；需要实施消极式函证程序的总体由大量的小额、同质的账户余额、交易或事项构成；预期不符事项的发生率很低；没有迹象表明接收询证函的人员或机构不认真对待函证。

消极式询证函格式

企业询证函

编号：

××（公司）：

本公司聘请的××会计师事务所正在对本公司××年度财务报表进行审计，按照中国注册会计师审计准则的要求，应当询证本公司与贵公司的往来账项等事项。下列数据出自本公司账簿记录，如与贵公司记录相符，则无须回复；如有不符，请直接通知会计师事务所，并请在空白处列明贵公司认为是正确的信息。回函请直接寄至××会计师事务所。

回函地址：
邮编：　　　　电话：　　　　传真：　　　　联系人：

1. 本公司与贵公司的往来账项列示如下。

单位：元

截止日期	贵公司欠	欠贵公司	备　注

2. 其他事项。

本函仅为复核账目之用，并非催款结算。若款项在上述日期之后已经付清，仍请及时核对为盼。

（公司盖章）
年　月　日

××会计师事务所：

上面的信息不正确，差异如下：

（公司盖章）
年　月　日
经办人：

3．两种方式的结合使用

在实务中，注册会计师也可将这两种方式结合使用。以应收账款为例，当应收账款的余额是由少量的大额应收账款和大量的小额应收账款构成时，注册会计师可以对所有的或抽取的大额应收账款样本采用积极的函证方式，而对抽取的小额应收账款样本采用消极的函证方式。

三、管理层不允许寄发询证函时的处理

如果管理层不允许寄发询证函，注册会计师应当做好以下几方面。

（1）询问管理层不允许寄发询证函的原因，并就其原因的正当性及合理性搜集审计证据。管理层不允许寄发询证函是对注册会计师希望获取的审计证据的限制，注册会计师需要询问这项限制的原因。常见理由是被询证者与被审计单位之间存在争议或正在进行谈判，函证有可能影响争议或谈判的结果。由于管理层可能妨碍注册会计师获取可能显示存在舞弊或错误的审计证据，注册会计师需要针对管理层理由的正当性和合理性获取审计证据。

（2）评价管理层不允许寄发询证函对评估的相关重大错报风险（包括舞弊风险），以及其他审计程序的性质、时间安排和范围的影响。根据《中国注册会计师审计准则第 1211 号——通过了解被审计单位及其环境识别和评估重大错报风险》的规定，注册会计师可能认为需要修正认定层次重大错报风险的评估结果并相应地修改计划的审计程序。例如，如果认为管理层不允许实施函证程序不合理，可能表明存在《中国注册会计师审计准则第 1141 号——财务报表审计中与舞弊相关的责任》要求评价的舞弊风险因素。

（3）实施替代程序，以获取相关、可靠的审计证据。当被审计单位的管理层不允许注册会计师实施函证程序时，注册会计师实施的替代审计程序与未回函时实施的替代审计程序类似。注册会计师在实施替代审计程序时需要考虑评估的结果。

如果认为管理层不允许寄发询证函的原因不合理，或实施替代程序无法获取相关、可靠的审计证据，注册会计师应当按照《中国注册会计师审计准则第 1151 号——与治理层的沟通》的规定，与治理层进行沟通。注册会计师还应当按照《中国注册会计师审计准则第 1502 号——在审计报告中发表非无保留意见》的规定，确定其对审计工作和审计意见的影响。

四、函证过程的控制

注册会计师可以采取下列措施对函证实施过程进行控制。

(1) 将被询证者的姓名、单位名称和地址与被审计单位有关记录核对。

(2) 将询证函中列示的账户余额或其他信息与被审计单位有关资料核对。

(3) 在询证函中指明直接向接受审计业务委托的会计师事务所回函。

(4) 询证函经被审计单位盖章后,由注册会计师直接发出。

(5) 将发出询证函的情况形成审计工作底稿。

(6) 将收到的回函形成审计工作底稿,并汇总统计函证结果。

五、实施函证程序的结果

(一) 回函的可靠性的考虑

1. 可能影响函证可靠性的因素

可能影响函证可靠性的因素主要包括以下几个。

(1) 函证的方式,包括对询证函的设计、寄发及收回的控制情况。

(2) 以往审计或类似业务的经验。

(3) 拟函证信息的性质。

(4) 选择被询证者的适当性,包括被询证者的胜任能力、独立性、授权回函情况、对函证项目的了解及其客观性。

(5) 被询证者易于回函的信息类型。

(6) 被审计单位施加的限制或回函中的限制。

2. 进一步获取审计证据

如果存在对询证函回函的可靠性产生疑虑的因素,注册会计师应当进一步获取审计证据以消除这些疑虑。

(1)《〈中国注册会计师审计准则第 1301 号——审计证据〉应用指南》指出,即使用作审计证据的信息从独立于被审计单位的外部来源获得,某些情况也会影响其可靠性。所有回函都存在被拦截、更改或其他舞弊风险。无论该回函采用纸质、电子还是其他介质等形式,这种风险都会存在。显示回函的可靠性可能存在疑问的因素包括:注册会计师间接收到回函;回函看起来不是来自于预期的被询证者。

(2) 对以电子形式收到的回函(如传真或电子邮件),由于回函者的身份及其授权情况很难确定,对回函的更改也难以发觉,因此可靠性存在风险。注册会计师和回函者采用一定的程序为电子形式的回函创造安全环境,可以降低该风险。如果注册会计师确信这种程序安全并得到适当控制,则会提高相关回函的可靠性。电子函证程序涉及多种确认发件人身份的技术，如加密技术、电子数码签名技术、网页真实性认证程序。

（3）如果被询证者利用第三方协调和提供回函，注册会计师可以实施审计程序以应对下列风险：回函来源不合适；回函者未经授权；信息传输的安全性遭到破坏。

（4）《中国注册会计师审计准则第 1301 号——审计证据》规定，当注册会计师对用作审计证据的信息的可靠性存有疑虑时，应当确定是否需要修改或追加审计程序以消除疑虑。注册会计师可以与被询证者联系以核实回函的来源及内容。例如，当被询证者通过电子邮件回函时，注册会计师可以通过电话联系被询证者，确定被询证者是否发送了回函。如果回函间接寄送给注册会计师（例如，被询证者错将回函寄给了被审计单位而非注册会计师），注册会计师可以要求被询证者直接书面回复。

（5）只对询证函进行口头回复不符合函证的要求，因为它不是对注册会计师的直接书面回复。当收到口头回复后，注册会计师可以根据情况要求被询证者提供直接书面回复。如果未收到回函，注册会计师需要通过实施替代程序，寻找其他审计证据以支持口头回复中的信息。

（6）询证函的回函可能包括对其使用做出限制的措辞。这种限制不一定使作为审计证据的回函失去可靠性。

3．回函不可靠的处理

如果认为询证函回函不可靠，注册会计师应当评价其对评估的相关重大错报风险（包括舞弊风险），以及其他审计程序的性质、时间安排和范围的影响。

如果注册会计师认为回函不可靠，根据《中国注册会计师审计准则第 1211 号——通过了解被审计单位及其环境识别和评估重大错报风险》的规定，注册会计师可能需要修正认定层次重大错报风险评估结果并相应地修改计划的审计程序。例如，回函不可靠可能表明存在《中国注册会计师审计准则第 1141 号——财务报表审计中与舞弊相关的责任》要求注册会计师评价的舞弊风险因素。

（二）未回函的处理

在未回函的情况下，注册会计师应当实施替代程序以获取相关、可靠的审计证据。

注册会计师可能实施的替代审计程序举例如下：对应收账款，检查期后收款、货运单据及临近期末的销售；对应付账款，检查期后付款或与供应商的往来函件、其他记录，如货物收讫凭证。

替代审计程序的性质和范围受所涉及账户和认定的影响。未回函可能表明存在以前未识别的重大错报风险。在这种情况下，按照《中国注册会计师审计准则第 1211 号——通过了解被审计单位及其环境识别和评估重大错报风险》的规定，注册会计师可能需要修正认定层次重大错报风险评估结果并相应地修改计划的审计程序。例如，回函数量比预期少或多,可能表明存在以前未识别的、《中国注册会计师审计准则第1141号——财务报表审计中与舞弊相关的责任》要求注册会计师评价的舞弊风险因素。

(三)取得积极式询证函回函是必要程序时的考虑

如果注册会计师认为取得积极式函证回函是获取充分、适当的审计证据的必要程序,则替代程序不能提供注册会计师所需要的审计证据。在这种情况下,如果未获取回函,注册会计师应当按照《中国注册会计师审计准则第1502号——在审计报告中发表非无保留意见》的规定,确定其对审计工作和审计意见的影响。

在某些情况下,注册会计师可能识别出认定层次重大错报风险,且取得积极式询证函回函是获取充分、适当的审计证据的必要程序。这些情况可能包括:可获取的佐证管理层认定的信息只能从被审计单位外部获得;存在特定舞弊风险因素,例如,管理层凌驾于内部控制之上,员工和(或)管理层串通使注册会计师不能信赖从被审计单位获取的审计证据。

(四)不符事项的处理

注册会计师应当调查不符事项,以确定是否表明存在错报。

询证函回函中指出的不符事项可能显示财务报表存在错报或潜在错报。当识别出错报时,注册会计师需要根据《中国注册会计师审计准则第1141号——财务报表审计中与舞弊相关的责任》的规定评价该错报是否表明存在舞弊。不符事项可以为注册会计师判断来自类似的被询证者回函的质量及类似账户回函质量提供依据。不符事项还可能显示被审计单位与财务报告相关的内部控制存在缺陷。

某些不符事项并不表明存在错报。例如,注册会计师可能认为询证函回函的差异是由于函证程序的时间安排、计量或书写错误造成的。

(五)评价获取的审计证据

注册会计师应当评价实施函证程序的结果是否提供了相关、可靠的审计证据,或是否有必要进一步获取审计证据。

1. 在评价通过函证程序获取的审计证据时需考虑的因素

在评价通过函证程序获取的审计证据时,注册会计师通常要考虑以下几个因素。

(1)函证和替代审计程序的可靠性。
(2)不符事项的原因、频率、性质和金额。
(3)实施其他审计程序获取的审计证据。

2. 函证结果的分类

在评价某项函证程序的结果时,注册会计师可以将结果分为以下几类。

（1）询证函由适当的被询证者回复，回函同意询证函中包含的信息或提供了不存在不符事项的信息。

（2）回函被认为不可靠。

（3）未回函。

（4）回函显示存在不符事项。

当结合其他审计程序时，注册会计师的评价可以有助于判断是否获取了《中国注册会计师审计准则第 1231 号——针对评估的重大错报风险采取的应对措施》要求的充分、适当的审计证据或是否有必要进一步获取审计证据。

第三节　分析程序

一、分析程序的基本知识

（一）分析程序的含义

分析程序，是指注册会计师通过分析不同财务数据之间以及财务数据与非财务数据之间的内在关系，对财务信息做出评价。分析程序还包括在必要时对识别出的、与其他相关信息不一致或与预期值差异重大的波动或关系进行调查。

在实施分析程序时，注册会计师需要考虑将被审计单位的财务信息与下列信息进行比较。

（1）以前期间的可比信息。

（2）被审计单位的预期结果，如预算或预测等，或注册会计师的预期数据，如折旧的估计值。

（3）可比的行业信息，例如，将被审计单位的应收账款周转率（销售收入/应收账款）与行业平均水平或与同行业中规模相近的其他单位的可比信息进行比较。

在实施分析程序时，还需要考虑下列关系。

（1）财务信息要素之间的关系（根据被审计单位的经验，预期这种关系符合某种可预测的规律，如毛利率）。

（2）财务信息和相关非财务信息之间的关系，如工资成本与员工人数的关系等。

注册会计师可以使用各种不同的方法实施分析程序。这些方法包括从简单的比较到使用高级统计技术的复杂分析。分析程序可以应用到合并财务报表、财务报表的组成部分以及财务信息的单个要素。在实务中，可使用的方法主要有趋势分析法、比率分析法、合理性测试法和回归分析法。

(二) 分析程序的目的

注册会计师实施分析程序的目的包括以下三种情形。

(1) 用作风险评估程序，以了解被审计单位及其环境。分析程序可以帮助注册会计师发现财务报表中的异常变化，或者预期发生而未发生的变化，识别存在潜在重大错报风险的领域。分析程序还可以帮助注册会计师发现财务状况或盈利能力发生变化的信息和征兆，识别那些表明被审计单位持续经营能力问题的事项。

(2) 当使用分析程序比细节测试能更有效地将认定层次的检查风险降至可接受的水平时，分析程序可以用作实质性程序。在针对评估的重大错报风险实施进一步审计程序时，注册会计师可以将分析程序作为实质性程序的一种，单独或结合其他细节测试，搜集充分、适当的审计证据。用作实质性程序的分析程序称为实质性分析程序，运用实质性分析程序可以减少细节测试的工作量，节约审计成本，降低审计风险，使审计工作更有效率和效果。

(3) 在审计结束或临近结束时对财务报表进行总体复核。在审计结束或临近结束时，注册会计师应当运用分析程序，在已搜集的审计证据的基础上，对财务报表整体的合理性做最终把握，评价报表仍然存在重大错报风险而未被发现的可能性，考虑是否需要追加审计程序，以便为发表审计意见提供合理基础。

分析程序运用的不同目的，决定了分析程序运用的具体方法和特点。

二、用作风险评估程序的分析程序

(1) 用作风险评估程序的分析程序的目的。注册会计师在实施风险评估程序时，应当运用分析程序，其目的是了解被审计单位及其环境并评估重大错报风险。在这个阶段运用分析程序是强制要求。

(2) 用作风险评估程序的分析程序的具体要求。注册会计师在将分析程序用作风险评估程序时，可以将分析程序与询问、检查和观察程序结合运用，以获取对被审计单位及其环境的了解，识别和评估财务报表层次及具体认定层次的重大错报风险。

在运用分析程序时，注册会计师应重点关注关键的账户余额、趋势和财务比率关系等方面，对其形成一个合理的预期，并与被审计单位记录的金额、依据记录金额计算的比率或趋势做比较。如果分析程序的结果显示的比率、比例或趋势与注册会计师对被审计单位及其环境的了解不一致，并且被审计单位管理层无法提出合理的解释，或者无法取得相关的支持性文件证据，注册会计师应当考虑其是否表明被审计单位的财务报表存在重大错报风险。

例如，注册会计师根据对被审计单位及其环境的了解，得知本期在生产成本中占较大比重的原材料成本大幅上升。因此，注册会计师预期在销售收入未有较大变化的情况下，由于销售成本的上升，毛利率应相应下降。但是，注册会计师通过分析程序发现，本期与上期的毛利率变化不大。注册会计师可能据此认为销售成本存在重大错报风险，应对其给予足够的关注。

需要注意的是，注册会计师无须在了解被审计单位及其环境的每一方面都实施分析程序。例如，在对内部控制的了解中，注册会计师一般不会运用分析程序。

（3）用作风险评估程序的分析程序的特点。风险评估程序中运用的分析程序的主要目的在于识别那些可能表明财务报表存在重大错报风险的异常变化。因此，所使用的数据汇总性比较强，其对象主要是财务报表中账户余额及其相互之间的关系；所使用的分析程序通常包括对账户余额变化的分析，并辅之以趋势分析和比率分析。

与实质性分析程序相比，在风险评估过程中使用的分析程序所进行比较的性质、预期值的精确程度，以及所进行的分析和调查的范围都并不足以提供很高的保证水平。

三、实质性分析程序

（一）实质性分析程序的目的

注册会计师在认定层次实施的实质性程序可以是细节测试、实质性分析程序，或两者的结合。在确定实施何种审计程序（包括是否实施实质性分析程序）时，注册会计师需要判断各种可供使用的审计程序在将认定层次的审计风险降至可接受的低水平时的预期效果和效率。当使用分析程序比细节测试能更有效地将认定层次的检查风险降至可接受的水平时，注册会计师可以考虑单独或结合细节测试，运用实质性分析程序。

注册会计师可以向管理层询问实施实质性分析程序所需信息的可获得性和可靠性，以及被审计单位实施这种程序的结果。如果注册会计师确信管理层编制的分析数据是适当的，则使用管理层编制的这种数据可能是有效的。

尽管分析程序有特定的作用，但并未要求注册会计师在实施实质性程序时必须使用分析程序。这是因为针对认定层次的重大错报风险，注册会计师实施细节测试而不实施分析程序，同样可能实现实质性程序的目的。另外，分析程序有其运用的前提和基础，它并不适用于所有的财务报表认定。

需要强调的是，相对于细节测试而言，实质性分析程序能够达到的精确度可能受到种种限制，所提供的证据在很大程度上是间接证据，证明力相对较弱。从审计过程整体来看，注册会计师不能仅依赖实质性分析程序，而忽略对细节测试的运用。

（二）设计和实施实质性分析程序应当考虑的因素

在设计和实施实质性分析程序时，无论单独使用或与细节测试结合使用，注册会计师都应当考虑以下几点。

（1）考虑针对所涉及认定评估的重大错报风险和实施的细节测试（如有），确定特定实质性分析程序对这些认定的适用性。

（2）考虑可获得信息的来源、可比性、性质和相关性以及与信息编制相关的控制，评价在对已记录的金额或比率做出预期时使用数据的可靠性。

（3）对已记录的金额或比率做出预期，并评价预期值是否足够精确地识别重大错报（包括单项重大的错报和单项虽不重大但连同其他错报可能导致财务报表产生重大错报的错报）。

（4）确定已记录金额与预期值之间可接受的，且无须做进一步调查的差异额。

（三）确定实质性分析程序对于特定认定的适用性

实质性分析程序通常更适用于在一段时期内存在预期关系的大量交易。分析程序的运用建立在这种预期的基础上，即数据之间的关系存在且在没有反证的情况下继续存在。然而，某一分析程序的适用性，取决于注册会计师评价该分析程序在发现某一错报单独或连同其他错报可能引起财务报表存在重大错报时的有效性。

在某些情况下，不复杂的预测模型也可以用于实施有效的分析程序。例如，如果被审计单位在某一会计期间对既定数量的员工支付固定工资，注册会计师可利用这一数据非常准确地估计出该期间的员工工资总额，从而获取有关该重要财务报表项目的审计证据，并降低对工资成本实施细节测试的必要性。一些广泛认同的行业比率（如不同类型零售企业的毛利率）通常可以有效地运用于实质性分析程序，为已记录金额的合理性提供支持性证据。

不同类型的分析程序提供不同程度的保证。例如，根据租金水平、公寓数量和空置率，可以测算出一幢公寓大楼的总租金收入。如果这些基础数据得到恰当的核实，上述分析程序能提供具有说服力的证据，从而可能无须利用细节测试再做进一步验证。相比之下，通过计算和比较毛利率，对于某项收入数据的确认，可以提供说服力相对较弱的审计证据，但如果结合实施其他审计程序，则可以提供有用的佐证。

对特定实质性分析程序适用性的确定，受到认定的性质和注册会计师对重大错报风险评估的影响。例如，如果针对销售订单处理的内部控制存在缺陷，对与应收账款相关的认定，注册会计师可能更多地依赖细节测试，而非实质性分析程序。

在针对同一认定实施细节测试时，特定的实质性分析程序也可能视为是适当的。例如，注册会计师在对应收账款余额的计价认定获取审计证据时，除了对后期收到的现金实施细节测试外，也可以对应收账款的账龄实施实质性分析程序，以确定应收账款的可收回性。

在企业财务报表审计中，传统上考虑的各财务报表项目之间的关系，在政府部门或其他非企业公共部门实体的审计中往往是不相关的。例如，在很多公共部门实体中，收入与支出之间几乎没有直接关系。另外，由于资产的购置支出可能不予资本化，购置资产（如存货和固定资产）的支出与在财务报表中这些资产的金额之间可能没有关系。同时，用于

第七章　审计证据和审计工作底稿

比较目的的行业数据或统计数据可能无法在公共部门获取。然而，其他数据之间的关系可能是相关的，如每公里公路建设成本的差异，或者购买车辆的数目与报废车辆的比较。

（四）确定实质性分析程序使用数据的可靠性

数据的可靠性受其来源和性质的影响，并取决于获取该数据的环境。因此，无论注册会计师是在期末对财务报表审计时实施实质性分析程序，还是在期中实施并计划针对剩余期间实施实质性分析程序，在确定数据的可靠性是否能够满足实质性分析程序的需要时，下列因素是相关的。

（1）可获得信息的来源。例如，从被审计单位以外的独立来源获取的信息可能更加可靠。

（2）可获得信息的可比性。例如，对于生产和销售特殊产品的被审计单位，可能需要对宽泛的行业数据进行补充，使其更具可比性。

（3）可获得信息的性质和相关性。例如，预算是否作为预期的结果，而不是作为将要达到的目标。

（4）与信息编制相关的控制，用以确保信息完整、准确和有效。例如，与预算的编制、复核和维护相关的控制。

当针对评估的风险实施实质性分析程序时，如果使用被审计单位编制的信息，注册会计师可能需要考虑测试与信息编制相关的控制（如有）的有效性。当这些控制有效时，注册会计师通常对该信息的可靠性更有信心，进而对分析程序的结果更有信心。对与非财务信息相关的控制运行有效性进行的测试，通常与对其他控制的测试结合在一起进行。例如，被审计单位对销售发票建立控制的同时，也可能对销售数量的记录建立控制。在这些情况下，注册会计师可以把两者的控制有效性测试结合在一起进行。或者，注册会计师可以考虑该信息是否需要经过测试。

（五）评价预期值的精确程度

在评价预期值是否足以精确确定一项错报单独或连同其他错报可能导致财务报表发生重大错报时，注册会计师考虑的相关事项包括以下几个。

（1）对实质性分析程序的预期结果做出预测的精确性。精确性，也称精确度，是指对预期值与真实值之间接近程度的度量。分析程序的有效性在很大程度上取决于注册会计师形成的预期值的精确性。预期值的精确性越高，注册会计师通过分析程序获取的保证水平也将越高。例如，与酌量费用（如研究开发或广告费用）相比，注册会计师预期各期的毛利率更具有稳定性。

（2）信息可分解的程度。信息可分解的程度是指用于分析程序的信息的详细程度，如按月份或地区分部分解的数据。通常，数据的可分解程度越高，预期值的准确性越高，注册会计师将相应获取较高的保证水平。当被审计单位经营复杂或多元化时，分解程度高的详细数据更为重要。例如，与对整体财务报表实施实质性分析程序相比，对单个经营部门的财务信息或某个多元化经营的财务报表组成部分实施实质性分析程序可能更有效。

（3）财务信息和非财务信息的可获得性。例如，在设计实质性分析程序时，注册会计师可能考虑是否可以获得财务信息（如预算和预测）及非财务信息（如已生产或已销售产品的数量），以有助于设计实质性分析程序。如果信息是可以获取的，注册会计师仍可能需要考虑信息的可靠性。

（六）确定已记录金额与预期值之间可接受的差异额

注册会计师在确定已记录金额与预期值之间可接受的，且无须作进一步调查的差异额时，受重要性和计划的保证水平的影响。在确定该差异额时，注册会计师需要考虑一项错报单独或连同其他错报导致财务报表发生重大错报的可能性。

《中国注册会计师审计准则第1231号——针对评估的重大错报风险采取的应对措施》规定，注册会计师评估的风险越高，需要获取越有说服力的审计证据。因此，为了获取具有说服力的审计证据，当评估的风险增加时，可接受的、无须作进一步调查的差异额将会降低。

四、有助于形成总体结论的分析程序

在临近审计结束时，注册会计师应当设计和实施分析程序，帮助其对财务报表形成总体结论，以确定财务报表是否与其对被审计单位的了解一致。这时运用分析程序是强制要求。在临近审计结束时设计和实施分析程序是为了佐证在审计财务报表各个组成部分或各个要素过程中形成的结论。分析程序有助于注册会计师形成合理的结论，作为审计意见的基础。

实施分析程序的结果可能有助于注册会计师识别出以前未识别的重大错报风险。在这种情况下，《中国注册会计师审计准则第1211号——通过了解被审计单位及其环境识别和评估重大错报风险》要求注册会计师修正重大错报风险的评估结果，并相应修改原计划实施的进一步审计程序。

在审计结束或临近结束时实施的分析程序，可能与用作风险评估程序的分析程序类似。

五、调查分析程序的结果

如果实施分析程序，识别出与其他相关信息不一致的波动或关系，或与预期值差异重大的波动或关系，注册会计师应当采取下列措施调查这些差异。

（1）询问管理层，并针对管理层的答复获取适当的审计证据。在考虑对被审计单位及其环境的了解以及在审计过程中获取的其他审计证据后，注册会计师可以通过评价管理层的答复，获取与答复相关的审计证据。

（2）根据具体情况在必要时实施其他审计程序。如果管理层不能提供解释，或注册会计师结合与管理层答复相关的审计证据认为管理层的解释不充分时，则可能需要实施其他审计程序。

第四节　审计工作底稿

审计工作底稿，是指注册会计师对制订的审计计划、实施的审计程序、获取的相关审计证据，以及得出的审计结论做出的记录。审计工作底稿是审计证据的载体，是注册会计师在审计过程中形成的审计工作记录和获取的资料。它形成于审计过程，也反映整个审计过程。

一、审计工作底稿的基本知识

（一）编制审计工作底稿的目的

注册会计师应当及时编制审计工作底稿，以实现下列目的。

（1）提供充分、适当的记录，作为审计报告的基础。

（2）提供证据，证明其按照中国注册会计师审计准则的规定执行了审计工作。

审计工作底稿是注册会计师形成审计结论、发表审计意见的直接依据。

及时编制审计工作底稿有助于提高审计工作的质量，便于在出具审计报告之前，对取得的审计证据和得出的审计结论进行有效复核和评价。

在一般情况下，在审计工作执行过程中编制的审计工作底稿比事后编制的审计工作底稿更准确。

（二）编制工作底稿使用的文字

编制审计工作底稿的文字应当使用中文。少数民族自治地区可以同时使用少数民族文字；中国境内的中外合作会计师事务所、国际会计公司成员所和联系所可以同时使用某种外国文字；会计师事务所执行涉外业务时可以同时使用某种外国文字。

（三）审计工作底稿的控制程序

会计师事务所应当对审计工作底稿实施适当的控制程序，以满足下列要求。

（1）安全保管审计工作底稿并对审计工作底稿保密。

（2）保证审计工作底稿的完整性。

（3）便于对审计工作底稿的使用和检索。
（4）按照规定的期限保存审计工作底稿。

二、审计工作底稿的性质

（一）审计工作底稿的存在形式和内容

1. 审计工作底稿的存在形式

审计工作底稿可以以纸质、电子或其他介质形式存在。无论审计工作底稿以哪种形式存在，会计师事务所都应当针对审计工作底稿设计和实施适当的控制，以实现下列目的。

（1）使审计工作底稿清晰地显示其生成、修改及复核的时间和人员。

（2）在审计业务的所有阶段，尤其是在项目组成员共享信息或通过互联网将信息传递给其他人员时，需保护信息的完整性和安全性。

（3）防止未经授权改动审计工作底稿。

（4）允许项目组和其他经授权的人员为适当履行职责而接触审计工作底稿。

在实务中，为便于复核，注册会计师可以将以电子或其他介质形式存在的审计工作底稿通过打印等方式，转换成纸质形式的审计工作底稿，并与其他纸质形式的审计工作底稿一并归档，同时，单独保存这些以电子或其他介质形式存在的审计工作底稿。

2. 审计工作底稿通常包括的内容

审计工作底稿通常包括总体审计策略、具体审计计划、分析表、问题备忘录、重大事项概要、询证函回函、管理层声明书、核对表、有关重大事项的往来信件（包括电子邮件），以及对被审计单位文件记录的摘要或复印件等。

此外，审计工作底稿通常还包括业务约定书、管理建议书、项目组内部或项目组与被审计单位举行的会议记录、与其他人士（如其他注册会计师、律师、专家等）的沟通文件及错报汇总表等。

3. 审计工作底稿通常不包括的内容

审计工作底稿通常不包括已被取代的审计工作底稿的草稿或财务报表的草稿、对不全面或初步思考的记录、存在印刷错误或其他错误而作废的文本，以及重复的文件记录等。由于这些草稿、错误的文本或重复的文件记录不直接构成审计结论和审计意见的支持性证据，因此，注册会计师通常无须保留这些记录。

（二）审计工作底稿的归整

对每项具体审计业务，注册会计师应当将审计工作底稿归整为审计档案。归整审计档案时，有些会计师事务所将审计档案分为永久性档案和当期档案。这一分类主要是基于具体实务中对审计档案使用的时间。

1．永久性档案

永久性档案是指那些记录内容相对稳定，具有长期使用价值，并对以后审计工作具有重要影响和直接作用的审计档案。例如，被审计单位的组织结构、批准证书、营业执照、章程、重要资产的所有权或使用权的证明文件复印件等。若永久性档案中的某些内容已发生变化，注册会计师应当及时予以更新。为保持资料的完整性以便满足日后查阅历史资料的需要，永久性档案中被替换下的资料一般也需保留。

2．当期档案

当期档案是指那些记录内容经常变化，主要供当期审计使用的审计档案。例如，总体审计策略和具体审计计划。

三、审计工作底稿的格式、内容和范围

（一）审计工作底稿的编制要求

注册会计师编制的审计工作底稿，应当使得未曾接触该项审计工作的有经验的专业人士清楚了解。

（1）按照审计准则和相关法律法规的规定实施的审计程序的性质、时间安排和范围。

（2）实施审计程序的结果和获取的审计证据。

（3）审计中遇到的重大事项和得出的结论，以及在得出结论时做出的重大职业判断。

有经验的专业人士，是指会计师事务所内部或外部具有审计实务经验，并且对下列方面有合理了解的人士。

（1）审计过程。

（2）审计准则和相关法律法规的规定。

（3）被审计单位所处的经营环境。

（4）与被审计单位所处行业相关的会计和审计问题。

（二）确定审计工作底稿的格式、内容和范围时考虑的因素

在确定审计工作底稿的格式、内容和范围时，注册会计师应当考虑下列几个因素。

（1）被审计单位的规模和复杂程度。在通常情况下，对规模大业务复杂的被审计单位进行审计所形成的审计工作底稿比对规模小业务简单的被审计单位进行审计所形成的审计工作底稿要多，涉及范围要广。

（2）拟实施审计程序的性质。通常，不同的审计程序会使得注册会计师获取不同性质的审计证据，由此注册会计师可能会编制不同格式、内容和范围的审计工作底稿。

（3）识别出的重大错报风险。识别和评估的重大错报风险水平的不同可能导致注册会计师实施的审计程序和获取的审计证据不尽相同。由此，审计工作底稿的格式、内容和范

围也不同。

（4）已获取的审计证据的重要程度。注册会计师通过执行多项审计程序可能会获取不同的审计证据，有些审计证据的相关性和可靠性较高，有些质量则较差，注册会计师可能区分不同的审计证据进行有选择性的记录，因此，审计证据的重要程度也会影响审计工作底稿的格式、内容和范围。

（5）识别出的例外事项的性质和范围。有时注册会计师在执行审计程序时会发现例外事项，由此可能导致审计工作底稿在格式、内容和范围方面的不同。

（6）当从已执行审计工作或获取审计证据的记录中不易确定结论或结论的基础时，记录结论或结论基础的必要性。

（7）审计方法和使用的工具。使用的审计方法和工具可能影响审计工作底稿的格式、内容和范围。

注册会计师应综合考虑以上影响因素，根据不同情况确定审计工作底稿的格式、内容和范围。

（三）审计工作底稿的要素

（1）被审计单位名称：即财务报表的编报单位。若财务报表编报单位为某一集团的下属公司，则应同时写明下属公司的名称。被审计单位名称可以简称。

（2）审计项目名称：即某一财务报表项目名称或某一审计程序及实施对象的名称，如具体审计项目是某一分类会计科目，则应同时写明该分类会计科目。

（3）审计项目时点或期间：指某一资产负债类项目的报告时点或某一损益类项目的报告期间。

（4）审计过程记录：即注册会计师的审计轨迹与专业判断的记录。注册会计师应将其实施审计而达到审计目标的过程记录在审计工作底稿中。

（5）审计结论：即注册会计师通过实施必要的审计程序后，对某一审计事项所做的专业判断。就符合性测试而言，是指注册会计师对被审计单位内部控制执行情况的满意程度以及是否可以信赖；就实质性测试而言，是指注册会计师对某一审计事项的余额或发生额的确认情况。

（6）审计标识及其说明：审计标识是注册合计师为便于表达审计含义而采用的符号。为了便于他人理解，注册会计师应在审计工作底稿说明各种审计标识所代表的含义，或采用审计标识及其说明表的形式统一说明。审计标识应前后一致。

（7）索引号及页次：即注册会计师为整理利用审计工作底稿，将具有同一性质或反映同一具体审计事项的审计工作底稿分别归类，形成相互联系、相互控制所作的特定编号即为索引号；页次是在同一索引号下不同的审计工作底稿的顺序编号。

（8）编制者姓名及编制日期：即注册会计师必须在其编制的审计工作底稿上签名和签

署日期。签名时可用简签,但应以适当方式加以说明。

(9)复核者姓名及编制日期:即注册会计师必须在其复核过的审计工作底稿上签名和签署日期。签名时可用简签,但应以适当方式加以说明。若有多级复核,每级复核者均应签名和签署日期。

通常,需要在每一张审计工作底稿上注明执行审计工作的人员和复核人员、完成该项审计工作的日期以及完成复核的日期。

在实务中,如果若干页的审计工作底稿记录同一性质的具体审计程序或事项,并且编制在同一个索引号中,此时可以仅在审计工作底稿的第一页上记录审计工作的执行人员和复核人员并注明日期。

(10)其他应说明事项:即注册会计师根据其他专业判断,认为应在审计工作底稿中予以记录的其他相关事项。

(四)审计过程记录

1. 记录具体项目或事项的识别特征

审计准则规定,在记录已实施审计程序的性质、时间安排和范围时,注册会计师应当做好以下记录。

(1)测试的具体项目或事项的识别特征。

(2)审计工作的执行人员及完成审计工作的日期。

(3)审计工作的复核人员及复核的日期和范围。

记录具体项目或事项的识别特征可以实现多种目的,例如,这能反映项目组履行职责的情况,也便于对例外事项或不符事项进行调查。识别特征因审计程序的性质和测试的项目或事项的不同而不同。例如:

(1)在对被审计单位生成的订购单进行细节测试时,注册会计师可以以订购单的日期和其唯一的编号作为测试订购单的识别特征。

(2)对于需要选取或复核既定总体内一定金额以上的所有项目的程序,注册会计师可以记录实施程序的范围并指明该总体(如银行存款日记账中一定金额以上的所有会计分录)。

(3)对于需要从文件记录的总体中进行系统选样的审计程序,注册会计师可以通过记录样本的来源、抽样的起点及抽样间隔识别已选取的样本。例如,如果被审计单位对发运单顺序编号,测试发运单的识别特征可以是,对 4 月 1 日至 9 月 30 日的发运记录,从第 12345 号发运单开始每隔 125 号系统抽取发运单。

(4)对于需要询问被审计单位中特定人员的程序,注册会计师可以以询问的时间、被询问人的姓名和岗位名称作为识别特征。

(5)对于观察程序,注册会计师可以以观察的对象或观察过程、相关被观察人员及其各自的责任、观察的地点和时间作为识别特征。

2. 记录重大事项及相关重大职业判断

注册会计师需要对具体事实和情况进行客观分析，判断某一事项是否属于重大事项。重大事项通常包括几个方面。

（1）引起特别风险的事项。

（2）实施审计程序的结果表明财务报表可能存在重大错报的情形，或需要修正以前对重大错报风险的评估和针对这些风险拟采取的应对措施的情形。

（3）导致注册会计师难以实施必要审计程序的情形。

（4）可能导致出具非标准审计报告的事项。

注册会计师在执行审计工作和评价审计结果时运用职业判断的程度，是决定记录重大事项的审计工作底稿的格式、内容和范围的一项重要因素。在审计工作底稿中对重大职业判断进行记录，能够解释注册会计师得出的结论并提高职业判断的质量。这些记录对审计工作底稿的复核人员非常有帮助，同样也有助于执行以后期间审计的人员查阅具有持续重要性的事项（如根据实际结果对以前做出的会计估计进行复核）。

当涉及重大事项和重大职业判断时，注册会计师需要编制与运用职业判断相关的审计工作底稿。例如：

（1）如果审计准则要求注册会计师"应当考虑"某些信息或因素，并且这种考虑在特定业务情况下是重要的，记录注册会计师得出结论的理由；

（2）记录注册会计师对某些方面主观判断的合理性（如某些重大会计估计的合理性）得出结论的基础；

（3）如果注册会计师针对审计过程中识别出的导致其对某些文件记录的真实性产生怀疑的情况实施了进一步调查（如适当利用专家的工作或实施函证程序），记录注册会计师对这些文件记录真实性得出结论的基础。

注册会计师可以考虑编制重大事项概要，并将其作为审计工作底稿的组成部分。重大事项概要包括对审计过程中识别出的重大事项及其如何得到解决的记录，以及对提供相关信息的其他支持性审计工作底稿的交叉索引。重大事项概要可以提高复核和检查审计工作底稿的效率和效果，尤其是对于大型、复杂的审计项目。此外，编制重大事项概要不仅有助于注册会计师考虑重大事项，还可以帮助注册会计师根据实施的审计程序和得出的审计结论，考虑是否存在注册会计师不能实现某项相关审计准则的目标，以致妨碍实现注册会计师的总体目标的情况。

3. 记录与管理层、治理层和其他人员对重大事项的讨论

注册会计师应当记录与管理层、治理层和其他人员对重大事项的讨论，包括所讨论的重大事项的性质以及讨论的时间、地点和参加人员。其他人员，可能包括被审计单位内部除管理层、治理层以外的其他人员,以及被审计单位外部的机构或人员,如向被审计单位提供专业咨询的人员等。

4．记录识别出的信息与重大事项不一致的处理情况

如果识别出的信息与针对某重大事项得出的最终结论不一致,注册会计师应当记录如何处理该不一致的情况,但这并不意味着注册会计师需要保留不正确的或被取代的审计工作底稿。

审计工作底稿索引号及其标识示例

索引号,例如:

A——代表流动资产类底稿,其中:A1 代表现金、A2 代表银行存款、……A9 代表存货。

B——代表长期股权投资。

等等。

标识,例如:

∧——代表纵向相加。

<——代表横向相加。

B——与上年结转核对一致。

T——代表与原始凭证核对一致。

G——代表与总分类账核对一致。

S——代表与明细账核对一致。

T／B——代表与试算平衡表核对一致。

C——代表已发询证函。

C＼——代表已收回询证函。

＊——代表备注。

四、审计工作底稿的归档

(一)审计工作底稿归档的期限

审计工作底稿的归档期限为审计报告日后 60 天内。如果注册会计师未能完成审计业务,审计工作底稿的归档期限为审计业务中止后的 60 天内。

如果针对客户的同一财务信息执行不同的委托业务,出具两个或多个不同的报告,会计师事务所应当将其视为不同的业务,根据会计师事务所内部制订的政策和程序,在规定的归档期限内分别将审计工作底稿归整为最终审计档案。

(二)审计工作底稿归档的性质

在出具审计报告前,注册会计师应完成所有必要的审计程序,取得充分、适当的审计证据并得出适当的审计结论。由此,在审计报告日后将审计工作底稿归整为最终审计档案是一项事务性的工作,不涉及实施新的审计程序或得出新的结论。如果在归档期间对审计工作底稿做出的变动属于事务性的,注册会计师可以做出变动,允许变动的情形主要包括以下几个。

(1)删除或废弃被取代的审计工作底稿。

(2)对审计工作底稿进行分类、整理和交叉索引。

(3)对审计档案归整工作的完成核对表签字认可。

(4)记录在审计报告日前获取的、与审计项目组相关成员进行讨论并取得一致意见的审计证据。

(三)审计工作底稿归档后的变动

1. 修改或增加审计工作底稿时的记录要求

在完成最终审计档案归整工作后,如果注册会计师发现有必要修改现有审计工作底稿或增加新的审计工作底稿,无论修改或增加的性质如何,注册会计师均应当做好以下记录。

(1)修改或增加审计工作底稿的理由。

(2)修改或增加审计工作底稿的时间和人员,以及复核的时间和人员。

修改现有审计工作底稿主要是指在保持原审计工作底稿中所记录的信息,即对原记录信息不予删除(包括涂改、覆盖等方式)的前提下,采用增加新信息的方式予以修改。

一般情况下,在审计报告归档之后不需要对审计工作底稿进行修改或增加。注册会计师发现有必要修改现有审计工作底稿或增加新的审计工作底稿的情形主要有以下两种。

(1)注册会计师已实施了必要的审计程序,取得了充分、适当的审计证据并得出了恰当的审计结论,但审计工作底稿的记录不够充分。

(2)审计报告日后,发现例外情况要求注册会计师实施新的或追加审计程序,或导致注册会计师得出新的结论。

2. 不得在规定的保存期届满前删除或废弃审计工作底稿

在完成最终审计档案的归整工作后,注册会计师不得在规定的保存期届满前删除或废弃审计工作底稿。

(四)审计工作底稿的保存期限

会计师事务所应当自审计报告日起,对审计工作底稿至少保存10年。如果注册会计师未能完成审计业务,会计师事务所应当自审计业务中止日起,对审计工作底稿至少保存10年。

值得注意的是,对于连续审计的情况,当期归整的永久性档案可能包括以前年度获取的资料(有可能是10年以前)。这些资料虽然是在以前年度获取的,但由于其作为本期档案的一部分，并作为支持审计结论的基础，因此，注册会计师对于这些对当期有效的档案，应视为当期取得并保存 10 年。如果这些资料在某一个审计期间被替换，被替换资料可以从被替换的年度起至少保存 10 年。

本章小结

本章主要讲述了审计证据、函证、分析程序和审计工作底稿等相关知识。通过本章的学习，读者应该了解审计证据的内容、作用、审计证据与法律证据的区别；掌握审计证据的种类、特性，获取审计证据的特征；了解民间审计与国家审计及内部审计审计证据的比较；掌握函证决策；了解函证的内容、范围、时间安排和方式；掌握管理层不允许寄发询证函时的处理、函证过程的控制和实施函证程序的结果；了解分析程序的基本知识、用作风险评估程序的分析程序；掌握实质性分析程序、有助于形成总体结论的分析程序和调查分析程序的结果；掌握审计工作底稿的基本知识、审计工作底稿的性质、审计工作底稿的格式、内容和范围、审计工作底稿的归档。

本章习题

一、单项选择题

1. 在审计证据中占主要部分，数量最多、来源最广的审计证据是（   ）。
   A. 实物证据   B. 书面证据
   C. 口头证据   D. 视听或电子证据

2. 下列关于审计证据可靠性的说法中，正确的是（   ）。
   A. 直接获取的审计证据比推论得出的证据更可靠
   B. 口头形式的证据比电子证据更可靠
   C. 非统计抽样得出的结论比统计抽样得出的结论更可靠
   D. 实质性分析程序获取的证据比细节测试获取的证据更可靠

3. 会计师事务所于 2016 年 2 月 15 日对 A 公司 2015 年度财务报表出具了审计报告，在审计过程中所搜集的管理层声明书原件作为审计档案应当（   ）。
   A. 至少保存至 2017 年 2 月 15 日
   B. 至少保存至 2025 年 2 月 15 日
   C. 至少保存至 2026 年 2 月 15 日

D. 长期保存

4. 下列有关函证的说法中不恰当的是（　　）。

A. 通过函证后，注册会计师如果发现了不符事项，注册会计师应当首先提请被审计单位查明原因，并做进一步分析和核实

B. 函证是比较有效的审计程序，即使有迹象表明收回的询证函不可靠，注册会计师也不用再实施其他适当的审计程序予以证实

C. 一般情况下，注册会计师以资产负债表日为截止日，在资产负债表日后适当时间内实施函证

D. 如果采用审计抽样的方式确定函证程序的范围，无论采用统计抽样方法，还是非统计抽样方法，选取的样本应当足以代表总体

5. 在下列情况下，注册会计师一定要使用分析程序的是（　　）。

A. 了解被审计单位及其环境，识别重大错报风险

B. 用作实质性程序，识别重大错报

C. 执行控制测试，测试内部控制的运行有效性

D. 对舞弊等特别风险实施的程序

二、多项选择题

1. 下列表述中，不正确的有（　　）。

A. 注册会计师获取审计证据时，不论是重要的审计项目，还是一般的审计项目，均应考虑成本效益原则

B. 审计证据的适当性是指审计证据的相关性和可靠性，相关性是指证据应与审计范围相关

C. 从外部独立来源获取的审计证据一定比从其他来源获取的审计证据更可靠

D. 注册会计师在考虑审计证据的相关性时，应当考虑的一个方面就是直接获取的审计证据比间接获取或推论得出的审计证据更可靠

2. 充分性和适当性是审计证据的两个重要特征，下列关于审计证据的充分性和适当性表述正确的是（　　）。

A. 充分性和适当性两者缺一不可，只有充分且适当的审计证据才是有证明力的

B. 审计证据质量越高，需要的审计证据数量可能越少

C. 如果审计证据的质量存在缺陷，仅靠获取更多的审计证据可能无法弥补其质量上的缺陷

D. 如果审计证据的质量存在缺陷，注册会计师必须搜集更多数量的审计证据，否则无法形成审计意见

3．根据审计准则的规定，在记录实施审计程序的性质、时间和范围时，应当记录测试的特定项目或事项的识别特征。在记录识别特征时，下列做法正确的有（　　）。

A．对询问程序，将询问时间作为识别特征

B．对运用系统抽样的审计程序，将抽样的起点作为识别特征

C．对被审计单位编制的订购单进行测试，将订购单的日期或编号作为识别特征

D．对需要选取既定总体内一定金额以上的所有项目进行测试，将金额作为识别特征

4．下列有关说法不正确的有（　　）。

A．如果从不同来源获取的审计证据或获取的不同性质审计证据不一致，可能表明某项审计证据不可靠，注册会计师应当追加必要的审计程序

B．在运用分析程序进行总体复核时，如果识别出以前未识别的重大错报风险，注册会计师应当根据未识别的重大错报风险的影响程度直接发表保留意见或否定意见的审计报告

C．如果注册会计师对被审计单位重大错报风险的评估结果为低，则注册会计师不用再针对其重大的各类交易、账户余额和披露实施实质性程序

D．审计证据的适当性是对审计证据质量的衡量，即审计证据的相关性和可靠性

5．对于审计证据可靠性，下列说法正确的有（　　）。

A．领料单比材料成本计算表可靠

B．工资发放单比工资计算单可靠

C．存货监盘记录比存货盘点表可靠

D．银行询证函回函比银行对账单可靠

三、简答题

1．何谓审计证据？审计证据如何分类？

2．简述审计证据的特性及其关系。

3．注册会计师在判断审计证据的可靠性时，通常会考虑哪些原则？

4．获取审计证据的具体程序有哪些？

5．哪些财务报表项目应考虑运用函证程序？

6．分析程序主要运用在哪些方面？

7．什么是审计工作底稿？审计工作底稿基本要素有哪些？

第八章　内部控制及其测试与评价

【本章导读】

内部控制是管理现代化的产物。它是在早期内部牵制的基础上，伴随着单位内部科学管理的压力和外部审计开展的动力，由单位管理人员在经营管理的实践中创造，并经审计人员理论总结而逐步发展完善的。内部控制存在于各类经济单位。

【本章目标】

➢ 理解内部控制基本知识
➢ 掌握内部控制描述
➢ 内部控制测试和评价

第一节　内部控制基本知识

一、内部控制的演进

内部控制是随着人类社会发展而演变的，其在社会发展的各个阶段具有不同的内涵和外延。一般认为，内部控制理论产生与发展的历程可分为五个阶段。

（一）萌芽阶段：内部牵制（公元前 3600 年—20 世纪 40 年代）

内部控制起源于内部牵制。"内部牵制制度"规定有关经济业务或事项的处理不能由一个人或一个部门总揽全过程。1912 年 R.H.蒙哥马利在其出版的《审计——理论与实践》一书中指出，所谓内部牵制是指一个人不能完全支配账户，另一个人也不能独立地加以控制的制度，某位职员的业务与另一位职员的业务必须是相互弥补、相互牵制的关系，即必须进行组织上的责任分工和业务的交叉检查或交叉控制，以便相互牵制；防止发生错误或弊端。

内部牵制的执行大致可分为以下四类：实物牵制（双人保管保险柜钥匙、付款清单等重要物品）；机械牵制（不按照程序操作的业务无法继续进行）；体制牵制（采用双人记账等双重控制措施来预防错误和舞弊的发生）；簿记牵制（采用账目核对等复式记账、借贷平衡的平行登记、总账和明细账定期核对等）。

第八章 内部控制及其测试与评价

在内部牵制阶段,内控活动的主线是查错防弊,即防止记录差错和财货被侵吞,其主要方法是账户核对和职务分工。

在现代企业内部控制中,仍然闪耀着古代内部牵制的思想和方法的光芒。比如,现代会计记录依然沿用的是意大利复式记账方法;西周时期要求财赋管理应做到"一豪财赋之出入,数人耳目之通焉",演绎至现代即是"四眼原则"。

(二)发展阶段:企业内部控制制度(20 世纪 40 年代—70 年代)

"内部控制"一词最早见诸于文字,是作为审计术语出现在审计文献中的。1934 年美国《证券交易法》,首先提出了"内部会计控制"(Internal accounting control system)的概念。1936 年,美国会计师协会发布的《注册会计师对财务报表的审查》文告,以及 1947 年《审计准则暂行公告》(TSAS),出于改进审计方式的需要,提出了以内部控制(Internal Control)为基础的审计程序。

1949 年,美国职业会计师协会所属的审计程序委员会,第一次提出了内部控制的概念,即:内部控制包括经济单位的计划及经济单位为保护其财产、检查其会计资料的准确性和可靠性,提高经营效率,保证既定的管理政策得以实施而采取的所有方法和措施。该定义认为内部控制系统已远远超出了财务、会计的范围。

1958 年该委员会将企业内部控制分为内部会计控制和内部管理控制。前者指与财产安全和会计记录正确性相关的程序和方法,后者指与贯彻管理方针和提高经济效率相关的程序和方法。这就是我们目前所熟知的内部控制的"制度二分法"的由来。

1963/1972 两次重新定义内部会计控制和内部管理控制。使内部管理控制的含义进一步具体化。

(三)形成阶段:企业内部控制结构(20 世纪 80 年代—90 年代)

进入 20 世纪 80 年代以后,内部控制的研究重点逐步从一般含义研究转向具体内容的深化。

1988 年 5 月,美国注册会计师协会发布《审计准则公告第 55 号》,以"内部控制结构"概念取代了"内部控制制度"概念。该公告认为内部控制结构是指为企业特定目标提供合理保证而建立的各种政策与程序,包括控制环境、会计制度和控制程序三个要素。其中会计制度是内部控制结构的关键要素,控制程序是保证内部控制结构有效运行的机制。

这一概念跳出了"制度二分法"的圈子,特别强调了管理者对企业内部控制的态度、认识和行为等控制环境的重要作用,指出这些环境因素是实现企业内部控制目标的环境保证,要求审计师在评估控制风险是不仅要关注会计控制制度与控制程序,还应对企业所面临的内外环境进行评估。

（四）成熟阶段：企业内部控制整体框架（20世纪90年代～21世纪）

1985年，由美国注册会计师协会（AICPA）、美国会计学会（AAA）、财务执行官协会（FEI）、国际内部审计师协会（IIA）、管理会计师协会（MAA）共同赞助成立反虚假财务报告委员会（Treadway委员会），该委员会旨在探讨财务报告中的舞弊产生的原因，并寻找解决措施。该委员会虽然未对内部控制提出结论，但其研究指出50%的财务舞弊事件可全部或部分归因于内部控制不健全。

基于该委员会的建议，其赞助机构成立COSO委员会（Committee of Sponsoring Organization），专门研究内部控制问题。

1992年9月，COSO委员会提出了报告《内部控制——整体框架》（1994年进行了增补），即COSO内部控制框架。COSO委员会1992年的定义，内部控制是由董事、管理层及其他人员在公司内进行的，旨在为经营的有效性、财务报告的可靠性、适用法律法规的遵从性提供合理保证的过程。报告认为内部控制是由五个相互联系的要素组成的，即控制环境、风险评估、控制活动、信息与沟通、监控。

在美国建立COSO内部控制框架后，加拿大特许会计师协会的COCO委员会（Criteria of Control Board，控制标准委员会）1995年11月提出了"控制原则标准"（the Criteria of Control Principles，即"COCO"框架）。COCO框架提出了目标、承诺、能力、学习和监督四大类控制标准，也即四个基本要素。这四个基本要素通过"行动"联结成一个循环。英国的Cadbury委员会也提出了一个与COSO相似的内控框架。

我国2012年1月1实施的《中国注册会计师审计准则第1211号——通过了解被审计单位及其环境识别和评估重大错报风险》准则、2011年1月1日实施的《国家审计准则》和2003年6月1日实施的《内部审计具体准则第5号——内部控制审计》准则，均采纳了COSO的内部控制框架。

2013年5月14日，反虚假财务报告委员会下属的发起组织委员会（COSO）发布《2013年内部控制——整体框架》（以下简称：《整体框架》）及其配套指南，新版《整体框架》在基本概念、内容和结构，以及内控的定义和五要素、评价内控体系的有效性标准等方面均与原版相同，有变化的则是依据具体形势所做出的相关内控管理措施。

（五）企业风险管理框架（ERM）

2001年11月，安然公司财务丑闻曝光，6个月后，世通公司再度爆发丑闻，美国这一期间有338家上市公司，总计4093亿美元的资产申请破产保护。投资者、员工和其他利益相关者遭受了巨大的损失。为了应对这一系列上市公司财务欺诈事件所造成的美国股市危机，重树投资者对股市的信心，美国国会出台了《2002年公众公司会计改革和投资者保护法案》，即《2002年萨班斯——奥克斯利法案》（SOX法案）。SOX法案对美国《1933年证券法》《1934年证券交易法》做了不少修订，其中的302条款和404条款对所有在美国上市的公司的内部控制体系建设提出了要求。

作为对 SOX 法案的积极反应,2004 年 9 月,COSO 委员会颁布了《企业风险管理——整合框架》。该风险管理框架就是在 COSO1992 年的研究成果——《内部控制框架》报告的基础上,结合 SOX 法案的要求,进行扩展研究提出来的,被公认的是目前满足 SOX 法案所要求的企业内部控制体系的最佳实践依据。

COSO 认为:企业风险管理是一个由企业的董事会、管理层和其他员工共同参与的,应用于企业战略制订和企业内部各个层次和部门的,用于识别可能对企业造成潜在影响的事项并在其风险偏好范围内管理风险的,为企业目标的实现提供合理保证的过程。它包括四个目标,即战略目标、经营目标、报告目标和合规目标;八个组成要素,即内部环境、目标设定、事件识别、风险评估、风险反应、控制活动、信息与沟通、监督。

简单地看,相对于内部控制框架而言,新的 COSO 报告新增加了一个观念、一个目标、两个概念和三个要素,即"风险组合观""战略目标""风险偏好"和"风险容忍度"的概念以及"目标制订""事项识别"和"风险反应"要素。对应风险管理的需要,新框架还要求企业设立一个新的部门——风险管理部。新的风险管理框架比起内部控制框架,无论在内容还是范围上都有所扩大和提高。

2016 年 6 月 COSO 公布了一个针对 2004 年 ERM 框架的修改草案,草案全称为《企业风险管理——通过策略与绩效调整风险》,并预计 2017 年实施。

二、内部控制的概念及目标

(一)内部控制的概念

1. COSO 委员会对内部控制的定义

成立于 1985 年的 COSO 委员会负责制订有关大型和小型企业实施内部控制系统的指南。1992 年 COSO 委员会的内部控制框架对内部控制的定义是"公司的董事会、管理层及其他人士为实现以下目标提供合理保证而实施的程序:运营的效益和效率,财务报告的可靠性和遵守适用的法律法规。"COSO 委员会的观点是:内部控制不是万能的;内部控制本身也会出问题;内部控制受资源限制。

2. 中国《企业内部控制基本规范》对内部控制的定义

内部控制是由企业董事会、监事会、经理层和全体员工实施的、旨在实现控制目标的过程。

首先,这一定义强调了企业领导者尤其是董事会、监事会和经理层在建立和实施内部控制中的重要作用。如果企业领导者对于内部控制没有足够的认识和高度的重视,内部控制是难以有效实施的。其次,明确了内部控制是全体员工的共同责任。企业的各级管理层和全体员工都应当树立现代管理理念,强化风险意识,以主人翁的姿态积极参与内部控制的建立与实施,并主动承担相应的责任,而不是被动地遵守内部控制相关规定。最后,指明了内部控制是一个过程。同时,内部控制又是一个不断优化完善的过程,只有起点,没有终点,必须坚持不懈、持之以恒地持续改进。

(二)内部控制分类

1. 按控制的目的分类

按控制的目的分类,可分为财产物资控制、会计信息控制和经营决策控制。

(1)财产物资控制:为保护财产物资的安全完整所实施的控制。例如,材料的验收和领用制度、固定资产的定期盘点制度等。

(2)会计信息控制:为保证会计信息的真实可靠所实施的控制。例如,会计凭证的复核制度、会计记录的定期核对制度等。

(3)经营决策控制:为保证经营决策的贯彻执行所实施的控制。例如,质量控制、计划控制等。

2. 按控制的功能分类

按控制的功能分类,可分为预防式控制和察觉式控制。

(1)预防式控制:为防止错弊的发生所实施的控制。授权审批控制、职责分工控制等。

(2)察觉式控制:为及时查明已发生的错弊所实施的控制。实物盘点、会计记录核对等。

3. 按控制的时间分类

按控制的时间分类,可分为事前控制、事中控制和事后控制。

(三)内部控制的目标

1. COSO委员会内部控制框架界定的内部控制目标

(1)财务报告的可靠性。

(2)经营的效果和效率。

(3)遵守适用的法律法规。

2. 中国《企业内部控制基本规范》界定的内部控制目标

内部控制的目标是合理保证企业经营管理合法合规、资产安全、财务报告及相关信息真实完整、提高经营效率和结果、促进企业实现发展战略。

企业经营管理合法合规强调的是企业要在法律允许的经营范围内开展经营活动,严禁违法经营,非法获利。

资产安全主要是防止资产流失。要确保企业的各项存款等货币资金的安全,防止被挪用、转移、侵占、盗窃。同时还要保护实物资产，防止低价出售，要充分发挥资产效能，提高资产管理水平。

财务报告及相关信息真实完整反映了企业的经营业绩，乃至企业的价值增值过程。财务报告反映企业的过去与现状，并可预测企业的未来发展，是投资人进行投资决策、债权人进行信贷决策、管理者进行管理决策和宏观经济调控部门进行政策决策的重要依据。同时，财务报告作为社会公共产品，其真实完整地体现了企业履行的社会责任。

提高经营效率和结果构成企业内部控制的重要目标。企业建立和实施内部控制的内在要求之一是相互制衡、相互监督，这一要求看似与提高效率效果相矛盾，实际上是协调一致的。因为忽视控制的经营管理，将导致重大风险的发生，可能造成企业难以为继，最终降低了经营的效率效果。因此，企业必须正确认识和处理强化内部控制与提高效率效果的关系。

促进企业实现发展战略是内部控制的最高目标，也是终极目标。只要企业在内部控制上下功夫，切实保证经营管理合法合规、资产安全完整、财务报告及相关信息真实可靠、经营效率效果稳步提高，就一定能提高核心竞争力，促进实现发展战略。

以上五个控制目标中，经营管理合法合规、资产安全、财务报告及相关信息真实完整是内部控制的基础目标。

（四）内部控制的局限性

内部控制无论如何有效，都只能为被审计单位实现财务报告目标提供合理保证。内部控制实现目标的可能性受其固有限制的影响。这些限制包括以下内容。

（1）在决策时人为判断可能出现错误和因人为失误而导致内部控制失效。例如，控制的设计和修改可能存在失误。同样地，控制的运行可能无效，例如，由于负责复核信息的人员不了解复核的目的或没有采取适当的措施，内部控制生成的信息（如例外报告）没有得到有效使用。

（2）控制可能由于两个或更多的人员串通或管理层不当地凌驾于内部控制之上而被规避。例如，管理层可能与客户签订"背后协议"，修改标准的销售合同条款和条件，从而导致不适当的收入确认。再如，软件中的编辑控制旨在识别和报告超过赊销信用额度的交易，但这一控制可能被凌驾或不能得到执行。

（3）在设计和执行控制时，管理层可能会对选择执行控制的性质和范围以及选择承担的风险的性质和程度做出判断。

此外，如果被审计单位内部行使控制职能的人员素质不适应岗位要求，也会影响内部控制功能的正常发挥。被审计单位实施内部控制的成本效益问题也会影响其效能，当实施某项控制成本大于控制效果而发生损失时，就没有必要设置控制环节或控制措施。内部控制一般都是针对经常而重复发生的业务而设置的，如果出现不经常发生或未预计到的业务，原有控制就可能不适用。

（五）与内部控制相关的概念

1．内部控制与经营管理

内部控制在经营管理中处于中心地位，接近管理本质。改善经营管理是完善严密内部控制制度的目的，完善严密的企业内部控制制度是改善经营管理不可缺少的手段。并非所有的管理活动都是内部控制。

2．内部控制与内部审计

内部审计为组织内的一种评估活动，是内部控制的一个重要组成部分。内部控制的基本目的在于促进组织的有效运营；而内部审计的目的在于协助管理阶层调查、评估内部控制制度、适时提出改进建议，以求内部控制制度得以持续实施。二者紧密相关，先有内部控制之建立，后有内部审计之评估。

3．内部控制与公司治理

公司治理包括内部公司治理和外部公司治理。内部公司治理：（或称法人治理结构、内部监控机制）是由股东大会、董事会、监事会和经理等组成的用来约束和管理经营者的行为的控制制度。外部公司治理（或称外部监控机制）是通过竞争的外部市场（如资本市场、经理市场、产品市场、兼并市场等）和管理体制对企业管理行为实施约束的控制制度。

内部公司治理与内部控制主要区别：一是内部公司治理解决的是股东、董事会、经理及监事会之间的权责利划分的制度安排问题，更多的是法律层面的问题；二是内部控制是管理当局（董事会及经理阶层）建立的内部管理制度，是管理当局对企业生产经营和财务报告产生过程的控制，属于内部管理层面的问题。

内部控制解决的是管理当局与其下属之间的管理控制关系，其目标是保证会计信息的真实可靠，防止发生舞弊行为。换言之，内部控制是在公司治理解决了股东、董事会、监事会、经理之间的权责利划分之后，作为经营者的董事会和经理为了保证受托责任的顺利履行，而做出的主要面向次级管理人员和员工的控制。内部控制并不能够约束最高管理当局本身。二是内部公司治理是基于所有者与管理者之间的委托代理关系而产生的；内部控制则是基于管理当局与其下属高级管理人员之间、高级管理人员与低阶层管理人员、管理人员与一般员工之间的委托代理关系而产生的，主要是防止下级管理人员和工人的偷懒、盗窃、欺骗和其他导致生产经营无效率的行为，保障企业目标的实现。

三、内部控制的构成要素

内部控制的要素是构成内部控制内容的基本单位。鉴于我国民间审计准则、国家审计准则和内部审计准则对内部控制的规范均以 1992 年 COSO 报告《内部控制——整体框架》

为蓝本，本书采纳COSO发布的内部控制框架。即内部控制由五大要素构成：控制环境、风险评估、控制活动、信息与沟通和监控。

（一）控制环境

控制环境是指单位高层管理人员和其他管理人员对控制和控制重要性的态度，以及与之相关的各种行为、政策和程序。控制环境构成一个单位的氛围，它能提供组织纪律与组织结构、塑造组织文化并影响单位员工的控制意识，是内部控制其他构成要素的基础。

通常，控制环境包括以下因素。

（1）诚信原则和道德价值观。诚信原则和道德价值观是控制环境的必要要素，影响到对其他因素的设计、管理和监控。它包括：通过管理行为来消除或减少员工不诚实、不合法、不道德行为的动机；制订书面行为准则和政策声明，传达给全体员工，使所有员工在一般和特定环境下都能够保持正确的判断。

（2）胜任能力。胜任能力是指完成个人工作所必须具备的知识技能。胜任能力包括管理部门对个别工作标准的要求以及如何将这些标准转化成必要的知识技能。

（3）董事会及审计委员会。一个单位的控制自觉性在相当程度上受其董事会及审计委员会的影响。其中包括：董事会和审计委员会成员的经验，相对于管理层的独立性，外部董事的比例，其成员参与管理的程度，所采取措施的适宜性，对管理层提出问题的深度和广度，与内部和外部审计人员的关系等。

（4）管理哲学和经营风格。管理哲学与经营风格包括一系列因素。其中包括：对待和承担经营风险的态度，对财务报告的态度和所采取的措施（对现有可选择的会计准则和会计数值估计所持有的谨慎或冒进态度）。对信息处理以及会计职能、会计人员所持的态度。

（5）组织结构。建立一个相关的组织机构包括：权力的主要范围，各主管人员所负责任的适当性；据主管人员所承担的责任，判断其是否具备足够的知识及丰富的经验；当环境改变时，企业配合改变其组织结构的程度；员工，尤其是负责管理及监督职能的员工的充足程度。

（6）责任的分配与授权。它特别强调对于单位的全部活动要合理有效地分配职责和权限；为执行任务和承担职责的单位成员，特别是关键岗位的人员，提供和配备所需的资源，并确保他们的经验、知识与职责权限相匹配；要使所有员工知道他们的工作行为与实现单位目标的联系、他们的职责担负形式和能被认可的方式。

（7）人力资源政策及实务。人力资源的政策及执行涉及雇用、熟悉环境、培训、评价、建议、补偿及补救措施等。具体包括：具有完善的招聘与选拔方针及操作性程序，对新员工进行企业文化和道德观的培训，对违反行为准则的事项都要制订纪律约束与处罚措施，对业绩良好的员工制订具有奖励作用的报酬计划，据阶段性的业绩评估结果对员工予以晋升、指导及奖惩。

（二）风险评估

风险评估是指单位对在经营管理中可能遇到的影响其目标实现的各种风险，如采购风险、销售风险、理财风险等，进行确认和分析的过程。它为如何管理风险提供了依据。

单位的风险一般受外部因素、内部因素和改变因素影响。

（1）外部因素。外部因素包括经营环境的变化；科技发展；顾客需求的改变；竞争；新法律和行政命令的颁布；自然灾害的发生。

（2）内部因素。内部因素包括信息系统处理的中断；企业活动的性质及员工可接近资产的程度；董事会或监事会职能未得以充分发挥等。

（3）改变因素。单位活动应随着环境的变化而改变，改变因素包括行业环境的改变；新员工；业务迅速成长；新科技；新业务、产品和作业；公司重组；国外业务等。

（三）控制活动

控制活动是指为确保管理部门针对风险做出必要的指令得以贯彻执行而采取的政策、程序和措施。控制活动是内部控制效率和效果的关键，单位一般根据其经营活动的业务循环即销售循环与收款循环、购货与付款循环、生产循环、投资与筹资循环等分别设计其控制活动。

控制活动的目标各不相同，广泛应用于不同单位或功能层次。通常，可能与审计相关的控制活动可以分为与下列事项相关的政策和程序。

（1）授权批准。授权批准控制是指各项业务的办理，必须由被批准和被授权的人去执行，即单位的各级人员必须获得批准或授权，才能执行正常的或特殊的业务。这种控制方式使单位经济业务在发生之际就可得到控制。授权批准控制的主要目的是保证交易是管理人员在其授权范围内授权才产生的，是一种事前控制。

授权包括一般授权和特别授权。授权的目的在于保证交易在管理层授权范围内进行。一般授权是指管理层制订的要求组织内部遵守的普遍适用于某类交易或活动的政策。特别授权是指管理层针对特定类别的交易或活动逐一设置的授权，如重大资本支出和股票发行等。特别授权也可能用于超过一般授权限制的常规交易。

（2）业绩评价。这些控制活动包括被审计单位分析及评价实际业绩与预算、预测和前期业绩的差异，将不同类别的数据（经营或财务数据）联系起来，分析之间的关系，进行调查并采取纠正措施；将内部数据与外部信息相比较；评价职能部门、项目活动的业绩。

（3）信息处理。信息系统控制活动的两大类是应用控制和信息技术一般控制。应用控制运用于处理单个应用程序，信息技术一般控制是与多个应用程序相关的政策和程序，通过保证信息系统持续恰当地运行，支持应用控制作用的有效发挥。应用控制的举例包括对记录计算准确性的检查，对账户和试算平衡表的维护和审核，自动控制（如设置对输入数据和数字序号的自动检查），以及对例外报告的人工跟进调查。信息技术一般控制的举例包括程序变动控制，限制接触程序或数据的控制，对实施新发布的软件包应用程序的控制，针对限制接触或监督使用系统应用程序的系统软件的控制，使用这些系统应用程序可能更改财务数据或记录而不留下审计轨迹。

（4）实物控制。实物保护控制是指对实物资产的安全、完整所采取的各种措施和方法。实物保护控制内容包括：限制接触资产，即限制接触现金、限制接触其他易变现资产、限制接触存货；定期盘点，即定期盘点实物，进行账实核对；记录保护，即会计记录要妥加保护；保险，即通过对资产投保火灾险、盗窃险、责任险来减少实物财产受损的程度和机会。

（5）职务分离。职责分离控制是指对于单位内部的不相容的职务必须进行分工负责，不能由一个人同时兼任。不相容职务是指某些相关联的两项或多项业务如果集中由一人办理会增大错误和弊端的可能性。这项控制保证了有关人员在处理经济业务时能够相互制约。职责分离控制是一种事前控制。

具体来讲，不相容职务主要包括以下几方面内容。

（1）授权批准某项业务与执行该项业务职责分离。

（2）执行某项业务与审核该项业务职责分离。

（3）执行某项业务与记录该项业务职责分离。

（4）保管某项财产物资与记录该项财产物资职责分离。

（5）保管某项财产物资与对该项财产物资的清查职责分离。

（6）记录总账与记录明细账、日记账职责分离。

另外，在电子数据处理系统内部，以下各主要职责也尽可能分离，包括系统分析员、编程员、计算机操作员、资料保管员及数据控制小组等。

（四）信息和沟通

1. 信息系统

信息系统（包括会计系统）包括单位为了确认、记录、汇总、分析和报告其经济业务，并维持对相关资产、负债和权益的受托责任而建立的方法和记录。信息系统生成信息的质量影响着管理当局在实施企业的控制活动时进行决策的能力，及编制可靠的财务报告的能力。

有效的信息系统包括：确认、记录所有有效的业务活动；序时详细记录业务以便予以归类，提供会计报告；在财务报表中采用恰当的货币价值来计量业务；确定业务发生时期以保证业务记录于合理的会计期间，在财务报告中恰当提示业务。

2. 沟通

单位的信息系统为适当的人员提供了有效信息，而通过沟通，使单位各部门间对信息实现共享，使员工能够知悉企业整体目标和计划的实现方式。企业的信息沟通包括内部沟通和外部沟通。

内部沟通需做到：必须让每个人清楚地知道个人所承担的特定任务，了解内部控制的各项规定、它们如何生效以及他在控制系统中所扮演的角色和所承担的责任；员工必须知道他所负责的活动是怎样与他人的工作发生联系的；员工必须拥有在单位中向上沟通重要信息的渠道。

外部沟通需做到：顾客和供应商能经过开放的信息沟通渠道输入重要的信息；与相关的外部团体进行信息沟通，使他们获悉关于本单位内部控制的重要信息；外部审计人员对单位经营业务情况及内部控制实施审计后，可以提供给管理部门重要的控制信息；通过政府机关所报道的复核或检查的结果来有效地弥补控制的缺陷。

（五）监督

监督是指单位自身对内部控制的设计和执行情况经常性地进行评估和检查的活动。监督活动包括持续监督和独立评价。

（1）持续监督。持续的监督活动建立于单位内部的一般循环活动中，包括日常的管理监督活动。

（2）独立评价。在许多单位中，内部审计人员或执行相似功能的人事部门通过独立的评价来对单位的活动进行监督。

内部控制的这五个要素相互关联，控制环境是所有员工在其中从事经营活动，履行控制职责的一种气氛，是其他要素的基础。在这种气氛下，管理部门评价影响实现单位目标的经营风险。控制活动的实施是为了确保管理部门针对风险做出的指令得以贯彻执行。同时，应搜集包括财务信息在内的各种相关信息并在全单位进行沟通，另外，管理者还要对控制的全部过程进行监督，并根据情况的变化进行修改。

在内部控制的五个构成要素中，控制环境的优劣直接决定着企业其他各项控制能否实施的效果，是内部控制其他构成要素的基础。如果没有一个良好的控制环境，其他四个控制要素无论质量如何，都难以保证形成有效的内部控制。

第二节　内部控制描述

审计人员对被审计单位内部控制所做的研究和评价可分为三个步骤：了解被审计单位的内部控制设计及执行情况并做出相应的记录；实施控制测试，证实有关内部控制执行的效果；评价内部控制的强弱，确定在内部控制薄弱的领域扩展审计程序，降价审计风险。

一、了解内部控制

（一）了解内部控制的内容

在每一次审计中，审计人员都要充分了解被审计单位的内部控制，从而确定下一步的审计策略。在调查了解时，审计人员可以就内部控制的各个构成要素分别进行，但了解的角度和层次有所不同，对控制环境、风险评估和监控三要素应从被审计单位的整体层次上来了解；对控制活动要素应从被审计单位业务活动层次上针对每一重大交易或账户余额来了解；对信息与沟通要素中与审计目标有密切关系的会计系统既要从被审计单位整体情况来了解，也要从业务层次上对每个重大交易或账户余额来了解。

在业务流程层面了解内部控制，通常采取下列步骤。

（1）确定重要业务流程和重要交易类别。在实务中，将被审计单位的整个经营活动划分为几个重要的业务循环，有助于注册会计师更有效地了解和评估重要业务流程及相关控制。

（2）了解重要交易流程，并进行记录。在确定重要的业务流程和交易类别后，审计人员便可着手了解每一类重要交易在信息技术或人工系统中生成、记录、处理及在财务报表中报告的程序，即重要交易流程。

（3）确定可能发生错报的环节。审计人员需要确认和了解被审计单位应在哪些环节设置控制，以防止或发现并纠正各重要业务流程可能发生的错报。

（4）识别和了解相关控制。如果审计人员计划对业务流程层面的有关控制进行进一步的了解和评价，那么针对业务流程中容易发生错报的环节，审计人员应当确定：被审计单位是否建立了有效的控制，以防止或发现并纠正这些错报；被审计单位是否遗漏了必要的控制；是否识别了可以最有效测试的控制。

（二）了解内部控制的程序

1. 询问被审计单位有关人员

无论是初次审计，还是连续审计，审计人员均需通过询问被审计单位管理当局及不同层次的员工，来了解其内部控制的设置及运行情况。在连续审计中，审计人员通过复核以前年度审计工作底稿，可获取被审计单位内部控制的设置和执行情况的信息，并确定以前审计时发现的错报是设置问题，还是执行问题，通过向被审计单位有关人员询问，确定这些错报情况是否在当年已得到改正，上次审计后内部控制发生了哪些变化。

2. 审阅被审计单位的管理文件

管理文件是指被审计单位以书面形式明确单位各级部门、各级管理人员任务、职责和责任以及单位所有的政策程序，以便单位有关人员全面了解内部控制的文件。包括组织图、岗位工作说明、方针和程序手册和系统流程图等。审计人员通过审阅这些文件，可以了解被审计单位内部控制设置情况。

3．检查内部控制生成的凭证和记录

内部控制运行中会产生大量的凭证和记录，如授权批准的销售单、工时和工资记录、付款凭单等。审计人员通过检查这些内部控制运行留有痕迹凭证和记录，不仅可以准确理解内部控制文件的精神，也可了解内部控制执行情况。

4．观察被审计单位的业务活动和内部控制的运行情况

审计人员通过观察被审计单位的业务活动及未留有痕迹的内部控制运行情况，可以更好地了解内部控制的执行情况。

5．选择若干具有代表性的交易和事项进行"穿行测试"

穿行测试是指审计人员借助交易轨迹来追查每个主要交易种类的某笔交易或某几笔交易，以验证有关控制政策、程序和措施的运行情况与审计人员采用其他方法所获取的内部控制情况是否一致。

穿行测试的目的不是检查被审计单位内部控制的遵循情况，而是验证审计人员对采用询问、检查和观察等方法对被审计单位内部控制的了解的准确性。

二、描述内部控制

审计人员对于调查了解到的内部控制情况应及时做适当记录。内部控制调查记录的方法通常有四种，即调查表法、文字表述法、流程图法和核对表法。在规模大的单位审计中，可能要用到每一记录方法；而在小单位的审计中，则可能只使用文字表述法。

审计人员对内部控制可边了解边做记录。如审计人员可用调查表法来了解控制环境、风险评估和监督，而已完成的调查表记录了对这三个控制要素了解到的情况。同样地，审计人员可用流程图来了解控制活动和信息系统，而完成的流程图记录了对这两个要素所了解到的情况。审计人员在再次审计被审计单位时，由于以前审计对了解到的内部控制情况做了记录，因此只限于就当年内部控制已发生变化的部分，对以前了解记录进行更新，而没有必要重新做全面的记录。值得注意的是，审计人员只应该记录与审计相关的因素。

（一）调查表法

调查表法是指审计人员使用内部控制调查表的形式，向被审计单位经营管理人员或有关当事人调查了解内部控制是否健全完美的一种方法。

调查表法的关键是针对需要调查了解的控制系统及控制点，设计拟调查的问题条款，编制内部控制调查表。其中，调查问题的设计是否适当，直接关系到检查和评价工作质量。一般而言，设计内部控制调查表，主要要把握以下几点。

(1) 调查项目。审计人员可按不同的交易业务循环,将被审计单位的总体控制系统,划分为具体控制系统,据每个控制系统的特点分别设计不同内容的问题式调查表。如设计销售与收款、购货与付款、生产和存货、货币资金、投资与筹资等循环的调查表。

(2) 调查内容。各控制系统的调查内容,主要通过调查问题予以体现。调查问题的提出,要紧紧围绕系统各个控制点和关键控制点及其控制措施进行设计。

(3) 设计步骤。设计调查问题一般可分三步进行:一是确定被审计单位内部控制的调查目标;二是根据调查目标,确定要调查的控制点及其控制措施;三是据控制点及其控制措施拟定具有针对性的调查问题。

(4) 调查表的格式。调查表实际上是一种工作底稿,因此除具备审计工作底稿的一般要素外,还包括调查问题、回答情况及调查结论等。内部控制制度问题式调查表的基本格式如表 8-1 所示。

表 8-1　内部控制制度问题式调查表

调查部门_____　　　　　　　　　　　　调查人员_____

调查内容　销售与收款内部控制　　　　　　　调查日期_____

调查问题	回答结果			被调查人签名	备注
	是	否	不适用		
1. 收到的每份购货定单是否均登记在购货定单登记簿上?					
2. 客户购货定单是否均需由信贷部门核准?					
3. 客户定单的核准是否有经信贷部门经理签字同意的书面证明?					
4. 对难以提供资信情况的新客户是否规定最大的供货数量?					
5. 信贷部门是否独立于销售部门?					
6. 有无详细的折扣政策?					
7. 任何给予客户的折扣是否经销售部门经理审核签字认可?					
8. 所有折扣的批准文件是否记录在贷方备忘录上?					
9. 贷方备忘录是否事先连续编号?					
10. 办理折扣业务的职员是否同办理现钞或支票收入业务的职员分离?					
11. 发货通知单是否事先连续编号?					
12. 发货通知单是否须经授权人的签字才有效?					
13. 发货通知单在正式执行前是否将其同客户进行证实?					
14. 发货通知单在执行后是否有专门职员对其进行定期检查?					
15. 发货部门发货是否必须有发货通知单?					
……					

调查表的优点在于能对所调查的对象提供一个简括说明，有利于审计人员做分析评价，且编制调查表省时省力，可在审计项目初期就较快编制完成。该方法的缺点有：一是对被审计单位的内部控制只能按项目分别进行，不能提供一个完整的评价；二是对于不同行业的企业或小规模企业，标准问题的调查表常常不太适用。

（二）文字表述法

文字表述法是指审计人员在询问被审计单位有关人员或查阅被审计单位有关资料后，针对了解到的内部控制设置情况，以文字记录的形式加以描述的方法。

采用文字表述法描述会计系统和相应控制活动时，应具备以下特征。

(1) 说明系统中每种凭证和记录的来源。如，应当说明顾客订单从何而来，销货发票如何产生等。

(2) 说明已发生的全部处理过程。如，如果销售额由计算机程序以发运量乘库存标准价格来决定，就应说明。

(3) 说明系统中每种凭证和记录的处置。如应反映凭证的归档，或送交顾客，或销毁等。

(4) 指出与控制风险评价有关的控制手续。一般包括职务的分离（如现金记录和现金出纳的分离）、审批和批准（如赊销的批准），及内部检查（如比较销售单价和销货合同）。

文字表述法适用于内部控制程序比较简单、比较容易描述的小企业，其优点是可对调查对象做出比较深入和具体的描述，弥补调查表只能做出简单肯定或否定的不足。但其缺点是有时很难用简明易懂的语言来描述内部控制的细节，因而有时文字表述显得比较冗长，不易说清楚。

（三）流程图法

流程图法是指审计人员以特定的语言符号，通过绘制流程图的形式，描述被审计单位内部控制情况的方法。

流程图法，可用于设计评价流程图，也可用于绘制现状流程图。评价流程图，是反映某单位最基本内部控制要求的流程图，通常由审计人员设计，作为评价现状流程图的参考模式；现状流程图，是描述某单位现行内部控制状况的流程图，可由审计人员设计，也可由管理人员设计。绘制流程图应遵循以下基本程序。

(1) 确定对哪一类交易绘制流程图。

(2) 通过面谈、观察和审查凭证，搜集必要的信息。

(3) 先构思流程图的单位形式（如需要设多少栏，并按什么顺序表示交易涉及的有关部门及个人），并绘出草图。

(4) 用很好的格式编制流程图。

（5）追查某笔假设交易经过流程图的情况，以测试流程图的完整性和正确性。

在绘制流程图时，应注意以下事项。

（1）讲究次序。从上到下，自左至右，依次描绘。

（2）统一符号。同一凭证、文件或手续，应采用统一的符号表示，尽量做到规范化、标准化。

（3）先干后支。先将流程图中各主要环节勾画出来，然后再描绘细节。

（4）来去分明。图内每种凭证都要有来源的交代，如起点，或转入来源，同时要有去的交代，如存档、销毁或转到流程图之外等。

（5）少用文字。流程图应以符号为主，一般不用文字；若非用不可，也应尽量限于用短语；确实要用较长文字说明，可于应说明之处标以记号，另外在正图的右边或下边加注说明。

（6）加注图例。图中各种文件、凭证、账簿、报表，或是以代号或缩写注明的，应另在正图左下方或右下方加注图例或说明，以便查阅。

（7）力求清晰。图内所有符号、短句应力求清晰，短句应尽量统一加在线条的下方或右方，以免引起误解；纵横线条如要相交，应使用跨线符号。

（8）避免拥挤。图内各种符号、代号等切忌挤做一团，若制度流程复杂，一页纸容纳不下，可用转页符号；还可采用主图与附图分画的办法，即将主要流程图画在主图上，而将有关细节另附图说明。

（9）注意整洁。可先绘草图，也可用铅笔绘图。

（10）仔细复查。

用流程图法描述内部控制制度的优点在于，流程图把文字叙述减少到最低程度，形象直观，便于评审。它能帮助审计人员进行思考，较快地检查出内部控制制度逻辑上的薄弱环节。同时便于修改，在下次评审时，只要根据修改后的内部控制制度实际情况，稍稍变动几根线条、几个符号，就能更新整个流程图。流程图法不足之处在于，绘制流程图需备较娴熟的技术和花费较多的时间，另外，对内部控制的某些弱点有时很难在图上明确地表达出来。

第三节　内部控制测试

一、内部控制测试的基本知识

（一）内部控制测试概念

内部控制测试是指审计人员对内部控制执行的有效程度进行的测试。在对某项控制执行的有效性进行测试时,应查明四个问题:一是这项控制是怎样执行的;二是是否在年度中一贯执行;三是由谁来执行的;四是控制以何种方式运行。并非在任何情况下都需要进行控制测试,只有存在下列情形之一时,才进行控制测试。

(1)在评估认定层次重大错报风险时,预期控制的运行是有效的。

(2)仅实施实质性程序不足以提供认定层次充分、适当的审计证据。

(二)内部控制测试的目的

内部控制测试的目的主要有以下几点。

(1)获取内部控制有效运行的证据,以支持初步评价的重大错报风险水平。

(2)确定实质测试的性质、时间和范围。

二、内部控制测试的程序

虽然控制测试与了解内部控制的目的不同,但两者采用审计程序的类型通常相同,包括询问、观察、检查和穿行测试。此外,控制测试的程序还包括重新执行。

(一)询问

询问是指审计人员在控制测试中,为了了解被审计单位各项业务操作是否符合控制设计的要求,而向有关人员询问某些业务执行情况的方法。如审计人员通过询问文件资料保管人员,可以确定未经授权人员是否曾经被允许接近文件资料。

(二)观察

观察是指审计人员在控制测试中,身临被审计单位的工作现场,实地观察有关人员的实际工作情况,以确定其规定的控制措施是否得到严格执行的技术方法。该程序适用于不留下书面记录的控制(如职责分离)的运行情况的测试,如审计人员可以观察仓库实际的发料过程,确定是否和规定的发料程序相一致。

(三)检查

检查是指审计人员在控制测试中,抽取一定数量的账表、凭证等书面文档和其他有关资料,检查是否存在内部控制执行的特性,以判断内部控制是否得到有效贯彻执行的方法。该程序适用于留有痕迹的内部控制。如凭证上审核签字、报表上的复核签字等。

(四)重新执行

重新执行是指审计人员在控制测试中,将某项交易业务按被审计单位规定的程序全部或部分重做一次,以验证既定的控制措施是否被贯彻执行的技术方法。并非所有的内部控制都可采用重新执行程序。

（五）穿行测试

除了上述四类控制测试常用的审计程序以外，实施穿行测试也是一种重要的审计程序。值得注意的是，穿行测试不是单独的一种程序，而是将多种程序按特定审计需要进行结合运用的方法。穿行测试是通过追踪交易在财务报告信息系统中的处理过程，来证实注册会计师对控制的了解、评价控制设计的有效性以及确定控制是否得到执行。可见，穿行测试更多地在了解内部控制时运用。但在执行穿行测试时，注册会计师可能获取部分控制运行有效性的审计证据。

询问本身并不足以测试控制运行的有效性，注册会计师应当将询问与其他审计程序结合使用，以获取有关控制运行有效性的审计证据。观察提供的证据仅限于观察发生的时点，本身也不足以测试控制运行的有效性；将询问与检查或重新执行结合使用，通常能够比仅实施询问和观察获取更高的保证。例如，被审计单位针对处理收到的邮政汇款单设计和执行了相关的内部控制，注册会计师通过询问和观察程序往往不足以测试此类控制的运行有效性，还需要检查能够证明此类控制在所审计期间的其他时段有效运行的文件和凭证，以获取充分、适当的审计证据。

四、内部控制测试的时间

内部控制测试时间，主要根据审计主体的具体安排而定，既可以安排在期中工作中进行，也可安排在审计年度结束前的几个月进行，但不可以安排在年终结束后进行。因为内部控制测试的目的是获取审计年度内部控制执行有效的证据。但如果安排在审计年度期中进行内部控制测试，还要考虑剩余期间的长短或期中测试后任何控制有无重大变化。

五、内部控制测试的范围

控制测试的目的是获取内部控制运行有效的证据，所以，控制测试的范围越大，所能提供的有关控制政策或程序执行有效性的证据就越充分。如，询问很多人比询问一个人能提供更多的证据，观察所有材料入库验收手续比观察几笔材料入库业务可提供更多能证明必要控制程序已执行的证据。检查证据法和重新处理法道理也是如此。

在审计实务中，审计人员执行控制测试的范围并非越多越好，而要从最经济有效地实现审计目标的总体需要出发，合理地确定控制测试范围。在确定内部控制测试范围时，应当考虑的因素下列因素。

（1）在整个拟信赖的期间，被审计单位执行控制的频率。

（2）在所审计期间，拟信赖控制运行有效性的时间长度。

（3）为证实控制能够防止或发现并纠正认定层次重大错报，所需获取审计证据的相关性和可靠性。

(4) 通过测试与认定相关的其他控制获取的审计证据的范围。
(5) 在风险评估时拟信赖控制运行有效性的程度。
(6) 控制的预期偏差。

检查和重新执行一般采用抽样方法来确定测试的范围,既可采用统计抽样,也可采用非统计抽样。在非统计抽样法下,控制测试量一般要据控制执行的频率而定。执行次数越多,抽查的数量越多。国外一些会计公司确定控制测试量的方法如表 8-2 所示。

表 8-2　测试数量确定表

内部控制 执行的次数	抽查凭证数 (年度应抽查建议数量)	重新执行数 (年度应抽查建议数量)
每月执行一次	2~4	1~2
每周执行一次	4~10	2~4
每日执行一次	10~25	4~10
每日执行数次		
其中,全年在 1000 次以下	25~50	10~15
全年在 1000 次以上	50~100	15~20

第四节　内部控制评价

一、内部控制初步评价

审计人员在了解内部控制之后,对被审计单位的内部控制有了一个初步的认识,此时应对内部控制能否防止或发现并纠正重大错报做出判断,并对执行的结果做出初步评价,再根据初步评估的结果,确定是否采取依赖内部控制的审计方案。对控制的初步评价的结论如下。

(1) 所设计的控制单独或连同其他控制能够防止或发现并纠正重大错报,并得到执行。
(2) 控制本身的设计是合理的,但没有得到执行。
(3) 控制本身的设计就是无效的或缺乏必要的控制。

审计人员应根据对内部控制初步评价结果,决定是否信赖被审计单位的内部控制。如果被审计单位的内部控制单独或连同其他控制能够防止或发现并纠正重大错报,并得到执行,可信赖内部控制并实施控制测试;如果被审计单位的内部控制本身的设计就是无效的或缺乏必要的控制,或者内部控制本身的设计是合理的,但没有得到执行,则不信赖内部控制亦无须实施控制测试,直接实施实质性程序。

二、内部控制的综合评价

内部控制的综合评价，是根据调查了解的情况和控制测试的结果，对被审计单位内部控制要素能否防止或发现财务报表里的重要错报或漏报的有效程度进行的评价。根据综合评价的结果，实施或修正实质性测试的审计方案。

值得注意的是，这里的评价是针对认定层次的具体审计目标而进行的，而不是为了个别内部控制要素或个别控制政策、程序和措施而进行的。也就是说，审计人员应针对不同项目的每一具体审计目标分别评价控制的有效性。

审计人员评价控制的有效性时，应合理地应用职业判断。可以说，控制有效性的评价，就是审计人员对每一控制要素的相关政策、程序和措施的有效性，同某项具体审计目标里存在重大错报的风险之间的互相作用情况，进行判断的过程。值得注意的是，不同的控制要素，在控制风险评价中可能有不同的重要性。在有的情况下，控制环境中的无效政策和程序，可能会使其他控制要素中有效控制政策、程序和措施变为无效；反之，控制环境中有效政策和程序可能会弥补其他控制要素中的政策、程序和措施不健全的不足。

审计人员对调查了解和控制测试内部控制所获取的证据进行评价时，应注意以下几点。

（1）运用不同的调查了解和控制测试程序所获得的审计证据是不同的。如检查凭证取得的是书面证据，询问取得的是口头证据。

（2）这些不同的证据对控制政策、程序和措施的设计与执行的有效性所提供的保证是不相同的。

（3）审计人员可通过调查了解和控制测试取得有关某一特定控制的多种证据，但审计人员通过穿行测试和重新执行获取的证据，比间接取得的或通过询问有关人员推论取得的证据能提供更大的保证。

（4）充分运用审计职业判断。

（5）必须注意到内部控制五个要素对财务报表的不同程度的影响。

本章小结

本章主要讲述了内部控制基本知识、内部控制描述、内部控制测试和部控制评价等相关知识。通过本章学习，读者应该了解内部控制的演进、内部控制的概念及目标；掌握内部控制的构成要素；了解内部控制的内容和程序；掌握描述内部控制；掌握内部控制测试的基本知识、内部控制测试的程序、时间和氛围；了解内部控制的综合评价和内部控制的综合评价。

本章习题

一、单项选择题

1. 下列有关对控制环境进行了解的提法正确的是（　　）。

   A．注册会计师对于控制环境的了解开始于审计计划阶段

   B．在对控制环境进行了解时应采用穿行测试

   C．尽管注册会计师了解到控制环境薄弱，但仍可以认定某一流程的控制是有效的

   D．由于对小型被审计单位无法获取以文件形式存在的有关控制环境要素的审计证据，注册会计师可通过了解管理层对内部控制设计的态度、认识和措施来评估风险

2. 注册会计师了解被审计单位及其环境的目的是（　　）。

   A．确定重要性水平　　　　　　　　　　B．控制固有风险

   C．为了识别和评估财务报表的重大错报风险　　D．控制检查风险

3. 注册会计师应当设计控制测试，以获取控制在整个拟信赖的期间有效运行的充分、适当的审计证据。下列关于控制测试范围的叙述不正确的是（　　）。

   A．控制执行的频率越高，控制测试的范围越小

   B．控制的预期偏差率越高，对拟信赖控制实施控制测试的范围越大

   C．如果控制的预期偏差率过高，注册会计师应当考虑控制可能不足以将认定层次的重大错报风险降至可接受的低水平，从而认为某一认定实施的控制测试可能是无效的

   D．信息技术处理具有内在一贯性，除非系统发生变动，注册会计师通常不需要增加自动化控制的测试范围

4. 下列关于注册会计师对进一步审计程序的性质的选择中，不恰当的是（　　）。

   A．在确定进一步审计程序的性质时，注册会计师首先需要考虑的是认定层次重大错报风险的评估结果

   B．注册会计师应当根据认定层次重大错报风险的评估结果选择审计程序

   C．除了从总体上把握认定层次重大错报风险的评估结果对选择进一步审计程序的影响外，在确定拟实施的审计程序时，注册会计师接下来应当考虑评估的认定层次重大错报风险产生的原因

   D．注册会计师在实施进一步审计程序时不应该利用被审计单位信息系统生成的信息

5. 针对评估的财务报表层次的重大错报风险，注册会计师应当恰当选择拟实施的进一步审计程序的总体应对方案。在下列（　　）情况下，注册会计师选择综合性方案是最恰当的。

   A．注册会计师认为实施控制测试不符合成本效益原则

B. 被审计单位采用高度自动化系统处理和记录重要交易

C. 被审计单位存在广泛的管理层凌驾于主要内部控制之上的情况

D. 注册会计师发现被审计单位不存在与特定认定相关的内部控制

二、多项选择题

1. 下列属于注册会计师为获取有关控制设计和执行的审计证据而实施的风险评估程序有（　　）。

　　A. 观察特定控制的运用　　　　B. 询问被审计单位有关人员

　　C. 检查文件和报告　　　　　　D. 穿行测试

2. 下列有关了解被审计单位内部控制的表述中正确的是（　　）。

　　A. 注册会计师通过了解，确定控制设计不当，就不需要再考虑控制是否得到执行

　　B. 注册会计师可使用询问程序来获得其控制的设计以及确定其是否得到执行的充分适当的证据

　　C. 对某信息系统的内部控制的了解有可能代替对控制运行有效性的测试

　　D. 执行穿行测试即评价内部控制的设计是否合理，也可确定其是否得到执行

3. 下列不属于控制活动内容的有（　　）。

　　A. 信息处理　　　　　　　　　B. 组织结构

　　C. 交易价值的计量　　　　　　D. 适当的表述

4. 下列关于控制测试的提法中，恰当的有（　　）。

　　A. 如果注册会计师认为内部控制的设计能够防止或发现并纠正财务报表认定层次的重大错报时，应对控制运行的有效性实施测试

　　B. 注册会计师应对被审计单位的所有内部控制测试其有效性

　　C. 如果被审计单位在所审期间内不同时期使用了不同的控制，注册会计师应当考虑不同时期控制运行的有效性

　　D. 注册会计师可以考虑在评价控制设计和获取其得到执行的审计证据的同时测试控制运行的有效性，以提高审计效率

5. 如果被审计单位的控制环境存在缺陷，注册会计师在对拟实施审计程序的性质、时间和范围做出总体修改时应当考虑的有（　　）。

　　A. 主要依赖控制测试获取审计证据

　　B. 在期末而非期中实施更多的审计程序

　　C. 通过实施实质性程序获取更广泛的审计证据

　　D. 增加拟纳入审计范围的经营地点的数量

三、简答题

1. 注册会计师应当从哪些方面了解被审计单位及其环境？

2. 注册会计师针对评估的财务报表层次重大错报风险采取的总体应对措施有哪些？当评估的财务报表层次重大错报风险属于高风险水平时对拟实施进一步审计程序的总体方案有何影响？

3. 简要说明注册会计师如何增加审计程序不可预见性。

4. 识别和评估重大错报风险的审计程序有哪些？

5. 何谓特别风险？判断特别风险时，注册会计师应当至少考虑哪些因素？

第九章 风险评估与风险应对

【本章导读】

风险导向审计是当今审计主流的审计模式，它要求审计人员以风险评估为切入点，将对审计风险的识别、评估和应对贯穿于整个审计过程，将审计风险降低到可接受的水平。民间审计、国家审计和内部审计准则均要求审计人员按风险导向的理念实施审计。本章以民间审计为例介绍财务报表风险导向审计的测试流程。

【本章目标】

➢ 掌握风险评估的相关知识
➢ 掌握风险应对的相关知识

第一节 风险评估

《中国注册会计师审计准则 1211 号——通过了解被审计单位及其环境识别和评估重大错报风险》规定，注册会计师应当实施风险评估程序，为识别和评估财务报表层次和认定层次的重大错报风险提供基础。

一、风险评估程序和相关活动

风险评估程序，是指注册会计师为了解被审计单位及其环境，以识别和评估财务报表层次和认定层次的重大错报风险（无论错报由于舞弊或错误导致）而实施的审计程序。

（一）风险评估程序的内容

风险评估程序应当包括：询问管理层以及被审计单位内部其他人员；分析程序；观察和检查。

1. 询问管理层以及被审计单位内部其他人员

（1）询问管理层和负责财务报告人员。注册会计师可以考虑向管理层和财务负责人询问下列事项。

①管理层所关注的主要问题。如新的竞争对手、主要客户和供应商的流失、新的税收

②被审计单位最近的财务状况、经营成果和现金流量。

③可能影响财务报告的交易和事项，或者目前发生的重大会计处理问题。如重大的购并事宜等。

④被审计单位发生的其他重要变化。如所有权结构、组织结构的变化以及内部控制的变化等。

（2）询问被审计单位内部其他人员。注册会计师通过询问获取的大部分信息来自于管理层和负责财务报告的人员。注册会计师也可以通过询问被审计单位内部的其他不同层级的人员获取信息，或为识别重大错报风险提供不同的视角。例如以下几种情况。

①直接询问治理层，可能有助于注册会计师了解编制财务报表的环境。

②直接询问内部审计人员，可能有助于获取有关以下事项的信息：本年度针对被审计单位内部控制设计和运行有效性而实施的内部审计程序，以及管理层是否根据实施这些程序的结果采取了适当的应对措施。

③询问参与生成、处理或记录复杂或异常交易的员工，可能有助于注册会计师评价被审计单位选择和运用某项会计政策的恰当性。

③直接询问内部法律顾问，可能有助于注册会计师了解有关信息，如诉讼、遵守法律法规的情况、影响被审计单位的舞弊或舞弊嫌疑、产品保证、售后责任、与业务合作伙伴的安排（如合营企业）和合同条款的含义等。

④直接询问营销或销售人员，可能有助于注册会计师了解被审计单位营销策略的变化、销售趋势或与客户的合同安排。

需要询问的被审计单位内部其他人员，是注册会计师根据判断认为可能拥有某些信息的人员，这些信息有助于识别由于舞弊或错误导致的重大错报风险。

2. 分析程序

注册会计师将分析程序用作风险评估程序，可能有助于识别未注意到的被审计单位的情况，并可能有助于评估重大错报风险，以为针对评估的风险设计和实施应对措施提供基础。注册会计师实施分析程序可以使用财务信息和非财务信息，如销售额与卖场的面积或已出售商品数量之间的关系。

注册会计师实施分析程序可能有助于识别异常的交易或事项，以及对审计产生影响的金额、比率和趋势。识别出的异常或未预期到的关系可以帮助注册会计师识别重大错报风险，特别是由于舞弊导致的重大错报风险。

当分析程序使用高度汇总的数据时（作为风险评估程序的分析程序可能存在这种情况），实施分析程序的结果可能仅初步显示是否存在重大错报。在这种情况下，将分析程序的结果与识别重大错报风险时获取的其他信息一并考虑，可以帮助注册会计师了解并评价分析程序的结果。

3．观察和检查

观察和检查程序可以支持对管理层和其他相关人员的询问结果，并可以提供有关被审计单位及其环境的信息。这些审计程序的举例包括观察或检查下列事项。

（1）被审计单位的经营活动。

（2）文件（如经营计划和策略）、记录和内部控制手册。

（3）管理层编制的报告（如季度管理层报告和中期财务报告）和治理层编制的报告（如董事会会议纪要）。

（4）被审计单位的生产经营场所和厂房设备。

（二）其他审计程序和信息来源

1．其他审计程序

虽然注册会计师在了解被审计单位的过程中需要实施所有风险评估程序，但无须在了解每个方面时都实施所有的风险评估程序。当拟获取的信息有助于识别重大错报风险时，注册会计师也可以执行其他程序。这些程序举例如下。

（1）查阅从外部来源获取的信息，如贸易与经济方面的期刊，分析师、银行或评级机构的报告，法规或金融出版物等。

（2）询问被审计单位聘请的外部法律顾问或评估专家。

2．其他信息来源

（1）承接或续约获取的信息。注册会计师应当考虑在客户接受或保持过程中获取的信息是否与识别重大错报风险相关。

（2）提供其他服务获取的信息。如果项目合伙人已为被审计单位执行了其他业务，项目合伙人应当考虑所获取的信息是否与识别重大错报风险相关。

（3）以前期间获取的信息。如果拟利用以往与被审计单位交往的经验和以前审计中实施审计程序获取的信息，注册会计师应当确定被审计单位及其环境自以前审计后是否已发生变化，进而可能影响这些信息对本期审计的相关性。

（三）项目组内部讨论

审计准则规定，项目合伙人和项目组其他关键成员应当讨论被审计单位财务报表存在重大错报的可能性，以及如何根据被审计单位的具体情况运用使用的财务报告编制基础。项目合伙人应当确定向未参与讨论的项目组成员通报哪些事项。

项目组内部关于财务报表发生重大错报可能性的讨论可以：

（1）使经验较丰富的项目组成员（包括项目合伙人）有机会分享其根据对被审计单位

的了解形成的见解。

（2）使项目组成员能够讨论被审计单位面临的经营风险、财务报表容易发生错报的领域以及发生错报的方式，特别是由于舞弊或错误导致重大错报的可能性。

（3）帮助项目组成员更好地了解在各自负责的领域中潜在的财务报表重大错报，并了解各自实施的审计程序的结果可能如何影响审计的其他方面，包括对确定进一步审计程序的性质、时间安排和范围的影响。

（4）为项目组成员交流和分享在审计过程中获取的、可能影响重大错报风险评估结果或应对这些风险的审计程序的新信息提供基础。

所有成员都参与到一项讨论中，并非总是必要和可行的（如在跨地区审计中），将讨论中做出的全部决定告知项目组所有成员也不总是必要的。项目合伙人可以与项目组关键成员（包括专家和负责组成部分审计的人员，如认为适当）进行讨论，而在考虑整个项目组中必要的沟通范围后，可以委派代表与其他人员进行讨论。在这种情况下，经项目合伙人同意的沟通计划可能是有用的。

二、了解被审计单位及其环境

（一）了解被审计单位及其环境的意义

了解被审计单位是必要程序，特别是为下列关键环节的职业判断提供了重要基础。

（1）评估重大错报风险。

（2）按照《中国注册会计师审计准则第1221号——计划和执行审计工作时的重要性》的规定确定重要性。

（3）考虑选择和运用会计政策的恰当性和财务报表披露的充分性。

（4）识别需要特别考虑的领域，如关联方交易、管理层运用持续经营假设的适当性或考虑交易是否具有合理的商业目的。

（5）确定在实施分析程序时使用的预期值。

（6）应对评估的重大错报风险，包括设计和实施进一步审计程序以获取充分、适当的审计证据。

（7）评价已获取审计证据的充分性和适当性，如假设的适当性以及管理层口头声明和书面声明的适当性。

了解被审计单位及其环境是一个连续和动态地搜集、更新与分析信息的过程，贯穿于整个审计过程的始终。注册会计师应当运用职业判断确定需要了解被审计单位及其环境的程度。

（二）了解被审计单位及其环境的内容

注册会计师应当从以下六个方面了解被审计单位及其环境：行业状况、法律环境和监管环境及其他外部因素；被审计单位的性质；被审计单位对会计政策的选择和运用；被审计单位的目标、战略以及可能导致重大错报风险的相关经营风险；对被审计单位财务业绩的衡量和评价；被审计单位的内部控制。

1. 行业状况、法律环境和监管环境及其他外部因素

（1）行业因素。相关行业因素包括行业状况，如竞争环境、供应商和客户关系、技术发展情况等。注册会计师可能需要考虑的事项举例如下：市场与竞争，包括市场需求、生产能力和价格竞争；生产经营的季节性和周期性；与被审计单位产品相关的生产技术；能源供应与成本。

被审计单位经营所处的行业可能产生由于经营性质或监管程度导致的特定重大错报风险。例如，长期合同可能涉及对收入和费用做出重大估计而导致重大错报风险。在这种情况下，项目组包括具有足够相关知识和经验的成员是很重要的。

（2）法律和监管因素。相关法律和监管因素包括法律环境和监管环境。法律环境和监管环境包括适用的财务报告编制基础、法律和政治环境等。注册会计师可能需要考虑的事项举例如下：会计原则和行业特定惯例；受管制行业的法规框架；对被审计单位经营活动产生重大影响的法律法规，包括直接的监管活动；税收政策（关于企业所得税和其他税种的政策）；目前对被审计单位开展经营活动产生影响的政府政策，如货币政策（包括外汇管制）、财政政策、财政刺激措施（如政府援助项目）、关税或贸易限制政策等；影响行业和被审计单位经营活动的环保要求。

（3）其他外部因素。注册会计师考虑的影响被审计单位的其他外部因素可能包括总体经济情况、利率、融资的可获得性、通货膨胀水平或币值变动等。

2. 被审计单位的性质

被审计单位的性质，包括经营活动、所有权和治理结构、正在实施和计划实施的投资（包括对特殊目的实体的投资）的类型、组织结构和筹资方式。了解被审计单位的性质，可以使注册会计师了解预期在财务报表中反映的各类交易、账户余额和披露。了解被审计单位的性质使注册会计师能够了解如下事项。

（1）被审计单位的组织结构是否复杂。例如，是否在多个地区拥有子公司或其他组成部分。复杂的组织结构通常产生可能导致重大错报风险的问题。这些问题可能包括对商誉、合营企业、投资或特殊目的实体的会计处理是否恰当。

（2）了解所有权结构，所有者与其他人员或实体之间的关系，有助于注册会计师确定关联方交易是否已得到识别和恰当处理。《中国注册会计师审计准则第 1323 号——关联

方》及其应用指南对注册会计师与关联方相关的考虑做出了规定并提供了指引。

3. 被审计单位的性质

被审计单位对会计政策的选择和运用，包括变更会计政策的原因。注册会计师应当根据被审计单位的经营活动，评价会计政策是否适当，并与适用的财务报告编制基础、相关行业使用的会计政策保持一致。了解被审计单位对会计政策的选择和运用可能包括如下事项。

（1）被审计单位对重大和异常交易的会计处理方法。

（2）在缺乏权威性标准或共识、有争议的或新兴领域采用重要会计政策产生的影响。

（3）会计政策的变更。

（4）新颁布的财务报告准则、法律法规，以及被审计单位何时采用、如何采用这些规定。

4. 目标、战略以及相关经营风险

被审计单位在行业状况、法律环境和监管环境及其他内部和外部因素的背景下开展经营活动。为应对这些因素，管理层或治理层需要确定目标，作为被审计单位的总体规划。战略是管理层为实现目标而采用的方法。被审计单位的目标和战略可能会随着时间而变化。经营风险，是指可能对被审计单位实现目标和实施战略的能力产生不利影响的重要状况、事项、情况、作为（或不作为）而导致的风险，或由于制订不恰当的目标和战略而导致的风险。经营风险比财务报表重大错报风险范围更广，并且包括重大错报风险。经营风险可能产生于环境变化或经营的复杂性。未能认识到根据环境的变化做出改变也可能导致经营风险。

注册会计师在了解可能导致财务报表重大错报风险的目标、战略及相关经营风险时，可以考虑以下事项。

（1）行业发展（例如，潜在的相关经营风险可能是被审计单位不具备足以应对行业变化的人力资源和业务专长）。

（2）开发新产品或提供新服务（例如，潜在的相关经营风险可能是被审计单位产品责任增加）。

（3）业务扩张（例如，潜在的相关经营风险可能是被审计单位对市场需求的估计不准确）。

（4）新的会计要求（例如，潜在的相关经营风险可能是被审计单位执行不当或不完整，或会计处理成本增加）。

（5）监管要求（例如，潜在的相关经营风险可能是被审计单位法律责任增加）。

（6）本期及未来的融资条件（例如，潜在的相关经营风险可能是被审计单位由于无法满足融资条件而失去融资机会）。

（7）信息技术的运用（例如，潜在的相关经营风险可能是被审计单位信息系统与业务流程难以融合）。

（8）实施战略的影响，特别是由此产生的需要运用新的会计要求的影响（例如，潜在的相关经营风险可能是被审计单位执行新要求不当或不完整）。

5．被审计单位财务业绩的衡量和评价

管理层及其他人员经常衡量和评价其认为重要的事项。无论是内部的还是外部的业绩衡量，都会对被审计单位产生压力。这些压力反过来可能促使管理层采取措施改善经营业绩或歪曲财务报表。因此，了解被审计单位的业绩衡量，有助于注册会计师考虑实现业绩目标的压力是否可能导致管理层采取行动，以致增加财务报表发生重大错报的风险（包括由于舞弊导致的风险）。

对财务业绩的衡量和评价不同于对控制的监督，其内容如下。

（1）对财务业绩的衡量和评价，针对的是被审计单位的业绩是否达到管理层（或第三方）设定的目标。

（2）对控制的监督重点关注内部控制的有效运行。但两者的目标可能有重叠，在某些情况下，业绩指标也可以为管理层识别内部控制缺陷提供信息。

注册会计师可以考虑的、管理层在衡量和评价财务业绩时使用的内部生成信息举例如下：

（1）关键业绩指标（财务或非财务的）、关键比率、趋势和经营统计数据；

（2）同期财务业绩比较分析；

（3）预算、预测、差异分析，分部信息与分部、部门或其他不同层次的业绩报告；

（4）员工业绩考核与激励性报酬政策；

（5）被审计单位与竞争对手的业绩比较。

外部机构或人员也可能衡量和评价被审计单位的财务业绩。例如，外部信息可能为注册会计师提供有用信息，如分析师报告和信用评级机构报告，这些报告通常可以从被审计单位获取。

内部业绩衡量可能显示未预期到的结果或趋势，需要管理层确定原因并采取纠正措施（包括在某些情况下及时发现并纠正错报）。业绩衡量还可能向注册会计师表明，相关财务报表信息存在错报风险。例如，业绩衡量可能表明，被审计单位与同行业其他实体相比具有异常快速的增长率或盈利水平。这些信息，特别是如果将其与基于业绩的奖金或激励性报酬等其他因素结合考虑，可能表明管理层在编制财务报表时存在偏向的潜在风险。

6．被审计单位的内部控制

注册会计师应当从以下方面了解被审计单位的内容控制。

（1）控制环境。

(2) 风险评估过程。
(3) 控制活动。
(4) 信息系统与沟通。
(5) 控制的监督。

三、了解被审计单位的内部控制

了解内部控制有助于注册会计师识别潜在错报的类型和影响重大错报风险的因素，以及设计进一步审计程序的性质、时间安排和范围。

（一）与财务报表审计相关的内部控制

内部控制的目标旨在合理保证财务报告的可靠性、经营的效率和效果以及对法律法规的遵守。注册会计师审计的目标是对财务报表是否不存在重大错报发表审计意见，尽管要求注册会计师在财务报表审计中考虑与财务报表编制相关的内部控制，但目的并非对被审计单位内部控制的有效性发表意见。因此，注册会计师需要了解和评价的内部控制只是与财务报表审计相关的内部控制，并非被审计单位所有的内部控制。

被审计单位的目标与为实现目标提供合理保证的内部控制之间存在直接关系。被审计单位的目标和内部控制，与财务报告、经营及合规有关。但这些目标和控制并非都与注册会计师的风险评估相关。

注册会计师应当了解与审计相关的内部控制。虽然大部分与审计相关的控制可能与财务报告相关，但并非所有与财务报告相关的控制都与审计相关。确定一项控制单独或连同其他控制是否与审计相关，需要注册会计师做出职业判断。

注册会计师在判断一项控制单独，或连同其他控制是否与审计相关时可能考虑下列事项。

(1) 重要性。
(2) 相关风险的重要程度。
(3) 被审计单位的规模。
(4) 被审计单位业务的性质，包括组织结构和所有权特征。
(5) 被审计单位经营的多样性和复杂性。
(6) 适用的法律法规。
(7) 内部控制的情况和适用的要素。
(8) 作为内部控制组成部分的系统（包括使用服务机构）的性质和复杂性。
(9) 一项特定控制（单独或连同其他控制）是否以及如何防止或发现并纠正重大错报。

如果在设计和实施进一步审计程序时拟利用被审计单位内部生成的信息，针对该信息完整性和准确性的控制可能与审计相关。如果与经营和合规目标相关的控制与注册会计师实施审计程序时评价或使用的数据相关，则这些控制也可能与审计相关。

用以防止未经授权购买、使用或处置资产的内部控制，可能包括与财务报告和经营目标相关的控制。注册会计师对这些控制的考虑通常仅限于与财务报告可靠性相关的控制。

（二）内部控制的人工和自动化成分

1．内部控制的人工和自动化特征及其影响

被审计单位的内部控制系统包含人工成分，通常也包含自动化成分。人工或自动化成分的特征，与注册会计师的风险评估以及在此基础上实施的进一步审计程序相关。内部控制中采用的人工成分和自动化成分，将影响交易生成、记录、处理和报告的方式。

（1）人工系统的控制可能包括对交易的批准和复核，编制调节表并对调节项目进行跟进。被审计单位也可能采用自动化程序生成、记录、处理和报告交易，在这种情况下可以电子文档取代纸质文件。

（2）信息技术系统中的控制是自动化控制（如嵌入计算机程序的控制）和人工控制的组合。人工控制可能独立于信息技术，可能利用信息技术生成的信息，或可能只限用于监督信息技术和自动化控制的有效运行或者处理例外事项。如果采用信息技术生成、记录、处理和报告交易和财务报表中包含的其他财务数据，系统和程序可能包括与财务报表重大账户认定相关的控制，或可能对依赖于信息技术的人工控制的有效运行非常信赖。

内部控制中人工成分和自动化成分的组合，因被审计单位使用信息技术的性质和复杂程度而异。

2．信息技术的作用及相关控制风险

一般而言，信息技术对被审计单位内部控制的作用在于使被审计单位能够：

（1）在处理大量的交易或数据时，一贯运用事先确定的业务规则，并进行复杂运算；

（2）提高信息的及时性、可获得性及准确性；

（3）促进对信息的深入分析；

（4）提高对被审计单位的经营业绩及其政策和程序执行情况进行监督的能力；

（5）降低控制被规避的风险；

（6）通过对应用程序系统、数据库系统和操作系统执行安全控制，提高不兼容职务分离的有效性。

信息技术也可能对被审计单位内部控制产生特定风险，这些风险主要包括以下几个。

（1）所依赖的系统或程序不能正确处理数据，或处理了不正确的数据，或两种情况并存。

（2）未经授权访问数据，可能导致数据的毁损或对数据不恰当的修改，包括记录未经授权或不存在的交易，或不正确地记录了交易。多个用户同时访问同一数据库可能会造成特定风险。

(3) 信息技术人员可能获得超越其职责范围的数据访问权限，因此破坏了系统应有的职责分工。

(4) 未经授权改变主文档的数据。

(5) 未经授权改变系统或程序。

(6) 未能对系统或程序做出必要的修改。

(7) 不恰当的人为干预。

(8) 可能丢失数据或不能访问所需要的数据。

3. 人工控制适用范围及相关控制风险

在处理下列需要主观判断或酌情处理的情形时，内部控制的人工成分可能更为适当。

(1) 存在大额、异常或偶发的交易。

(2) 存在难以界定、预计或预测的错误的情况。

(3) 针对变化的情况，需要对现有的自动化控制进行人工干预。

(4) 监督自动化控制的有效性。

内部控制中的人工成分可能比自动化成分的可靠性低，原因是人工成分可能更容易被规避、忽视或凌驾，以及更容易产生简单错误和失误。因此，不能假定人工控制能够一贯运用。人工控制在下列情形中可能是不适当的：

(1) 存在大量或重复发生的交易，或者事先可预计或预测的错误能够通过自动化控制参数得以防止或发现并纠正；

(2) 用特定方法实施控制的控制活动可得到适当设计和自动化处理。

内部控制风险的程度和性质取决于被审计单位信息系统的性质和特征。考虑到信息系统的特征，被审计单位可以通过建立有效的控制，应对由于采用信息技术或人工成分而产生的风险。

（三）了解内部控制的程度

在了解与审计相关的控制时，注册会计师应当综合运用询问被审计单位内部人员和其他程序，以评价这些控制的设计，并确定其是否得到执行。

评价控制的设计，涉及考虑该控制单独或连同其他控制，是否能够有效防止或发现并纠正重大错报。控制得到执行是指某项控制存在且被审计单位正在使用。评估一项无效控制的运行没有什么意义，因此需要首先考虑控制的设计。设计不当的控制可能表明存在值得关注的内部控制缺陷。

（四）控制环境

民间审计准则规定，注册会计师应当了解控制环境。作为了解控制环境的一部分，注册会计师应当评价：管理层在治理层的监督下，是否营造并保持了诚实守信和合乎道德的文化；控制环境总体上的优势是否为内部控制的其他要素奠定了适当的基础，以及这些其他要素是否未被控制环境中存在的缺陷所削弱。

1. 与控制环境要素相关的审计证据

通过将询问和其他风险评估程序相结合（如通过观察或检查文件证实询问），注册会计师可以获取相关审计证据。例如，通过询问管理层和员工，注册会计师可以了解管理层如何向员工传达商业行为惯例和道德行为价值观念。注册会计师可以通过考虑管理层是否建立了书面行为守则以及管理层是否按照支持该守则的方式行事，来确定相关控制是否已得到执行。

2. 控制环境对重大错报风险评估的影响

控制环境的某些要素对重大错报风险评估具有广泛影响。例如，被审计单位的控制意识在很大程度上受治理层影响，因为治理层的职责之一就是平衡管理层面临的与财务报告相关、源于市场需求或薪酬方案的压力。与治理层参与相关的控制环境的设计有效性受下列事项的影响：治理层相对于管理层的独立性及评价管理层措施的能力；治理层是否了解被审计单位从事的交易；治理层对财务报表是否按照适用的财务报告编制基础编制进行评价的程度。活跃而独立的董事会可能影响高级管理人员的理念和经营风格，其他因素对高级管理人员的影响可能有限。例如，人力资源政策和实务规定招聘具有胜任能力的财务、会计和信息系统人员，这可能降低处理财务信息时出现错误的风险，但是却不能抵消最高管理层高估收益的强烈倾向。

当注册会计师评估重大错报风险时，存在令人满意的控制环境是一个积极的因素。虽然令人满意的控制环境有助于降低舞弊风险，但并不能绝对遏制舞弊。相反，控制环境中存在的缺陷（特别是与舞弊相关的缺陷）可能削弱控制的有效性。例如，管理层没有针对信息系统安全风险投入足够资源，而是允许对系统程序或数据做出不当修改，或允许处理未经授权的交易，这可能对内部控制产生不利影响。控制环境本身并不能防止或发现并纠正重大错报。然而，它可能影响注册会计师对其他控制（如对控制的监督和特定控制活动的运行）有效性的评价，进而影响注册会计师对重大错报风险的评估。

（五）被审计单位的风险评估过程

1. 被审计单位的风险评估过程

被审计单位的风险评估过程包括管理层如何识别与按照适用的财务报告编制基础编制财务报表相关的经营风险，估计其重要性，评估其发生的可能性，针对这些风险采取措施应对和管理风险及其结果。例如，被审计单位的风险评估过程可能针对被审计单位如何考虑交易未被记录的可能性，或识别并分析财务报表中记录的重大估计。

2. 可能产生或改变与财务报告相关风险的情况

与可靠的财务报告相关的风险包括可能发生的外部和内部事项、交易或情况，这些事项、交易或情况会对被审计单位生成、记录、处理和报告财务报表中与管理层认定相一致的财务数据产生不利影响。管理层可能会制订计划、执行程序或采取措施以解决特定风险，或者出于成本或其他考虑决定接受风险。以下情况可能会产生或改变风险。

（1）监管环境和经营环境的变化。监管环境和经营环境的变化会导致竞争压力的变化以及显著不同的风险。

（2）新员工。新员工可能对内部控制有不同的关注点或认识。

（3）新的或升级的信息系统。信息系统重大、快速的变化会改变与内部控制有关的风险。

（4）快速增长。重要、快速的业务扩张可能使控制难以应对，从而增加了控制失效的风险。

（5）新技术。将新技术运用于生产过程或信息系统可能改变与内部控制相关的风险。

（6）新业务模式、产品或活动。进入新的业务领域和发生新的交易，可能因被审计单位具有较少的经验而带来新的与内部控制相关的风险。

（7）公司重组。重组可能带来裁员和监督及职责分离的变化，可能改变与内部控制相关的风险。

（8）扩张海外经营。在海外扩张或收购海外企业会产生新的并且往往是独特的风险，进而可能影响内部控制，如由于外币交易产生的额外或已变化的风险。

（9）新的会计政策。采用新的会计政策或变更会计政策可能影响财务报表编制过程中的风险。

3. 对被审计单位风险评估过程的了解

（1）对被审计单位已建立风险评估过程的了解。如果被审计单位已建立风险评估过程，注册会计师应当了解风险评估过程及其结果。如果识别出管理层未能识别出的重大错报风险，注册会计师应当评价是否存在这类风险，即注册会计师预期被审计单位风险评估过程应当识别出而未识别出的风险。如果存在这类风险，注册会计师应当了解风险评估过程未能识别出的原因，并评价风险评估过程是否适合具体情况，或者确定与风险评估过程相关的内部控制是否存在值得关注的内部控制缺陷。

（2）被审计单位未建立风险评估过程的了解。如果被审计单位未建立风险评估过程，或具有非正式的风险评估过程，注册会计师应当与管理层讨论是否识别出与财务报告目标相关的经营风险以及如何应对这些风险。注册会计师应当评价缺少记录的风险评估过程是否适合具体情况，或确定是否表明存在值得关注的内部控制缺陷。

（六）控制活动

1. 与审计相关的控制活动

注册会计师应当了解与审计相关的控制活动。与审计相关的控制活动，是注册会计师为评估认定层次重大错报风险并设计进一步审计程序应对评估的风险而认为有必要了解的控制活动。审计并不要求了解与财务报表中每类重大交易、账户余额和披露或与其每项认定相关的所有控制活动。

通常，与审计相关的控制活动包括以下内容。

（1）与特别风险相关的控制活动，以及与仅通过实质性程序无法获取充分、适当的审计证据的风险相关的控制活动。

（2）注册会计师运用职业判断认为相关的控制活动。

注册会计师判断一项控制活动是否与审计相关，受以下两个因素的影响。

（1）注册会计师识别出的可能导致重大错报的风险；

（2）在确定实质性程序的范围时，注册会计师认为测试控制运行的有效性是否适当。

注册会计师的工作重点是识别和了解重大错报风险更高的领域的控制活动。如果多项控制活动能够实现同一目标，注册会计师不必了解与该目标相关的每项控制活动。

注册会计师通过了解内部控制其他要素获取的关于控制活动是否存在的信息，有助于其确定是否有必要对控制活动进行更多的了解。

2. 信息技术导致的风险

在了解被审计单位控制活动时，注册会计师应当了解被审计单位如何应对信息技术导致的风险。信息技术的采用影响被审计单位执行控制活动的方式。从注册会计师的角度看，如果针对信息系统的控制能够保证系统所处理信息和数据的完整性和安全性，则控制是有效的。针对信息系统的控制包括信息技术一般控制和应用控制。

（1）信息技术一般控制。信息技术一般控制是与多个程序相关且支持应用控制有效运行的政策或程序，应用于主机、小型机和终端用户环境。保证信息完整性和数据安全性的信息技术一般控制通常包括以下内容。

（1）数据中心和网络运行控制。

（2）系统软件的购置、修改及维护控制。

（3）程序修改控制。

（4）接触或访问权限控制。

（5）应用系统的购置、开发及维护控制。

（2）应用控制。应用控制通常是指在业务流程层面运行的人工或自动化程序，运用于由单个程序处理的交易。从性质上讲，应用控制可以是预防性的或检查性的，旨在保证会计记录的完整性。因此，应用控制与用于生成、记录、处理、报告交易或其他财务数据的程序相关。这些控制有助于保证发生的交易经过授权,并得到全面而准确地记录和处理。应用控制的举例包括对输入数据的编辑性检查、序号检查和报告例外事项的人工跟进,以及在数据录入时进行纠正。

(七)对控制的监督

注册会计师应当了解被审计单位用于监督与财务报告相关的内部控制的主要活动,包括了解针对与审计相关的控制活动的监督,以及被审计单位如何对控制缺陷采取补救措施。

对控制的监督是指被审计单位评价内部控制在一段时间内运行有效性的过程。对控制的监督涉及及时评估控制的有效性并采取必要的补救措施。管理层通过持续的监督活动、单独的评价活动或两者相结合实现对控制的监督。持续的监督活动通常贯穿于被审计单位日常重复的活动中,包括常规管理和监督工作。如果被审计单位设有内部审计,注册会计师应当了解下列事项,以确定内部审计是否可能与审计相关。

(1)内部审计的职能范围以及内部审计在被审计单位组织结构中的地位和作用。

(2)内部审计已实施或拟实施的活动。

如果被审计单位内部审计的职责和活动与财务报告相关,并且注册会计师预期利用内部审计人员的工作,以修改拟实施审计程序的性质或时间安排或者缩小拟实施审计程序的范围,则内部审计可能与审计相关。如果注册会计师确定内部审计与审计相关,则《中国注册会计师审计准则第1411号——利用内部审计人员的工作》适用。

各种实体内部审计的目标及其职责的性质和在组织中的地位都各不相同,取决于实体的规模和结构、管理层和适当的治理层(如适用)的要求。例如,内部审计的职责可能包括监督内部控制、风险管理、检查对法律法规的遵守情况。另一方面,内部审计的职责可能仅限于检查经营活动的经济性、效率性和有效性,因此可能与财务报告无关。

如果内部审计职责的性质与财务报告相关,注册会计师在考虑内部审计已实施或拟实施的活动时,可以检查内部审计在本期的审计计划(如存在)并与内部审计人员讨论该计划。

四、识别和评估重大错报风险

(一)两个层次的重大错报风险

注册会计师应当在下列两个层次识别和评估重大错报风险,为设计和实施进一步审计程序提供基础:财务报表层次;各类交易、账户余额和披露的认定层次。

1. 财务报表层次重大错报风险

财务报表层次重大错报风险是指与财务报表整体广泛相关,并潜在地影响多项认定的风险。这种性质的风险不一定限定于某类交易、账户余额或披露层次的特定认定的风险，而在一定程度上代表了可能增加认定层次重大错报风险的情况，如管理层凌驾于内部控制之上。财务报表层次的风险可能与注册会计师考虑由于舞弊导致的重大错报风险相关。

财务报表层次的风险很可能源于控制环境存在缺陷（虽然这些风险还可能与其他因素相关，如经济下滑）。例如，管理层缺乏胜任能力等缺陷可能对财务报表具有更广泛的影响，可能需要注册会计师采取总体应对措施。

注册会计师在了解被审计单位内部控制后，可能对被审计单位财务报表的可审计性产生怀疑。例如：对管理层的诚信产生严重疑虑，以致注册会计师认为管理层在财务报表中做出虚假陈述的风险非常大而无法进行审计。又如，对被审计单位会计记录的状况和可靠性的疑虑，可能使注册会计师认为可能很难获取充分、适当的审计证据，以支持对财务报表发表无保留意见。在这种情况下，注册会计师应按《中国注册会计师审计准则第1502号——在审计报告中发表非无保留意见》及其应用指南为确定是否有必要出具保留意见、无法表示意见或在某些情况下解除业务约定。

2. 认定层次重大错报风险

注册会计师需要考虑各类交易、账户余额和披露认定层次的重大错报风险，因为这些考虑直接有助于确定用于获取充分、适当的审计证据而在认定层次实施的进一步审计程序的性质、时间安排和范围。在识别和评估认定层次重大错报风险时，注册会计师可能认为识别出的风险与财务报表整体广泛相关，进而潜在地影响多项认定。

（二）识别和评估重大错报风险的审计程序

在识别和评估重大错报风险时，注册会计师应当实施下列审计程序。

（1）在了解被审计单位及其环境（包括与风险相关的控制）的整个过程中，结合对财务报表中各类交易、账户余额和披露的考虑，识别风险。

（2）评估识别出的风险，并评价其是否更广泛地与财务报表整体相关，进而潜在地影响多项认定。

（3）结合对拟测试的相关控制的考虑，将识别出的风险与认定层次可能发生错报的领域相联系。

（4）考虑发生错报的可能性（包括发生多项错报的可能性），以及潜在错报的重大程度是否足以导致重大错报。

（三）特别风险

特别风险，是指注册会计师识别和评估的、根据判断认为需要特别考虑的重大错报风险。注册会计师应当根据职业判断，确定识别出的风险是否为特别风险。在进行判断时，注册会计师不应考虑识别出的控制对相关风险的抵消效果。在判断哪些风险是特别风险时，注册会计师应当至少考虑下列几个方面。

（1）风险是否属于舞弊风险。

（2）风险是否与近期经济环境、会计处理方法或其他方面的重大变化相关，因而需要特别关注。

（3）交易的复杂程度。

（4）风险是否涉及重大的关联方交易。

（5）财务信息计量的主观程度，特别是计量结果是否具有高度不确定性。

（6）风险是否涉及异常或超出正常经营过程的重大交易。

特别风险通常与重大的非常规交易和判断事项有关。非常规交易是指由于金额或性质异常而不经常发生的交易。判断事项可能包括做出的会计估计（具有计量的重大不确定性）。经过系统处理的日常、简单的交易不太可能产生特别风险。

对由于如下事项导致的重大非常规交易，重大错报风险可能更高。

（1）管理层更多地干预会计处理。

（2）对数据的搜集和处理进行更多的人工干预。

（3）复杂的计算或会计处理方法。

（4）非常规交易的性质可能使被审计单位难以对由此产生的风险实施有效控制。

对由于如下事项导致的需要做出会计估计的重大判断事项，重大错报风险可能更高。

（1）对涉及会计估计、收入确认等方面的会计原则存在不同的理解。

（2）所要求的判断可能是主观或复杂的，或需要对未来事项的影响做出假设，如对公允价值的判断。

如果认为存在特别风险，注册会计师应当了解被审计单位与该风险相关的控制（包括控制活动）。虽然与重大非常规交易或判断事项相关的风险通常很少受到日常控制的约束，管理层可能采取其他措施应对此类风险。相应地，注册会计师在了解被审计单位是否设计和执行了针对非常规交易或判断事项导致的特别风险的控制时，通常了解管理层是否以及如何应对这些风险。管理层采取的应对措施可能包括以下内容。

（1）控制活动，如高级管理人员或专家对假设进行检查。

（2）对估计流程做出记录。

（3）治理层做出批准。

如果发生诸如收到重大诉讼事项的通知等一次性事件，注册会计师在考虑被审计单位的应对措施时，关注的事项包括：被审计单位是否已将这类事项提交适当的专家（如内部或外部的法律顾问）处理，是否已对该事项的潜在影响做出评估，如何建议将该情况在财务报表中进行披露。

在某些情况下，管理层可能未能通过实施针对特别风险的控制恰当应对特别风险。管理层未能实施这些控制表明存在值得关注的内部控制缺陷。

(四) 仅实施实质性程序不能获取充分、适当的审计证据的风险

对于某些风险,注册会计师可能认为仅从实质性程序中获取充分、适当的审计证据是不可能或不可行的。这些风险可能与对日常和重大类别的交易或账户余额做出的不准确或不完整的记录相关,对这些交易或账户余额通常可以采用高度自动化处理,不存在或存在很少人工干预。在这种情况下,被审计单位针对这类风险建立的控制与审计相关,注册会计师应当了解这些控制。

重大错报风险可能与记录日常交易或账户余额以及编制可靠的财务报表直接相关。这些风险可能包括对日常和重大类别的交易(如被审计单位的收入、采购、现金收入或现金支出)处理不准确或不完整的风险。

如果日常交易由高度自动化处理,不存在或存在很少人工干预,针对风险仅实施实质性程序可能不可行。例如,如果被审计单位大量信息在一体化的系统中仅以电子方式生成、记录、处理或报告,注册会计师可能认为会出现以上情况。在这种情况下:

(1) 获取的审计证据可能仅以电子形式存在,其充分性和适当性通常取决于针对准确性和完整性的控制的有效性;

(2) 如果适当的控制没有正在有效运行,信息不当生成或对信息进行不当修改而没有被发现的可能性会增加。

(五) 对风险评估的修正

注册会计师对认定层次重大错报风险的评估,可能随着审计过程中不断获取审计证据而做出相应的变化。在审计过程中,注册会计师可能注意到某些信息,其明显不同于风险评估所依据的信息。例如,风险评估可能基于预期特定控制运行有效这一判断,但在测试控制运行的有效性时,注册会计师获取的证据可能表明这些控制在被审计期间的相关时点并未有效运行。类似地,在实施实质性程序时,注册会计师可能发现错报的金额或频率高于在风险评估时预计的金额或频率。在这种情况下,风险评估可能没有恰当地反映被审计单位的真实状况,原计划的进一步审计程序对于发现重大错报可能无效。

如果实施进一步审计程序获取的审计证据,或获取的新信息,与注册会计师之前做出评估所依据的审计证据不一致,注册会计师应当修正风险评估结果,并相应修改原计划实施的进一步审计程序。

第二节 风险应对

《中国注册会计师审计准则第1231号——针对评估的重大错报风险采取的应对措施》

规定，注册会计师应对重大错报风险，应当遵守以下规定：注册会计师应当针对评估的财务报表层次重大错报风险确定总体应对措施，并针对评估的认定层次重大错报风险设计和实施进一步审计程序，以将审计风险降至可接受的低水平。在确定总体应对措施以及设计和实施进一步审计程序的性质、时间和范围时，注册会计师应当运用职业判断。

一、总体应对措施

（一）针对财务报表层次重大错报风险的总体应对措施

注册会计师应当针对评估的财务报表层次重大错报风险，设计和实施总体应对措施。总体应对措施可能包括以下内容。

（1）向项目组强调保持职业怀疑的必要性。

（2）指派更有经验或具有特殊技能的审计人员，或利用专家的工作。

（3）提供更多的督导。

（4）在选择拟实施的进一步审计程序时融入更多的不可预见的因素。

（5）对拟实施审计程序的性质、时间安排或范围做出总体修改，如在期末而非期中实施实质性程序，或修改审计程序的性质以获取更具说服力的审计证据。

（二）增加审计程序不可预见性的方法

由于熟悉常规审计程序的被审计单位内部人员可能更能够隐瞒虚假财务报告，因此，注册会计师在选择拟实施的审计程序的性质、时间安排和范围时增加不可预见性是非常重要的。增加不可预见性可以主要通过以下方式实现。

（1）对通常由于其重要性或风险程度较低而不会做出测试的账户余额和认定实施实质性程序。

（2）调整实施审计程序的时间安排，使之有别于预期的时间安排。

（3）运用不同的抽样方法。

（4）在不同的经营地点或未预先通知的经营地点实施审计程序。

（三）应对无效控制环境采取的措施

注册会计师对控制环境的了解影响其对财务报表层次重大错报风险的评估，从而影响所采取的总体应对措施。有效的控制环境可以增强注册会计师对内部控制的信心和对被审计单位内部生成的审计证据的信赖程度。例如，如果控制环境有效，注册会计师可以在期中而非期末实施某些审计程序；如果控制环境存在缺陷，则产生相反的影响。为应对无效的控制环境，注册会计师可以采取的措施举例如下。

（1）在期末而非期中实施更多的审计程序。

（2）通过实施实质性程序获取更广泛的审计证据。

(3) 增加拟纳入审计范围的经营地点的数量。

（四）总体应对措施对拟实施进一步审计程序的总体审计方案影响

注册会计师评估的财务报表层次重大错报风险以及采取的总体应对措施，对拟实施进一步审计程序的总体审计方案具有重大影响。总体审计方案包括实质性方案和综合性方案。实质性方案是指注册会计师实施的进一步审计程序以实质性程序为主；综合性方案是指注册会计师在实施进一步审计程序时，将控制测试与实质性程序结合使用。

注册会计师对识别出的认定层次风险进行评估，为确定总体审计方案提供了基础。例如，注册会计师可能确定以下内容。

(1) 只有实施控制测试才可以有效应对评估的特定认定重大错报风险。

(2) 仅实施实质性程序对于特定认定是适当的，因此，注册会计师在对相关风险进行评估时不再考虑控制的影响。这可能是由于注册会计师在实施风险评估程序后没有发现任何与该认定相关的有效控制，或者由于控制测试效率不高，因而注册会计师在确定实质性程序的性质、时间安排和范围时，不拟信赖控制运行的有效性。

(3) 将控制测试和实质性程序结合使用的综合性方案是一个有效的方案。

但是，无论选取哪种方案，注册会计师都需要针对所有重大类别的交易、账户余额和披露设计和实施实质性程序。

二、进一步审计程序

注册会计师应当针对评估的认定层次重大错报风险，设计和实施进一步审计程序，包括审计程序的性质、时间安排和范围。

进一步审计程序相对于风险评估程序而言，是指注册会计师针对评估的各类交易、账户余额、列报认定层次重大错报风险实施的审计程序，包括控制测试和实质性程序。

（一）进一步审计程序的设计要求

注册会计师需要根据并针对评估的认定层次重大错报风险设计和实施进一步审计程序（包括审计程序的性质、时间安排和范围），使进一步审计程序和风险评估结果之间具备明确的对应关系。在设计拟实施的进一步审计程序时，注册会计师应当注意以下几点。

(1) 考虑形成某类交易、账户余额和披露的认定层次重大错报风险评估结果的依据。该依据包括：因相关交易类别、账户余额或披露的具体特征而导致重大错报的可能性（即固有风险）；风险评估是否考虑了相关控制（即控制风险），从而要求注册会计师获取审计证据以确定控制是否有效运行（即注册会计师在确定实质性程序的性质、时间安排和范围时，拟信赖控制运行的有效性）。

(2) 评估的风险越高，需要获取越有说服力的审计证据。

（二）进一步审计程序的性质

1．进一步审计程序的性质的含义

审计程序的性质是指审计程序的目的和类型。审计程序的目的包括实施控制测试以评价内部控制在防止或发现并纠正认定层次重大错报方面运行的有效性，实施实质性程序以发现认定层次重大错报。审计程序的类型包括检查、观察、询问、函证、重新计算、重新执行和分析程序。在应对评估的风险时，确定审计程序的性质是最重要的。

2．进一步审计程序性质的选择

在确定进一步审计程序的性质时，注册会计师首先考虑的是认定层次重大错报风险的评估结果。注册会计师评估的风险可能影响拟实施的审计程序的类型及其综合运用。例如，当评估的风险较高时，注册会计师除检查文件外，还可能决定向交易对方函证合同条款的完整性。此外，对于与某些认定相关的错报风险，实施某些审计程序可能比其他审计程序更适当。例如，在测试收入时，对于与收入完整性认定相关的错报风险，控制测试可能最能有效应对；对于与收入发生认定相关的错报风险，实质性程序可能最能有效应对。

在确定审计程序的性质时，注册会计师接着需要考虑形成风险评估结果的依据。例如，一方面，对于某类交易，注册会计师可能判断即使在不考虑相关控制的情况下发生错报的风险仍较低，此时仅实施实质性分析程序就可以获取充分、适当的审计证据；另一方面，如果注册会计师预期存在与此类交易相关的内部控制的情况下发生错报的风险较低，拟基于这一评估的低风险设计实质性程序，则注册会计师需要按照要求实施控制测试。对于在被审计单位信息系统中进行日常处理和控制的、常规且不复杂的交易，这种情况可能出现。

（三）进一步审计程序的时间

1．进一步审计程序的时间的含义

审计程序的时间安排是指注册会计师何时实施审计程序，或审计证据适用的期间或时点。

2．进一步审计程序的时间选择

注册会计师可以在期中或期末实施控制测试或实质性程序。当重大错报风险越高时，注册会计师可能认为在期末或接近期末而非期中实施实质性程序，或采用不通知的方式（如在不通知的情况下对选取的经营地点实施审计程序），或在管理层不能预见的时间实施审计程序更有效。这在考虑应对舞弊风险时尤为相关。例如，如果识别出故意错报或操纵会计记录的风险，注册会计师可能认为将期中得出的结论延伸至期末而实施的审计程序是无效的。

在期末之前实施审计程序可能有助于注册会计师在审计工作初期识别重大事项，并在管理层的协助下及时解决这些事项，或针对这些事项制订有效的审计方案。某些审计程序

只能在期末或期后实施,例如:

(1)核对财务报表与会计记录;

(2)检查财务报表编制过程中做出的会计调整;

(3)为应对被审计单位可能在期末签订不适当的销售合同的风险,或交易在期末可能尚未完成的风险而实施的程序。

影响注册会计师考虑在何时实施审计程序的其他相关因素包括以下几个。

(1)控制环境。

(2)何时能得到相关信息。例如,某些电子文档如未能及时取得,可能被覆盖;再如,某些拟观察的程序可能只在特定时点发生。

(3)错报风险的性质。例如,如果存在被审计单位为了保证盈利目标的实现而伪造销售合同以虚增收入的风险,注册会计师可能需要检查截至期末的所有销售合同。

(4)审计证据适用的期间或时点。

(四)进一步审计程序的范围

1. 进一步审计程序的范围的含义

审计程序的范围是指实施审计程序的数量,如抽取的样本量或对某项控制活动的观察次数。

2. 进一步审计程序的范围的确定

在确定必要的审计程序的范围时,注册会计师需要考虑重要性、评估的风险和计划获取的保证程度。如果需要通过实施多个审计程序实现某一目的,注册会计师需要分别考虑每个程序的范围。一般而言,审计程序的范围随着重大错报风险的增加而扩大。例如,在应对评估的由于舞弊导致的重大错报风险时,增加样本量或实施更详细的实质性分析程序可能是适当的。但是,只有当审计程序本身与特定风险相关时,扩大审计程序的范围才是有效的。

使用计算机辅助审计技术对电子化的交易和账户文档进行更广泛的测试,有助于注册会计师修改测试范围(如针对由于舞弊导致的重大错报风险的测试范围)。这是因为计算机辅助审计技术可以用于从主要电子文档中选取交易样本,按照某一特征对交易进行分类,或对总体而非样本进行测试。

当由于评估的风险较高而需要获取更具说服力的审计证据时,注册会计师可能需要增加所需审计证据的数量,或获取更具相关性或可靠性的证据,如更多地从第三方获取证据或从多个独立渠道获取互相印证的证据。

三、控制测试

控制测试，是指用于评价内部控制在防止或发现并纠正认定层次重大错报方面的运行有效性的审计程序。测试控制运行的有效性与确定控制是否得到执行所需获取的审计证据是不同的。

（一）控制测试的要求

控制测试并非财务报表审计的必经程序。当存在下列情形之一时，注册会计师应当设计和实施控制测试，针对相关控制运行的有效性，获取充分、适当的审计证据：

（1）在评估认定层次重大错报风险时，预期控制的运行是有效的（即在确定实质性程序的性质、时间安排和范围时，注册会计师拟信赖控制运行的有效性）；

（2）仅实施实质性程序并不能够提供认定层次充分、适当的审计证据。

只有认为控制设计合理、能够防止或发现并纠正认定层次的重大错报，注册会计师才实施控制测试。如果被审计单位在所审计期间内的不同时期使用了显著不同的控制，注册会计师要分别考虑不同时期的控制。

在某些情况下，注册会计师可能发现仅通过实施有效的实质性程序无法获取认定层次的充分、适当的审计证据，例如，被审计单位采用信息技术处理业务，除信息系统中的信息外不生成或保留任何与业务相关的文件记录。在这种情况下，注册会计师需要对相关控制实施测试。

当注册会计师采取的总体审计方案主要以控制测试为主，尤其是仅通过实施实质性程序无法或不能获取充分、适当的审计证据时，注册会计师可能需要获取有关控制运行有效性的更高水平的保证。

（二）控制测试的性质

控制测试的性质是指控制测试所使用的审计程序的类型及其组合，控制测试的类型包括询问、观察、检查和重新执行。

询问本身并不足以测试控制运行的有效性。因此，注册会计师需要将询问与其他审计程序结合使用。而观察提供的证据仅限于观察发生的时点，因此，将询问与检查或重新执行结合使用，可能比仅实施询问和观察获取更高水平的保证。确定控制测试性质时的要求主要包括以下内容。

1. 考虑特定控制的性质

在确定实施哪种程序以获取有关控制运行是否有效的审计证据时，注册会计师需要考虑特定控制的性质。例如，某些控制通过文件记录证明其运行的有效性，在这种情况下，注册会计师可能需要检查这些文件记录以获取控制运行有效的审计证据。而某些控制可能不存在文件记录，或文件记录与控制运行是否有效不相关。例如，控制环境中的某些要素（如职权和责任的分配），或某些由计算机实施的控制活动，可能不会留下运行记录。在这种情况下，注册会计师可能需要通过询问并结合其他审计程序（如观察）或借助计算机辅助审计技术，获取有关控制运行有效性的审计证据。

2. 确定拟测试的控制是否依赖其他控制（间接控制）

如果依赖其他控制，确定是否有必要获取支持这些间接控制有效运行的审计证据。

在某些情况下，注册会计师可能有必要获取有关间接控制运行有效性的审计证据。例如，被审计单位可能针对超出信用额度的例外赊销交易设置报告和审核制度，在测试这项制度运行的有效性时，审核制度和相关的跟进措施是与测试直接相关的控制，与例外赊销报告中信息准确性相关的控制（如信息技术一般控制）则被称为间接控制。

由于信息技术处理过程的内在一贯性，有关自动化应用控制得到执行的审计证据，连同信息技术一般控制（特别是对系统变动的控制）运行有效性的审计证据，也可能提供有关自动化应用控制运行有效性的重要审计证据。

（三）评价控制运行的有效性

在评价相关控制运行的有效性时，注册会计师应当评价通过实施实质性程序发现的错报是否表明控制未得到有效运行。但通过实质性程序未发现错报，并不能证明与所测试认定相关的控制是有效的。注册会计师实施实质性程序发现的重大错报，是表明内部控制存在值得关注的内部控制缺陷的重要迹象。

在理解控制运行的有效性时，注册会计师需要意识到被审计单位控制运行可能存在偏差。偏差产生的原因可能是关键人员发生变动、交易量发生重大季节性波动或人为错误等。发现的偏差率，尤其是在与预期偏差率进行比较后，可能表明注册会计师无法信赖该控制，以将认定层次的风险降至注册会计师评估的水平。

如果发现拟信赖的控制出现偏差，注册会计师应当进行专门询问以了解这些偏差及其潜在后果，并确定：

（1）已实施的控制测试是否为信赖这些控制提供了适当的基础；

（2）是否有必要实施追加的控制测试；

（3）是否需要针对潜在的错报风险实施实质性程序。

四、实质性程序

实质性程序，是指用于发现认定层次重大错报的审计程序。实质性程序包括下列两类程序：对各类交易、账户余额和披露的细节测试以及实质性分析程序。注册会计师实施的实质性程序应当包括下列与财务报表编制完成阶段相关的审计程序。

（1）将财务报表与其所依据的会计记录进行核对或调节。

（2）检查财务报表编制过程中做出的重大会计分录和其他调整。

注册会计师对会计分录和其他会计调整执行检查的性质和范围，取决于被审计单位财务报告过程的性质和复杂程度以及相关的重大错报风险。

（一）实质性程序的要求

由于注册会计师对风险的评估是一种判断，可能无法识别所有重大错报风险，并且由于内部控制存在固有限制，如管理层凌驾于控制之上。因此，无论评估的重大错报风险结果如何，注册会计师都应当针对所有重大类别的交易、账户余额和披露，设计和实施实质性程序。

（二）实质性程序的性质

1. 实质性程序的性质的含义

实质性程序的性质是指实质性程序的类型及其组合。实质性程序类型包括对各类交易、账户余额、列报的细节测试程序以及实质性分析程序。

实质性分析程序通常更适用于在一段时期内存在可预期关系的大量交易。《中国注册会计师审计准则第 1313 号——分析程序》及其应用指南对在审计中如何实施分析程序做出了规定并提供了指引。

在设计细节测试时，注册会计师需要考虑风险和认定的性质。例如，在针对存在或发生认定设计细节测试时，注册会计师可能需要选择已经包含在财务报表金额中的项目，并获取相关审计证据。另一方面，在针对完整性认定设计细节测试时，注册会计师可能需要选择应包含在财务报表金额中的项目，并调查这些项目是否确实包含在内。

根据具体情况，注册会计师可能确定以下内容。

（1）仅实施实质性分析程序就足以将审计风险降至可接受的低水平，如当实施控制测试获取的审计证据可以支持风险评估结果时。

（2）仅实施细节测试是适当的。

（3）将细节测试与实质性分析程序结合使用可以最恰当地应对评估的风险。

2. 考虑是否实施函证程序

注册会计师应当考虑是否将函证程序用作实质性程序。

当涉及与账户余额及其要素相关的认定时，通常使用函证程序，但不必局限在这些项目。例如，注册会计师可能对被审计单位与其他方签订的协议、合同或交易的条款实施函证，还可能实施函证程序以获取有关某些条件不存在的审计证据。例如，注册会计师可能专门实施函证程序，以证实不存在可能与收入截止认定相关的"背后协议"。在应对评估的重大错报风险时，函证程序可能提供相关审计证据的其他情况包括以下几个。

（1）银行存款、借款及与金融机构往来的其他重要信息。

（2）应收账款余额和条款。

（3）由第三方保管的存货。

（4）由律师或金融机构保管或作为担保的产权证书。

（5）由第三方保管的，或通过股票经纪人购买的但未于资产负债表日交付的投资。

（6）欠款金额，包括偿还条款和限制性协议。

（7）应付账款余额和条款。

尽管函证可以对某些认定提供相关审计证据，但对于其他一些认定，函证提供审计证据的相关性并不高。例如，函证针对应收账款余额的可回收性提供的审计证据，比针对应收账款余额的存在认定提供的审计证据的相关性要低。

注册会计师可能认为，为某一目的而实施的函证程序可能能够提供关于其他事项的审计证据。例如，对银行存款余额进行函证时，通常还包括对与其他财务报表认定相关的信息进行函证。这种情况可能促使注册会计师做出实施函证程序的决策。

可能帮助注册会计师确定是否拟将函证程序作为实质性程序的因素包括以下几个。

（1）被询证者对函证事项的了解。如果被询证者对所函证的信息具有必要的了解，其提供的回复可靠性更高。

（2）预期被询证者回复询证函的能力或意愿。例如，在下列情况下，被询证者可能不会回复，也可能只是随意回复或可能试图限制对其回复的依赖程度。

①被询证者可能不愿承担回复询证函的责任。

②被询证者可能认为回复询证函成本太高或消耗太多时间。

③被询证者可能对因回复询证函而可能承担的法律责任有所担心。

④被询证者可能以不同币种核算交易。

⑤回复询证函不是被询证者日常经营的重要部分。

（3）预期被询证者的客观性。如果被询证者是被审计单位的关联方，则其回复的可靠性会降低。

3．应对特别风险的实质性程序

如果认为评估的认定层次重大错报风险是特别风险，注册会计师应当专门针对该风险实施实质性程序。如果针对特别风险实施的程序仅为实质性程序，这些程序应当包括细节测试。

从恰当的被询证者以函证形式直接取得的审计证据，可以帮助注册会计师获取应对由于舞弊或错误导致的重大错报风险所需的具有高度可靠性的审计证据。例如，如果注册会计师认为管理层面临实现盈利预期的压力，则可能存在管理层虚增销售收入的风险，即通过对不满足收入确认条款的销售协议进行不当确认，或通过在出货前出具销售发票虚增收入。在这些情况下，注册会计师可能设计函证程序，不仅用于确认应收账款的账户余额，也用于确认销售协议的细节条款，包括日期、退货权和交货条款。此外，注册会计师还可能认为有必要就销售协议和交货条款的任何变更询问被审计单位的非财务人员，以此作为函证程序的补充。

（三）实质性程序的时间

1．与控制测试时间的异同

实质性程序的时间与控制测试的时间选择既有共同点也有差异。共同点在于两类程序都面临着对期中和以前获取的审计证据的考虑。两者差异在于：期中实质性程序更需要权衡成本效益；对于以前实质性程序获取的审计证据采取更谨慎的态度和更严格的限制。

2．利用期中获取的审计证据

在某些情况下，注册会计师可能认为在期中实施实质性程序，并将期末余额的相关信息与期中的可比信息进行比较和调节，对于实现下列目的是有效的。

（1）识别显示异常的金额。

（2）调查这些异常金额。

（3）实施实质性分析程序或细节测试以测试剩余期间。

注册会计师在期中实施实质性程序而未在其后实施追加程序，将增加期末可能存在错报而未被发现的风险，并且该风险随着剩余期间的延长而增加。下列因素可能对是否在期中实施实质性程序产生影响。

（1）控制环境和其他相关控制。

（2）实施审计程序所需要的信息在期中之后的可获得性。

（3）实质性程序的目的。

（4）评估的重大错报风险。

（5）特定类别的交易或账户余额以及相关认定的性质。

（6）针对剩余期间，注册会计师能否通过实施适当的实质性程序或将实质性程序与控制测试相结合，降低期末可能存在错报而未被发现的风险。

如果在期中实施了实质性程序，注册会计师应当针对剩余期间实施下列程序之一，以将期中测试得出的结论合理延伸至期末。

（1）结合对剩余期间实施的控制测试，实施实质性程序。

（2）如果认为对剩余期间拟实施的实质性程序是充分的，仅实施实质性程序。

下列因素可能对是否就期中至期末实施实质性分析程序产生影响。

（1）特定类别交易的期末累计发生额或期末账户余额在金额、相对重要性及构成方面能否被合理预期。

(2)被审计单位在期中对此类交易或账户余额进行分析和调整的程序及确保截止正确的程序是否恰当。

(3)与财务报告相关的信息系统能否提供关于期末账户余额和剩余期间的交易的充分信息,以足以调查下列事项。

① 重大的异常交易或会计分录(尤其在期末或接近期末发生的交易或会计记录)。

② 导致重大波动的其他原因或预期发生但未发生的波动。

③ 特定类别的交易或账户余额在构成上的变动。

如果期中检查出注册会计师在评估重大错报风险时未预期到的错报,注册会计师应当评价是否需要修改相关的风险评估结果以及针对剩余期间拟实施的实质性程序的性质、时间安排或范围。如果认为需要修改针对剩余期间拟实施实质性程序的性质、时间安排或范围,则此类修改可能包括在期末扩大期中已实施实质性程序的范围或重新实施这些实质性程序。

3.利用以前审计获取的审计证据

在多数情况下,在以前审计中实施实质性程序获取的审计证据,通常对本期只有很弱的证据效力或没有证据效力。但是,也有例外。例如,由于证券化的结构未发生变化,以前审计中获得的与证券化结构有关的法律意见可能在本期仍适用。又如,以前审计通过实质性程序测试过的某项诉讼在本期没有任何实质性进展。在这些情况下,使用在以前审计的实质性程序中获取的审计证据可能是适当的,前提是该证据及其相关事项未发生重大变动,并且本期已实施用以确认是否具有持续相关性的审计程序。

(四)实质性程序的范围

在确定实质性程序的范围时,注册会计师应当考虑评估的认定层次重大错报风险和实施控制测试的结果。注册会计师评估的认定层次的重大错报风险越高,需要实施实质性程序的范围越广。由于注册会计师在评估重大错报风险时考虑了内部控制,如果对控制测试结果不满意,注册会计师可能需要扩大实质性程序的范围。然而,只有当审计程序本身与特定风险相关时,扩大审计程序的范围才是适当的。

在设计细节测试时,注册会计师通常从样本量的角度考虑测试范围,但还可能考虑其他相关因素,包括使用其他选取测试项目的方法是否更有效等。

五、评价审计证据的充分性和恰当性

在得出总体结论之前,注册会计师应当根据实施的审计程序和获取的审计证据,评价对认定层次重大错报风险的评估是否仍然恰当。

财务报表审计是一个累积和不断修正的过程。随着计划的审计程序的实施,获取的审计证据可能导致注册会计师修改其他已计划的审计程序的性质、时间安排或范围。注册会计师可能注意到一些信息与风险评估时依据的信息存在重大差异。例如：

（1）注册会计师通过实施实质性程序发现的错报的程度，可能改变其对风险评估的判断，并可能显示存在值得关注的内部控制缺陷。

（2）注册会计师可能发现会计记录存在差异或证据缺失或互相矛盾的情况。

（3）在临近审计结束时实施的分析程序可能表明存在以前未识别的重大错报风险。

在这种情况下，注册会计师可能需要根据更新后的所有或某类交易、账户余额或披露及相关认定的风险评估结果，重新评价计划的审计程序。根据《中国注册会计师审计准则第1211号——通过了解被审计单位及其环境识别和评估重大错报风险》修正风险评估结果。

注册会计师不能将审计中发现的舞弊或错误视为孤立发生的事项。因此，在确定对重大错报风险的评估是否仍然适当时，考虑发现的错报如何影响已评估的重大错报风险尤为重要。

注册会计师应当确定是否已获取充分、适当的审计证据。在形成审计意见时，注册会计师应当考虑所有相关的审计证据，无论该证据与财务报表认定相互印证还是相互矛盾。

如果对重大的财务报表认定没有获取充分、适当的审计证据，注册会计师应当尽可能获取进一步的审计证据。如果仍然不能获取充分、适当的审计证据，注册会计师应当对财务报表发表保留意见或无法表示意见。注册会计师对审计证据充分性和恰当性的判断受下列因素的影响。

（1）认定发生潜在错报的重要程度，以及这些潜在错报单独或连同其他潜在错报对财务报表产生重大影响的可能性。

（2）管理层应对和控制相关风险的有效性。

（3）在以前审计中获取的有关类似潜在错报的经验。

（4）实施审计程序的结果，包括是否识别出舞弊或错误的具体情形。

（5）可获得信息的来源和可靠性。

（6）审计证据的说服力。

（7）对被审计单位及其环境的了解。

本章小结

本章主要讲述了风险评估和风险应对的相关知识。通过本章的学习，读者应该掌握风险评估程序和相关活动；了解被审计单位及其环境，了解被审计单位的内部控制；掌握识别和评估重大错报风险；理解总体应对措施和进一步审计程序；掌握控制测试、实质性程序、评价审计证据的充分性和适当性。

本章习题

一、单项选择题

1. 建立和健全内部控制制度是哪个部门的责任（   ）。
   A．审计机关   B．上级主管部门
   C．被审计单位管理当局   D．会计部门

2. 员工素质属于内部控制要素中的（   ）。
   A．控制活动   B．风险评估
   C．控制环境   D．对控制的监督

3. 下列业务中，不属于不相容职务的是（   ）。
   A．授权业务与执行业务   B．记录业务与审核业务
   C．记录资产与保管资产   D．授权业务与审核业务

4. 内部控制一般针对哪种业务进行控制（   ）？
   A．常规业务   B．重要业务
   C．特殊业务   D．偶发业务

5. 在下列选项中，关于文字说明法表述不正确的是（   ）。
   A．可以对调查对象做出比较深入和具体的描述
   B．不可以描述内部控制制度中的任何特殊情况
   C．可以描述内部控制制度中的任何特殊情况
   D．对业务处理流程及其控制反映不够直观

二、多项选择题

1. 审计人员常用的记录或描述内部控制调查结果的方法有（   ）。
   A．文字说明法   B．调查表法
   C．流程图法   D．录像法

2. 下列内部控制措施中，属于预防式控制的有（   ）。
   A．会计与出纳岗位分离   B．授权审批
   C．实地盘点   D．职责分工

3. 列属于控制活动的有（   ）。
   A．授权批准   B．业绩评价

C. 风险评估　　　　　　　D. 职责分离

4. 下列情形中，应将相关账户或交易的控制风险评估为高水平的是（　　）。

A. 相关内部控制失效

B. 相关内部控制健全有效

C. 相关内部控制的设置不健全

D. 测试检查的有关业务频繁发生差错

5. 内部控制测试的方法有（　　）。

A. 重新执行　　　B. 询问　　　C. 检查　　　D. 观察

三、简答题

1. 内部控制理论发展主要经历了哪几个阶段？每个阶段研究的突破点是什么？
2. 简述内部控制的概念和目标。
3. 中国企业内部控制基本规范对内部控制基本要素是如何规定的？
4. 描述内部控制的方法有哪些？各有何优缺点？

第十章 审计抽样

【本章导读】

审计抽样，是指注册会计师对某类交易或账户余额中低于百分之百的项目实施审计程序，使所有抽样单元都有被选取的机会。它是指内部审计人员在内部审计活动中，采用适当的抽样方法从被审查和评价的审计总体中抽取一定数量有代表性的样本进行测试，以样本审查结果推断总体特征并做出相应结论的过程。

【本章目标】

➢ 了解审计抽样基本知识
➢ 掌握审计抽样的基本步骤
➢ 掌握审计抽样在控制测试、细节测试中的应用

第一节 审计抽样基本知识

审计抽样（即抽样），是指注册会计师对具有审计相关性的总体中低于百分之百的项目实施审计程序，使所有抽样单元都有被选取的机会，为注册会计师针对整个总体得出结论提供合理基础。总体，是指注册会计师从中选取样本并期望据此得出结论的整个数据集合。

一、审计抽样的基本特征及其适用情形

通常，审计抽样应同时具备三个基本特征。
（1）对总体中低于百分之百的项目实施审计程序。
（2）所有抽样单元都有被选取的机会。
（3）审计测试的目的是为了评价该总体的某一特征。

审计抽样能够使注册会计师获取和评价有关所选取项目某些特征的审计证据，以形成或有助于形成有关总体（即从中选取样本的总体）的结论。注册会计师在运用审计抽样时，既可以使用非统计抽样方法，也可以使用统计抽样方法。

（二）审计抽样的适用情形

注册会计师获取审计证据时可能使用三种目的的审计程序：风险评估程序、控制测试和实质性程序。审计抽样并非在所有审计程序中都可使用。

风险评估程序通常不涉及审计抽样。其原因是，一方面，注册会计师实施风险评估程序的目的是了解被审计单位及其环境，识别和评估重大错报风险，而不需要对总体取得结论性证据。另一方面，风险评估程序实施的范围较为广泛，获取的信息具有较强的主观色彩，因此通常不涉及使用审计抽样。不过，如果注册会计师在了解控制的设计和确定控制是否得到执行的同时计划和实施控制测试，则可能涉及审计抽样，但此时审计抽样仅适用于控制测试。

当控制的运行留下轨迹时，注册会计师可以考虑使用审计抽样实施控制测试。对于未留下运行轨迹的控制，注册会计师通常实施询问、观察等审计程序，以获取有关控制运行有效性的审计证据，此时不涉及审计抽样。

实质性程序包括对各类交易、账户余额、列报的细节测试，以及实质性分析程序。在实施细节测试时，注册会计师可以使用审计抽样获取审计证据，以验证有关财务报表金额的一项或多项认定（如应收账款的存在性），或对某些金额做出独立估计（如陈旧存货的价值）。在实施实质性分析程序时，注册会计师不宜使用审计抽样。

二、审计抽样与其他选取测试项目方法的关系

设计审计程序时，注册会计师应当使用适当的方法选取测试项目，以获取充分、适当的审计证据，实现审计程序的目标。注册会计师选取测试项目时可以使用的方法，包括选取全部项目、选取特定项目和审计抽样。注册会计师可以根据具体情况，单独或综合使用选取测试项目的方法。

（一）选取全部项目

实施细节测试时，在某些情况下，基于重要性水平或风险的考虑，注册会计师可能认为需要测试总体中的全部项目。当存在下列情形之一时，注册会计师应当考虑选取全部项目进行测试。

（1）总体由少量的大额项目构成。

（2）存在特别风险且其他方法未提供充分、适当的审计证据，如存在特别风险的项目主要包括：管理层高度参与的或错报可能性较大的交易事项或账户余额，非常规的交易事项或账户余额（特别是与关联方有关的交易或余额），长期不变的账户余额，可疑的或非正常的项目，或明显不规范的项目，以前发生过错误的项目，期末人为调整的项目。

（3）由于信息系统自动执行的计算或其他程序具有重复性，对全部项目进行检查符合

成本效益原则，如注册会计师可运用计算机辅助审计技术选取全部项目进行测试。

（二）选取特定项目

根据对被审计单位的了解、评估的重大错报风险以及所测试总体的特征等，注册会计师可以确定从总体中选取特定项目进行测试。选取的特定项目可能包括以下内容。

（1）大额或关键项目。

（2）超过某一金额的全部项目。

（3）被用于获取某些信息的项目。

（4）被用于测试控制活动的项目。

选取特定项目时，注册会计师只对审计对象总体中的部分项目进行测试。注册会计师通常按照覆盖率或风险因素选取测试项目，或将这两种方法结合使用。选取特定项目实施检查，通常是获取审计证据的有效手段，但并不构成审计抽样。对按照这种方法所选取的项目实施审计程序的结果，不能推断至整个总体。

（三）审计抽样

在选取了特定项目之后，注册会计师应当根据总体剩余部分的重大性，考虑是否需要针对剩余项目实施审计抽样。对被选取的项目，注册会计师对其进行百分之百测试。对于剩余的项目，注册会计师则考虑是否需要针对其获取充分、适当的审计证据。如果认为剩余项目总体不重要，注册会计师可能认为没有必要进行测试，因而不对其实施任何审计程序，否则，注册会计师通常对剩余项目实施审计程序，包括实施分析程序和细节测试。

三、统计抽样和非统计抽样

审计准则规定，注册会计师在运用审计抽样时，既可以使用非统计抽样方法，也可以使用统计抽样方法。统计抽样，是指同时具备下列特征的抽样方法。

（1）随机选取样本项目。

（2）运用概率论评价样本结果，包括计量抽样风险。

统计抽样的样本必须具有两个特征，不同时具备上述两个特征的抽样方法为非统计抽样。一方面，即使注册会计师严格按照随机原则选取样本，如果没有对样本结果进行统计评估，就不能认为使用了统计抽样。另一方面，基于非随机选样的统计评估也是无效的。

注册会计师应当根据具体情况并运用职业判断，确定使用统计抽样或非统计抽样方法，以最有效率地获取审计证据。注册会计师在统计抽样与非统计抽样方法之间进行选择时主要考虑成本效益。

统计抽样与非统计抽样的相同点是：两者都需要运用职业和专业判断；两种方法只要运用得当都可以提供审计所要求的充分适当的证据；都存在某种程度的抽样风险和非抽样

风险；两种方法的选择不影响审计程序的选择，也不影响对样本错误的反应。

统计抽样与非统计抽样的区别是：统计抽样利用概率论和数理统计的方法来控制抽样风险，且能量化控制抽样风险；而非统计抽样，是注册会计师凭主观标准和个人经验来确定样本规模和评价样本结果。

四、统计抽样的方法

统计抽样按其了解的总体特征不同分为：属性抽样法和变量抽样法。

（一）属性抽样

属性抽样是一种用来对总体中某一事件发生率得出结论的统计抽样方法。属性抽样在审计中最常见的用途是测试某一控制的偏差率，以支持注册会计师评估的控制有效性。在属性抽样中，设定控制的每一次发生或偏离都被赋予同样的权重，而不管交易金额的大小。

属性抽样主要有固定样本量抽样、停一走抽样、发现抽样三种抽样方法，其中固定样本量抽样是一种最为广泛使用的方法。

（二）变量抽样

变量抽样是一种用来对总体金额得出结论的统计抽样方法。变量抽样在审计中的主要用途是进行细节测试，以确定记录金额是否合理。

一般而言，属性抽样得出的结论与总体发生率有关，而变量抽样得出的结论与总体的金额有关。但有一个例外，即统计抽样中的概率比例规模抽样（PPS抽样），却运用属性抽样的原理得出以金额表示的结论。

传统的变量抽样方法有单位平均估计抽样、比率估计抽样和差额估计抽样等多种形式。

五、抽样风险和非抽样风险

（一）抽样风险及其控制

抽样风险，是指注册会计师根据样本得出的结论，可能不同于如果对整个总体实施与样本相同的审计程序得出的结论的风险。抽样风险可以分为以下两种类型：

（1）影响审计效果的抽样风险。在实施控制测试时，注册会计师推断的控制有效性高于其实际有效性，即信赖过度风险；或在实施细节测试时，注册会计师推断某一重大错报不存在而实际上存在，即误受险。注册会计师主要关注这类错误结论，原因是其影响审计效果，非常有可能导致发表不恰当的审计意见。

（2）影响审计效率的抽样风险。在实施控制测试时，注册会计师推断的控制有效性低于其实际有效性，即信赖不足风险；或在实施细节测试时，注册会计师推断某一重大错报存在而实际上不存在，即误拒险。这类错误结论影响审计效率，原因是其通常导致注册会计师实施额外的工作,以证实初始结论是错误的。

对抽样风险的控制措施有两个:一是调整样本量,增加样本量可以降低抽样风险;二是采用恰当的抽样方法,合理地保证样本的代表性。

(二)非抽样风险

非抽样风险,是指注册会计师由于任何与抽样风险无关的原因而得出错误结论的风险。注册会计师采用不适当的审计程序或误解审计证据而没有发现错报或偏差,均可能导致非抽样风险。对非抽样风险的控制措施是,对审计人员有效的训练,对审计程序的精心设计,对审计工作的适当计划、指导、监督和复核等。

第二节 审计抽样的基本步骤

在使用审计抽样时,注册会计师的目标是,为得出有关抽样总体的结论提供合理的基础。注册会计师在控制测试和细节测试中使用审计抽样的基本步骤主要分为四个阶段,即样本设计阶段、确定样本规模阶段、选取样本和对样本实施审计程序阶段、评价样本结果阶段。

一、样本设计阶段

《中国注册会计师审计准则第 1314 号——审计抽样》第十五条规定,在设计审计样本时,注册会计师应当考虑审计程序的目的和抽样总体的特征。换言之,注册会计师首先应考虑拟实现的具体目标,并根据目标和总体的特点确定能够最好地实现该目标的审计程序组合,以及如何在实施审计程序时运用审计抽样。审计抽样的样本设计阶段的工作主要包括以下几个方面。

(一)确定审计程序的目的

审计抽样必须紧紧围绕审计程序的目的展开,因此确定审计的目的是样本设计阶段的第一项工作。一般而言,控制测试是为了获取关于某项控制的设计或运行是否有效的证据,而细节测试的目的是确定某类交易或账户余额的金额是否正确,获取与存在的错报有关的证据。

(二)定义总体和抽样单元

1. **总体特征**

在实施抽样之前,注册会计师必须仔细定义总体,确定抽样总体的范围。注册会计师所定义的总体应具备下列两个特征。

（1）适当性。注册会计师应确定总体适合于特定的审计目标，包括适合于测试的方向。例如，在控制测试中，如果要测试用以保证所有发运商品都已开单的控制是否有效运行，注册会计师从已开单的项目中抽取样本不能发现误差，因为该总体不包含那些已发运但未开单的项目。为发现这种误差，将所有已发运的项目作为总体通常比较适当。又如，在细节测试中，如果注册会计师的目标是测试应付账款的高估，总体可以定义为应付账款清单。但在测试应付账款的低估时，总体就不是应付账款清单，而是后来支付的证明、未付款的发票、供货商的对账单、没有销售发票对应的收货报告，或能提供低估应付账款的审计证据的其他总体。

（2）完整性。注册会计师应当从总体项目内容和涉及时间等方面确定总体的完整性。例如，如果注册会计师从档案中选取付款证明，除非确信所有的付款证明都已归档，否则注册会计师不能对该期间的所有付款证明做出结论。又如，如果注册会计师对某一控制活动在财务报告期间是否有效运行做出结论，总体应包括来自整个报告期间的所有相关项目。注册会计师也可采用其他方法，如对总体进行分层，然后只对一年中前 10 个月的控制活动使用审计抽样做出结论，对剩余的两个月则使用替代审计程序或单独选取样本。注册会计师通常从代表总体的实物中选取样本项目。例如，如果注册会计师将总体定义为特定日期的所有应收账款余额，代表总体的实物就是打印的该日客户应收账款余额明细表。又如，如果总体是某一测试期间的销售收入，代表总体的实物就可能是记录在销售日记账中的销售交易，也可能是销售发票。由于注册会计师实际上是从该实物中选取样本，所有根据样本得出的结论只与该实物有关。如果代表总体的实物和总体不一致，注册会计师可能对总体做出错误的结论。

2. 定义抽样单元

抽样单元，是指构成总体的个体项目。抽样单元可能是实物项目（如支票簿上列示的支票信息，银行对账单上的贷方记录，销售发票或应收账款余额），也可能是货币单元。

3. 分层

如总体项目存在重大的变异性，注册会计师应当考虑分层。分层是指将总体划分为多个子总体的过程，每个子总体由一组具有相同特征（通常为货币金额）的抽样单元组成。分层的目标是减少每一层中项目的变异性，从而在不增加抽样风险的情况下减少样本规模，提高审计效率。注册会计师应当仔细界定子总体，以使每一抽样单元只能属于一个层。

在实施细节测试时，注册会计师通常根据金额对总体进行分层。这使注册会计师能够将更多审计资源投向金额较大的项目，而这些项目最有可能包含高估错报。例如，为了函证应收账款，注册会计师可以将应收账款账户按其金额大小分为三层，即账户金额在 20 000 元以上的，账户金额为 10 000～20 000 元的，账户金额在 10 000 元以下的。然后，根据各层的重要性分别采取不同的选样方法。对于金额在 20 000 元以上的应收账款账户，应进行全部函证；对于金额在 10 000～20 000 元以及 10 000 元以下的应收账款账户，则可采用适当的选样方法选取进行函证的样本。同样，注册会计师也可以根据表明更高错报风险的特定特征对总体分层，例如，在测试应收账款计价中的坏账准备时，注册会计师可以根据账龄对应收账款余额进行分层。

对层内样本项目实施审计程序的结果只能推断至构成该层的项目。如果要对整个总体得出结论，注册会计师需要考虑与构成整个总体的其他层有关的重大错报风险。例如，占总体数量 15%的项目，其金额可能占账户余额的 90%。注册会计师可能决定从这 15%的项目中选取样本进行检查。然后，注册会计师评价样本结果，并对这 90%的金额单独得出结论。对剩余 10%的金额，注册会计师可以另外选取样本或使用其他获取审计证据的方法，或者认为剩余 10%的金额不重要。

如果注册会计师将某类交易或账户余额分成不同的层，需要对每层分别推断错报。在考虑错报对该类别的所有交易或账户余额的可能影响时，注册会计师需要综合考虑每层的推断错报。

（三）定义误差构成条件

注册会计师必须事先准确定义构成误差的条件，否则执行审计程序时就没有识别误差的标准。在控制测试中，误差是指控制偏差，注册会计师要仔细定义所要测试的控制及可能出现偏差的情况；在细节测试中，误差是指错报，注册会计师要确定哪些情况构成错报。

注册会计师定义误差构成条件时要考虑审计程序的目的。包括清楚地了解什么构成偏差或错报，可以使其在评价偏差或推断错报时仅考虑与审计程序目的相关的所有情况。例如，对应收账款存在实施细节测试时，如实施函证程序，客户在函证基准日之前支付而被审计单位在函证基准日之后不久收到的款项，不视为错报。再如，客户明细账之间的误登不影响应收账款总账余额，即使这种误登可能对审计的其他方面（如对舞弊风险或坏账准备充分性的评估）具有重要影响，在评价该特定审计程序的样本测试结果时将其视为错报可能是不适当的。

（四）确定审计程序

注册注册会计师必须确定能够实现审计程序目的的最佳审计程序组合。例如，如果注册会计师的审计目标是通过测试某一阶段的适当授权证实交易的有效性，审计程序就是检查特定人员已在某文件上签字以示授权的书面证据。注册会计师预计样本中每一张该文件上都有适当的签名。

二、确定样本规模

样本规模是指从总体中选取样本项目的数量。注册会计师应当确定足够的样本规模，以将抽样风险降至可接受的低水平。注册会计师确定样本规模受到多种因素的影响,且在控制测试和细节测试中有所不同。

(一)愿意接受的抽样风险

注册会计师愿意接受的抽样风险水平影响所需的样本规模。注册会计师愿意接受的抽样风险越低,所需的样本规模越大。在控制测试中,注册会计师主要关注抽样风险中的信赖过度风险。在细节测试中,注册会计师主要关注抽样风险中的误受风险。

(二)可容忍误差

可容忍误差是指注册会计师能够容忍的最大误差。在其他因素既定的条件下,可容忍误差越大,所需的样本规模越小。

在控制测试中,可容忍误差是指可容忍偏差率。可容忍偏差率,是指注册会计师设定的偏离规定的内部控制程序的比率,注册会计师试图对总体中的实际偏差率不超过该比率获取适当水平的保证。在确定可容忍偏差率时,注册会计师应考虑计划评估的控制有效性。计划评估的控制有效性越低,注册会计师确定的可容忍偏差率通常越高,所需的样本规模就越小。

在细节测试中,可容忍误差是指可容忍错报。可容忍错报,是指注册会计师设定的货币金额,注册会计师试图对总体中的实际错报不超过该货币金额获取适当水平的保证。可容忍错报的确定是以注册会计师对财务报表层次重要性水平的初步评估为基础的。某账户的可容忍错报实际上就是该账户的重要性水平。它是该账户的错报与其他账户的错报汇总起来不会引起财务报表整体重大错报的最大金额。对特定的账户而言,当抽样风险一定时,如果注册会计师确定的可容忍错报降低,所需的样本规模就增加。

(三)预计总体误差

预计总体误差即注册会计师预期在审计过程中发现的误差。在控制测试中,预计总体误差是指预计总体偏差率。在细节测试中,预计总体误差是指预计总体错报额。预计总体误差越大,可容忍误差也应当越大。

对于控制测试,需要根据对相关控制的了解或对总体中少量项目的检查来评估预期偏差率。注册会计师做出这种评估,旨在设计审计样本和确定样本规模。例如,如果预期偏差率高得无法接受时,注册会计师通常决定不实施控制测试。同样,对于细节测试,注册会计师需要评估总体中的预期错报。如果预期错报很高,注册会计师在实施细节测试时对总体进行100%检查或使用较大的样本规模可能较为适当。

(四)总体变异性

总体变异性是指总体的某一特征(如金额)在各项目之间的差异程度。在控制测试中,注册会计师在确定样本规模时一般不考虑总体变异性。在细节测试中，注册会计师确定适当的样本规模时要考虑特征的变异性。

（五）总体规模

除非总体非常小，一般而言总体规模对样本规模几乎没有影响。对小规模总体而言，审计抽样比其他选取测试项目方法的效率低。

表10-1列示了审计抽样中影响样本规模的因素，并分别说明了这些影响因素在控制测试和细节测试中的表现形式。

表 10-1 影响样本规模的因素

影响因素	控制测试	细节测试	与样本规模的关系
可接受的抽样风险	可接受的信赖过度风险	可接受的误受风险	反向变动
可容忍误差	可容忍偏差率	可容忍错报	反向变动
预计总体误差	预计总体偏差率	预计总体错报	同向变动
总体变异性	——	总体变异性	同向变动
总体规模	总体规模	总体规模	影响很小

三、选取样本和对样本实施审计程序

（一）选取样本

注册会计师在选取样本项目时，应当使总体中的每个抽样单元都有被选取的机会。在统计抽样中，注册会计师选取样本项目时每个抽样单元被选取的概率是已知的。在非统计抽样中，注册会计师根据判断选取样本项目。由于抽样的目的是为注册会计师得出有关总体的结论提供合理的基础，因此，注册会计师通过选择具有总体典型特征的样本项目，从而选出有代表性的样本以避免偏向是很重要的。选取样本的主要方法包括随机选样、系统选样、随意选样和货币单元抽样。值得说明的是，实务中还有一种常用的选取样本项目的方法即整群选样。整群选样是指从总体中选取一群（或多群）连续的项目。整群选样通常不能在审计抽样中使用，因为大部分总体的结构都使连续的项目之间可能具有相同的特征，但与总体中其他项目的特征不同。虽然在有些情况下注册会计师检查一群项目可能是适当的审计程序，但当注册会计师希望根据样本做出有关整个总体的有效推断时，极少将整群选样作为适当的选样方法。

1. 随机选样

使用随机数表或计算机辅助审计技术选样又称随机选样。使用随机数选样需以总体中的每一项目都有不同的编号为前提。注册会计师可以使用计算机生成的随机数，如电子表格程序、随机数码生成程序、通用审计软件程序等计算机程序产生的随机数，也可以使用随机数表获得所需的随机数。

随机数是一组从长期来看出现概率相同的数码,且不会产生可识别的模式。随机数表也称乱数表,它是由随机生成的从 0 到 9 十个数字所组成的数表,每个数字在表中出现的次数是大致相同的,它们出现在表上的顺序是随机的。表 10-2 就是五位随机数表的一部分。

表 10-2　随机数表

序号	1	2	3	4	5	6	7	8	9	10
1	32044	69037	29655	92114	81034	40582	01584	77184	85762	46505
2	23821	96070	82592	81642	08971	07411	09037	81530	56195	98425
3	82383	94987	66441	28677	95961	78346	37916	09416	42438	48432
4	68310	21792	71635	86089	38157	95620	96718	79554	50209	17705
5	94856	76940	22165	01414	01413	37231	05509	37489	56459	52983
6	95000	61958	83430	98250	70030	05436	74814	45978	09277	13827
7	20764	64638	11359	32556	89822	02713	81293	52970	25080	33555
8	71401	17964	50940	95753	34905	93566	36318	79530	51105	26952
9	38464	75707	16750	61371	01523	69205	32122	03436	14489	02086
10	59442	59247	74955	82835	98378	83513	47870	20795	01352	89906

应用随机数表选样的步骤如下。

(1) 对总体项目进行编号,建立总体中的项目与表中数字的一一对应关系。在一般情况下,编号可利用总体项目中原有的某些编号,如凭证号、支票号、发票号等等。在没有事先编号的情况下,注册会计师需按一定的方法进行编号。如由 40 页、每页 50 行组成的应收账款明细表,可采用四位数字编号,前两位由 01 到 40 的整数组成,表示该记录在明细表中的页数,后两位数字由 01 到 50 的整数组成,表示该记录的行次。这样,编号 0534 表示第 5 页第 34 行的记录。所需使用的随机数的位数一般由总体项目数或编号位数决定。如前例中可采用 4 位随机数表,也可以使用 5 位随机数表的前 4 位数字或后 4 位数字。

(2) 确定连续选取随机数的方法。即从随机数表中选择一个随机起点和一个选号路线,随机起点和选号路线可以任意选择,但一经选定就不得改变。从随机数表中任选一行或任何一栏开始,按照一定的方向(上下左右均可)依次查找,符合总体项目编号要求的数字,即为选中的号码,与此号码相对应的总体项目即为选取的样本项目,一直到选足所需的样本量为止。例如,从前述应收账款明细表的 2 000 个记录中选 10 个样本,总体编号规则如前所述,即前两位数字不能超过 40,后两位数字不能超过 50。如从表 10-2 第一行第一列开始,使用前四位随机数,逐行向右查找,则选中的样本为编号 3204、23821、82383、68310、94856、95000、20764、71401、38464、59442 的 10 个记录。

随机数选样不仅使总体中每个抽样单元被选取的概率相等,还使相同数量的抽样单元组成的每种组合被选取的概率相等。这种方法在统计抽样和非统计抽样中均适用。由于统计抽样要求注册会计师能够计量实际样本被选取的概率，这种方法尤其适合于统计抽样。

2．系统选样

系统选样也称等距选样，是指按照相同的间隔从审计对象总体中等距离地选取样本的一种选样方法。采用系统选样法，首先要计算选样间隔，即用总体中抽样单元的总数量除以样本规模，得到样本间隔，接着确定选样起点，然后再根据间距顺序地选取样本。例如，样本间隔为50，然后在第一个50中确定一个起点，其后每数到第50个的抽样单元就是所选项目。虽然可以随意选择起点，但如果使用计算机随机数发生器或随机数表，样本可能更随机。在使用系统选样时，注册会计师需要确定，总体中的抽样单元的排列方式不会使样本间隔正好与总体的特殊模式相对应。

3．货币单元抽样

货币单元抽样是一种金额加权选样方法。在这种方法中，样本的规模、选取和评价产生了以货币金额表示的结论。在实施细节测试时，将构成总体的每个货币单元作为抽样单元可能更有效率。从总体（如应收账款余额）中选取了具体的货币单元后，注册会计师可以对包含这些货币单元的特定项目（如明细账余额）进行检查。使用这种方法界定抽样单元的一个好处是，将审计资源投向金额较大的项目（因为它们被选取的机会更大），并缩小样本规模。这种方法可以与系统选样法结合使用，且在用随机选样法选取项目时效率最高。

4．随意选样

随意选样也叫任意选样，是指不带任何偏见地选取样本，即不考虑样本项目的性质、大小、外观、位置或其他特征而选取总体项目。在此方法中，注册会计师选取样本不采用结构化的方法。尽管不使用结构化方法，注册会计师也要避免任何有意识的偏向或可预见性（如回避难以找到的项目，或总是选择或回避每页第一个或最后一个项目），从而试图保证总体中的所有项目都有被选中的机会。在使用统计抽样时，运用随意选样是不恰当的。

【例题10-1】假定某委托人应收账款的编号为0001至3500，注册会计师拟选择其中350份进行函证：（随机数表如表10-3所示）

表10-3 随机数表

行\列	1	2	3	4	5
1	04734	39426	91035	54939	76873
2	10417	19688	83404	42038	48226
3	07514	48374	35658	38971	53779
4	52305	86925	16223	25946	90222

（续表）

行\列	1	2	3	4	5
5	96357	11486	30102	82679	57983
6	92870	05921	65698	27993	86406
7	00500	75924	38803	05286	10072
8	34826	93784	52709	15370	96727
9	25809	21860	36790	76883	20435
10	77487	38419	20631	48694	12638

要求：

（1）利用给出的随机数表，从第2行第1个数字起，自左向右，依后四位数为准，注册会计师选择的最初5个样本的号码分别应是哪些？

（2）采用系统选择的方法选择，并确定随机起点0005，注册会计师选择的最初5个样本的号码分别是哪些？

答案：

（1）0417　　3404　　2038　　2305　　0222

（2）0005　　0015　　0025　　0035　　0045

（二）对样本实施审计程序

注册会计师应当针对选取的每个项目，实施适合具体目的的审计程序。如果审计程序不适用于选取的项目，注册会计师应当针对替代项目实施该审计程序。例如，如果在测试付款授权时选取了一张作废的支票，并确信支票已经按照适当程序作废因而不构成偏差，注册会计师需要适当选择一个替代项目进行检查。再如，如果未收到积极式询证函的回函，注册会计师可以实施适当的替代程序，如检查期后的现金收款以及有关其来源和对应项目的证据。

如果未能对某个选取的项目实施设计的审计程序或适当的替代程序，注册会计师应当将该项目视为控制测试中对规定的控制的一项偏差，或细节测试中的一项错报。例如，当与选取的某项目相关的文件丢失时，注册会计师无法对所选择的项目实施设计的审计程序，则应将该项目视为一项误差。

四、评价样本结果

（一）分析样本偏差或错报

注册会计师应当调查识别出的所有偏差或错报的性质和原因，并评价其对审计程序的目的和审计的其他方面可能产生的影响。

在分析识别出的偏差和错报时，注册会计师可能注意到许多偏差和错报具有共同的特征，如交易类型、地点、产品线或时段。在这种情况下，注册会计师可以决定找出总体中具有这一共同特征的所有项目，并将审计程序扩展到这些项目。另外，这些偏差或错报可能是有意的，可能表明存在舞弊。

在极其特殊的情况下，如果认为样本中发现的某项偏差或错报是异常误差，注册会计师应当对该项偏差或错报对总体不具有代表性获取高度肯定。异常误差，是指对总体中的错报或偏差明显不具有代表性的错报或偏差。在获取这种高度肯定时，注册会计师应当实施追加的审计程序，获取充分、适当的审计证据，以确定该项偏差或错报不影响总体的其余部分。

（二）推断总体错报

当实施细节测试时，注册会计师应当根据样本中发现的错报推断总体错报。注册会计师需要推断总体错报，以获取对错报规模的大致了解，但该推断可能并不足以确定应记录的确切金额。如果某项错报被确认为异常，注册会计师在推断总体错报时可以将其排除在外。但是，如果该项错报没有更正，注册会计师除推断非异常错报外还需要考虑所有异常错报的影响。

对于控制测试，由于样本偏差率也是整个总体的推断偏差率，注册会计师无须推断偏差。《中国注册会计师审计准则第1231号——针对评估的重大错报风险采取的应对措施》对注册会计师在拟信赖的控制中发现偏差的情况做出了规定。

（三）评价审计样本结果

注册会计师应当对下列方面进行评价：样本结果；使用审计抽样是否已为注册会计师针对所测试的总体得出的结论提供合理基础。

对于控制测试，除非注册会计师已获取能够证实最初评估结果的进一步审计证据，超出预期的高偏差率可能导致评估的重大错报风险增加。对于细节测试，在缺乏进一步审计证据证明不存在重大错报的情况下，样本中超出预期的高错报可能导致注册会计师认为某类交易或账户余额存在重大错报。

对于细节测试，推断错报与异常错报（如有）之和是注册会计师对总体错报的最佳估计。当推断错报与异常错报（如有）之和超过可容忍错报时，样本就不能为得出有关测试总体的结论提供合理的基础。推断错报与异常错报之和越接近可容忍错报，总体中实际错报超过可容忍错报的可能性就越大。如果推断错报高于确定样本规模时使用的预期错报，注册会计师可能认为，总体中实际错报超出可容忍错报的抽样风险是不可接受的。考虑其他审计程序的结果有助于注册会计师评估总体中实际错报超出可容忍错报的抽样风险，获取额外的审计证据可以降低该风险。

第三节 审计抽样在控制测试中的应用

本节主要介绍在控制测试中使用统计抽样方法的一般程序,并重点说明如何设计样本、确定样本规模、选取样本和实施审计程序以及评价样本结果。

一、样本设计

实施控制测试时,注册会计师在样本设计阶段必须完成的工作包括四个环节:确定测试目标,定义总体和抽样单元,定义偏差及定义测试期间。

(一)确定测试目标

注册会计师实施控制测试的目标是提供关于控制运行有效性的审计证据,以支持计划的重大错报风险评估水平。只有认为控制设计合理、能够防止或发现并纠正认定层次的重大错报时,注册会计师才有必要对控制运行的有效性实施测试。如果对控制运行有效性的定性评价可以分为最高、高、中等和低四个层次,注册会计师只有在初步评估控制运行有效性在中等或以上水平时,才会实施控制测试。注册会计师必须首先针对某项认定详细了解控制目标和内部控制政策与程序后,方可确定从哪些方面获取关于控制是否有效运行的审计证据。

例如,注册会计师实施控制测试的目标是确认现金支付授权控制的运行有效性,以支持对现金账户确定的重大错报风险评估水平。

(二)定义总体和抽样单元

1. 定义总体

注册会计师在定义总体时,应当确保总体的适当性和完整性。首先总体应适合于特定的审计目标。例如,要测试现金支付授权控制是否有效运行,如果从已得到授权的项目中抽取样本,注册会计师不能发现控制偏差,因为该总体不包含那些已支付但未得到授权的项目。因此在本例中,为发现未得到授权的现金支付,注册会计师应当将所有已支付现金的项目作为总体。

注册会计师还应考虑总体的完整性,包括代表总体的实物的完整性。例如,如果注册会计师将总体定义为特定时期的所有现金支付,代表总体的实物就是该时期的所有现金支付单据。

2. 定义抽样单元

抽样单元,是指构成总体的个体项目。注册会计师在定义总体时通常都指明了适当的抽样单元。定义的抽样单元应与审计测试目标相适应。在控制测试中,注册会计师应根据所测试的控制订义抽样单元。抽样单元通常是能够提供控制运行证据的一份文件资料、一个记录或其中一行。例如，如果测试目标是确定付款是否得到授权，且设定的控制要求付款之前授权人在付款单据上签字，抽样单元可能被定义为每一张付款单据。如果一张付款单据包含了对几张发票的付款，且设定的控制要求每张发票分别得到授权，那么付款单据上与发票对应的一行就可能被定义为抽样单元。

对抽样单元的定义过于宽泛可能导致缺乏效率。例如，如果注册会计师将发票作为抽样单元，就必须对发票上的所有项目进行测试。如果注册会计师将发票上的每一行作为抽样单元，则只需对被选取的行所代表的项目进行测试。如果定义抽样单元的两种方法都适合于测试目标，将每一行的项目作为抽样单元可能效率更高。

本例中注册会计师定义的抽样单元为现金支付单据上的每一行。

（三）定义偏差

注册会计师必须事先准确定义构成误差的条件，否则执行审计程序时就没有识别误差的标准。在定义误差构成条件时，注册会计师应考虑审计程序的目标。

在控制测试中，误差是指控制偏差。注册会计师应仔细定义所要测试的控制及可能出现偏差的情况。注册会计师应根据对内部控制的理解，确定哪些特征能够显示所测试控制的运行情况，然后据此定义误差构成条件。在评估控制运行的有效性时，注册会计师应当考虑其认为必要的所有环节。例如，设定的控制要求每笔支付都应附有发票、收据、验收报告和订货单等证明文件，且均盖上"已付"戳记。注册会计师认为盖上"已付"戳记的发票和验收报告足以显示控制的适当运行。在这种情况下，误差可能被定义为缺乏盖有"已付"戳记的发票和验收报告等证明文件的款项支付。

在本例中，误差被定义为没有授权人签字的发票和验收报告等证明文件的现金支付。

（四）定义测试期间

注册会计师通常在期中实施控制测试。由于期中测试获取的证据只与控制在期中的运行有关，注册会计师需要确定如何获取关于剩余期间的证据。

1. 将总体定义为整个被审计期间的交易

在设计控制测试的审计样本时，注册会计师通常将测试扩展至在剩余期间发生的交易，以获取额外的证据。在这些情况下，总体由整个被审计期间的交易组成。

（1）初始测试。注册会计师可能将总体定义为包括整个被审计期间的交易，但在期中实施初始测试。在这种情况下，注册会计师可能估计总体中剩余期间将发生的交易的数量，并在期末审计时对所有发生在期中测试之后的被选取交易进行检查。例如，如果被审计单位在当年的前十个月开具了编号从 1 到 10 000 的发票，注册会计师可能估计，根据企业的经营周期，剩下两个月中将开具 2 500 张发票；因此注册会计师在选取所需的样本时用 1

到 12 500 作为编号。所选取的发票中，编号小于或等于 10 000 的样本项目在期中审计时进行检查，剩余的样本项目将在期末审计时进行检查。

（2）估计总体。在估计总体规模时，注册会计师可能考虑上年同期的实际情况、变化趋势以及经营的性质等因素。在实务中，注册会计师可能高估剩余项目的数量。年底，如果部分被选取的编号对应的交易没有发生（由于实际发生的交易数量低于预计数量），可以用其他交易代替。考虑到这种可能性，注册会计师可能希望稍多选取一些项目，对多余的项目只在需要作为替代项目时才进行检查。

另一方面，注册会计师也可能低估剩余项目的数量。如果剩余项目的数量被低估，一些交易将没有被选取的机会，因此，样本不能代表注册会计师所定义的总体。在这种情况下，注册会计师可以重新定义总体，以将样本中未包含的项目排除在外。对未包含在重新定义总体中的项目，注册会计师可以实施替代程序，例如，将这些项目作为一个独立的样本进行测试，或对其进行百分之百的检查，或询问剩余期间的情况。注册会计师应判断各种替代程序的效率和效果，并据此选择适合于具体情况的方法。

在许多情况下，注册会计师可能不需等到被审计期间结束，就能得出关于控制的运行有效性是否支持其计划评估的重大错报风险水平的结论。在对选取的交易进行期中测试时，注册会计师发现的误差可能足以使其得出结论：即使在发生于期中测试以后的交易中未发现任何误差，控制也不能支持计划评估的重大错报风险水平。在这种情况下，注册会计师可能决定不将样本扩展至期中测试以后发生的交易，而是相应地修正计划的重大错报风险评估水平和实质性程序。

2．将总体定义为从年初到期中测试日为止的交易

将整个被审计期间的所有交易包括在抽样总体中通常效率不高，有时使用替代方法测试剩余期间的控制有效性也许效率更高。在这种情况下，注册会计师将总体定义为从年初到期中测试日为止的交易，并在确定是否需要针对剩余期间获取额外证据以及获取哪些证据时考虑下列因素。

（1）所涉及的认定的重要性。

（2）期中进行测试的特定控制。

（3）自期中以来控制发生的任何变化。

（4）控制改变实质性程序的程度。

（5）期中实施控制测试的结果。

（6）剩余期间的长短。

（7）对剩余期间实施实质性程序所产生的，与控制的运行有关的证据。

注册会计师应当获取与控制在剩余期间发生的所有重大变化的性质和程度有关的证据，包括其人员的变化。如果发生了重大变化，注册会计师应修正其对内部控制的了解，并考虑对变化后的控制进行测试。或者，注册会计师也可以考虑对剩余期间实施实质性分析程序或细节测试。

二、确定样本规模

（一）影响样本规模的因素

在控制测试中影响样本规模的因素如下。

1. 可接受的信赖过度风险

在实施控制测试时，注册会计师主要关注抽样风险中的信赖过度风险、可接受的信赖过度风险与样本规模反向变动。

在实务中，一般的测试是将信赖过度风险确定为10%，特别重要的测试则可以将信赖过度风险确定为5%。注册会计师通常对所有控制测试确定一个统一的可接受信赖过度风险水平，然后对每一测试根据计划的重大错报风险评估水平和控制有效性分别确定其可容忍偏差率。本例中注册会计师确定的可接受信赖过度风险为10%。

2. 可容忍偏差率

可容忍偏差率与样本规模反向变动。在确定可容忍偏差率时，注册会计师应考虑计划评估的控制有效性。计划评估的控制有效性越高，意味着注册会计师在评估重大错报风险时越依赖控制运行的有效性，确定的可容忍偏差率相应越低，实施控制测试的范围也越大。

在实务中，注册会计师通常认为，当计划评估的控制有效性很高时，可容忍偏差率为3%~7%；当可容忍偏差率超过20%时，由于估计控制运行无效，注册会计师不需进行控制测试。本例中注册会计师预期现金支付授权控制运行有效，确定的可容忍偏差率为7%。

3. 预计总体偏差率

对于控制测试，注册会计师在考虑总体特征时，需要根据对相关控制的了解或对总体中少量项目的检查来评估预期偏差率。预期偏差率越高，所需的样本规模越大，以使注册会计师能够对实际偏差率做出合理的估计。注册会计师确定预期偏差率时应考虑的因素包括：注册会计师对经营情况的了解（特别是用来了解内部控制的风险评估程序）、人员或内部控制的变化、以前期间实施审计程序的结果和其他审计程序的结果。如果预期控制偏差率很高，注册会计师通常不降低评估的重大错报风险。

本例中，注册会计师根据上年测试结果和对控制的初步了解，预计总体的偏差率为1.75%。

4. 总体规模

对于大规模总体而言，总体的实际规模对样本规模几乎没有影响。然而，对于小规模总体而言，审计抽样可能不比其他替代方法更能有效地获取充分、适当的审计证据。

在本例中,现金支付业务数量很大,因而注册会计师认为总体规模对样本规模的影响可以忽略。在使用统计抽样时,注册会计师应当对影响样本规模的因素进行量化。

(二)样本规模的确定

在统计抽样中,注册会计师可以使用统计公式计算样本规模,也可以使用样本量表确定样本规模。

1. 使用统计公式计算样本规模

在基于泊松分布的统计模型中,样本量的计算公式如下:

样本量(N)=可接受的信赖过度风险系数(R)/可容忍偏差率(TR)

其中的分子"可接受的信赖过度风险系数"取决于特定的信赖过度风险和预期将出现的偏差的个数,它可在泊松分布表中查得。表 10-3 列示了在控制测试中常用的风险系数。

在本例中,注册会计师确定的可容忍信赖过度风险为 10%,可容忍偏差率 7%,并预期至多发现一例偏差。应用公式可计算出所需的样本量为 56,计算如下:

N=R/TR=可接受的信赖过度风险系数/可容忍偏差率=3.9/0.07=56

其中,风险系数 3.9 是根据预期的偏差 1,信赖过度风险 10%,从表面 10-4 中查得的。

表 10-4 控制测试中常用的风险系数表

预期发生偏差的数量	信赖过度风险	
	5%	10%
0	3.0	2.3
1	4.8	3.9
2	6.3	5.3
3	7.8	6.7
4	9.2	8.0
5	10.5	9.3
6	11.9	10.6
7	13.2	11.8
8	14.5	13.0
9	15.7	14.2
10	17.0	15.4

2. 使用样本量表确定样本规模

表 10-5 和表 10-6 分别提供了在控制测试中确定的可接受信赖过度风险为 5%和 10%时所使用的样本量表。如果注册会计师需要其他信赖过度风险水平的抽样规模,必须使用其

他统计抽样参考资料中的表格或计算机程序。

表 10-5 控制测试中统计抽样样本规模

——信赖过度风险 5%

(括号内是可接受的偏差数)

预计总体偏差率%	可容忍偏差率										
	2%	3%	4%	5%	6%	7%	8%	9%	10%	15%	20%
0.00	149(0)	99(0)	74(0)	59(0)	49(0)	42(0)	36(0)	32(0)	29(0)	19(0)	14(0)
0.25	236(1)	157(1)	117(1)	93(1)	78(1)	66(1)	58(1)	51(1)	46(1)	30(1)	22(1)
0.50	*	157(1)	117(1)	93(1)	78(1)	66(1)	58(1)	51(1)	46(1)	30(1)	22(1)
0.75	*	208(2)	117(1)	93(1)	78(1)	66(1)	58(1)	51(1)	46(1)	30(1)	22(1)
1.00	*	*	156(2)	93(1)	78(1)	66(1)	58(1)	51(1)	46(1)	30(1)	22(1)
1.25	*	*	156(2)	124(2)	78(1)	66(1)	58(1)	51(1)	46(1)	30(1)	22(1)
1.50	*	*	192(3)	124(2)	103(2)	66(1)	58(1)	51(1)	46(1)	30(1)	22(1)
1.75	*	*	227(4)	153(3)	103(2)	88(2)	77(2)	51(1)	46(1)	30(1)	22(1)
2.00	*	*	*	181(4)	127(3)	88(2)	77(2)	68(2)	46(1)	30(1)	22(1)
2.25	*	*	*	208(5)	127(3)	88(2)	77(2)	68(2)	61(2)	30(1)	22(1)
2.50	*	*	*	*	150(4)	109(3)	77(2)	68(2)	61(2)	30(1)	22(1)
2.75	*	*	*	*	173(5)	109(3)	95(3)	68(2)	61(2)	30(1)	22(1)
3.00	*	*	*	*	195(6)	129(4)	95(3)	84(3)	61(2)	30(1)	22(1)
3.25	*	*	*	*	*	148(5)	112(4)	61(2)	30(1)	22(1)	22(1)
3.50	*	*	*	*	*	167(6)	112(4)	76(3)	40(2)	22(1)	22(1)
3.75	*	*	*	*	*	185(7)	129(5)	100(4)	76(3)	40(2)	22(1)
4.00	*	*	*	*	*	*	146(6)	100(4)	89(4)	40(2)	22(1)
5.00	*	*	*	*	*	*	*	158(8)	116(6)	40(2)	30(2)
6.00	*	*	*	*	*	*	*	*	179(11)	50(3)	30(2)
7.00	*	*	*	*	*	*	*	*	*	68(3)	37(3)

*样本规模太大,因而在多数情况下不符合成本效益原则。

注:本表假设总体为大总体。

资料来源:中国注册会计师执业准则指南(2006)

表 10-6　控制测试中统计抽样样本规模
——信赖过度风险 10%
（括号内是可接受的偏差数）

预计总体偏差率%	可容忍偏差率									
	2%	3%	4%	5%	6%	7%	8%	9%	10%	15%	20%
0.00	114（0）	76（0）	57（0）	45（0）	38（0）	32（0）	28（0）	25（0）	22（0）	15（0）	11（0）
0.25	194（1）	129（1）	96（1）	77（1）	64（1）	55（1）	48（1）	42（1）	38（1）	25（1）	18（1）
0.50	194（1）	129（1）	96（1）	77（1）	64（1）	55（1）	48（1）	42（1）	38（1）	25（1）	18（1）
0.75	265（2）	129（1）	96（1）	77（1）	64（1）	55（1）	48（1）	42（1）	38（1）	25（1）	18（1）
1.00	*	176（2）	96（1）	77（1）	64（1）	55（1）	48（1）	42（1）	38（1）	25（1）	18（1）
1.25	*	221（3）	132（2）	77（1）	64（1）	55（1）	48（1）	42（1）	38（1）	25（1）	18（1）
1.50	*	*	132（2）	105（2）	64（1）	55（1）	48（1）	42（1）	38（1）	25（1）	18（1）
1.75	*	*	166（3）	105（2）	88（2）	55（1）	48（1）	42（1）	38（1）	25（1）	18（1）
2.00	*	*	198（4）	132（3）	88（2）	75（2）	48（1）	42（1）	38（1）	25（1）	18（1）
2.25	*	*	*	132（3）	88（2）	75（2）	65（2）	42（1）	38（2）	25（1）	18（1）
2.50	*	*	*	158（4）	110（3）	75（2）	65（2）	58（2）	38（2）	25（1）	18（1）
2.75	*	*	*	209（6）	132（4）	94（3）	65（2）	58（2）	52（2）	25（1）	18（1）
3.00	*	*	*	*	132（4）	94（3）	65（2）	58（2）	52（2）	25（1）	18（1）
3.25	*	*	*	*	153（5）	113（4）	82（3）	58（2）	52（2）	25（1）	18（1）
3.50	*	*	*	*	194（7）	113（4）	82（3）	73（3）	52（2）	25（1）	18（1）
3.75	*	*	*	*	*	131（5）	98（4）	73（3）	52（2）	25（1）	18（1）
4.00	*	*	*	*	*	149（6）	98（4）	73（3）	65（3）	25（1）	18（1）
5.00	*	*	*	*	*	*	160（8）	115（6）	78（4）	34（2）	18（1）
6.00	*	*	*	*	*	*	*	182（11）	116（7）	43（3）	25（2）
7.00	*	*	*	*	*	*	*	*	199（14）	52（4）	25（2）

*样本规模太大，因而在多数情况下不符合成本效益原则。

注：本表假设总体为大总体。

资料来源：中国注册会计师执业准则指南（2006）

注册会计师根据可接受的信赖过度风险选择相应的抽样规模表，然后读取预计总体偏差率栏找到适当的比率。接下来注册会计师确定与可容忍偏差率对应的列。可容忍偏差率所在列与预计总体偏差率所在行的交点就是所需的样本规模。本例中，如前所述，注册会计师确定的可接受信赖过度风险为10%，可容忍偏差率为7%，预计总体偏差率为1.75%。在信赖过度风险为10%时所使用的表10-5中，7%可容忍偏差率与1.75%预计总体偏差率的交叉处为55，即所需的样本规模为55，近似于前面公式所计算的56。

有时表10-4和表10-5可以被用来评价样本结果。每个样本规模旁边括号中的数字就是预计在样本中发现偏差的数量。预计偏差数是预计总体偏差率与样本规模的乘积。如果注册会计师在样本中发现的偏差数量小于或等于该数字，就可以得出结论，在期望的信赖过度风险下，总体的推断偏差率加上抽样风险允许限度不超过可容忍偏差率。

三、选取样本和实施审计程序

（一）选取样本

在控制测试中使用统计抽样方法时，注册会计师必须在使用随机数表或计算机辅助审计技术选样和系统选样中选择一种方法。原因在于，这两种方法能够产生随机样本；而其他选样方法虽然也可能提供代表性的样本，但却不是随机基础的。

（二）实施审计程序

在对选取的样本项目实施审计程序时可能出现以下几种情况。

1．无效单据

注册会计师选取的样本中可能包含无效的项目。例如，在测试与被审计单位的收据（发票）有关的控制时，注册会计师可能将随机数与总体中收据的编号对应。但是，某一随机数对应的收据可能是无效的（比如空白收据）。如果注册会计师能够合理确信该收据的无效是正常的且不构成对设定控制的偏差，就要用另外的收据替代。而且，如果使用了随机选样，注册会计师要用一个替代的随机数与新的收据样本对应。

2．未使用或不适用的单据

注册会计师对未使用或不适用单据的考虑与无效单据类似。例如，一组可能使用的收据号码中可能包含未使用的号码或有意遗漏的号码。如果注册会计师选择了一个未使用号码，就应合理确信该收据号码实际上代表一张未使用收据且不构成控制偏差。然后注册会计师用一个额外的收据号码替换该未使用的收据号码。有时选取的项目不适用于事先定义的偏差。例如，如果偏差被定义为没有验收报告支持的交易，选取的样本中包含的电话费可能没有相应的验收报告。如果合理确信该交易不适用且不构成控制偏差，注册会计师要用另一笔交易替代该项目，以测试相关的控制。

3．对总体的估计出现错误

如果注册会计师使用随机数选样方法选取样本项目，在控制运行之前可能需要估计总体规模和编号范围。当注册会计师将总体定义为整个被审计期间的交易但计划在期中实施部分抽样程序时，这种情况最常发生。如果注册会计师高估了总体规模和编号范围，选取的样本中超出实际编号的所有数字都被视为未使用单据。在这种情况下，注册会计师要用额外的随机数代替这些数字，以确定对应的适当单据。

4．在结束之前停止测试

有时注册会计师可能在对样本的第一部分进行测试时发现大量偏差。其结果是，注册会计师可能认为，即使在剩余样本中没有发现更多的偏差，样本的结果也不支持计划的重大错报风险评估水平。在这种情况下，注册会计师要重估重大错报风险并考虑是否有必要继续进行测试。

5．无法对选取的项目实施检查

注册会计师应当针对选取的每个项目，实施适合于具体审计目标的审计程序。有时，被测试的控制只在部分样本单据上留下了运行证据。如果找不到该单据，或由于其他原因无法对选取的项目实施检查，注册会计师可能无法使用替代程序测试控制是否适当运行。如果注册会计师无法对选取的项目实施计划的审计程序或适当的替代程序，就要考虑在评价样本时将该样本项目视为控制偏差。另外，注册会计师要考虑造成该限制的原因，以及该限制可能对其了解内部控制和评估重大错报风险产生的影响。

四、评价样本结果

（一）计算总体偏差率

将样本中发现的偏差数量除以样本规模，就计算出样本偏差率。样本偏差率就是注册会计师对总体偏差率的最佳估计，因而在控制测试中无须另外推断总体偏差率。但注册会计师还必须考虑抽样风险。

（二）考虑抽样风险

在实务中，注册会计师使用统计抽样方法时通常使用公式、表格或计算机程序直接计算在确定的信赖过度风险水平下可能发生的偏差率上限，即估计的总体偏差率与抽样风险允许限度之和。

1．使用统计公式评价样本结果

假定本例中，注册会计师对 56 个项目实施了既定的审计程序，且未发现偏差，则在既定的可接受信赖过度风险下，根据样本结果计算总体最大偏差率如下：

$$总体偏差率上限（MDR）＝R/n＝风险系数/样本量＝2.3/56＝4.1\%$$

其中的风险系数根据可接受的信赖过度风险为 10%，且偏差数量为 0，在表 10-3 中查得为 2.3。

这意味着，如果样本量为 56 且无一例偏差，总体实际偏差率超过 4.1%的风险为 10%，即有 90%的把握保证总体实际偏差率不超过 4.1%。由于注册会计师确定的可容忍偏差率为 7%，因此可以得出结论，总体的实际偏差率超过可容忍偏差率的风险很小，总体可以

接受。也就是说，样本结果证实注册会计师对控制运行有效性的估计和评估的重大错报风险水平是恰当的。

如果在 56 个样本中有两个偏差，则在既定的可接受信赖过度风险下，按照公式计算的总体偏差率上限如下：

$$总体偏差率上限（MDR）＝R/n＝风险系数/样本量＝5.3/56＝9.5\%$$

这意味着，如果样本量为 56 有两个偏差，总体实际偏差率超过 9.5%的风险为 10%。在可容忍偏差率为 7%的情况下，注册会计师可以做出结论，总体的实际偏差率超过可容忍偏差率的风险很大，因而不能接受总体。也就是说，样本结果不支持注册会计师对控制运行有效性的估计和评估的重大错报风险水平。注册会计师应当扩大控制测试范围，以证实初步评估结果，或提高重大错报风险评估水平，并增加实质性程序的数量，或者对影响重大错报风险评估水平的其他控制进行测试，以支持计划的重大错报风险评估水平。

2．使用样本结果评价表

注册会计师也可以使用样本结果评价表评价统计抽样的结果。表 10-6 和表 10-7 分别列示了可接受的信赖过度风险为 5%和 10%时的总体偏差率上限。

由于篇幅有限，表 10-7 和表 10-8 没有包括所有可能的样本规模或所有可能发现的偏差数。如果抽样中的样本规模或偏差数未在表中列示，注册会计师评价样本结果时可以使用其他统计抽样参考资料中的表格或计算机程序。或者，注册会计师可以用插入法计算表中未显示的抽样规模。插入法所造成的任何误差不会对注册会计师的评价有重大影响。如果比较保守，注册会计师可以使用表中比实际略小的样本规模评价样本中发现的偏差数。

表 10-7　控制测试中统计抽样结果评价

——信赖过度风险 5%时的偏差率上限

样本规模	实际发现的偏差数										
	0	1	2	3	4	5	6	7	8	9	10
25	11.3	17.6	*	*	*	*	*	*	*	*	*
30	9.5	14.9	19.6	*	*	*	*	*	*	*	*
35	8.3	12.9	17.0	*	*	*	*	*	*	*	*
40	7.3	11.4	15.0	18.3	*	*	*	*	*	*	*
45	6.5	10.2	13.4	16.4	19.2	*	*	*	*	*	*
50	5.9	9.2	12.1	14.8	17.4	19.9	*	*	*	*	*
55	5.4	8.4	11.1	13.5	15.9	18.2	*	*	*	*	*
60	4.9	7.7	10.2	12.5	14.7	16.8	18.8	*	*	*	*
65	4.6	7.1	9.4	11.5	13.6	15.5	17.4	19.3	*	*	*
70	4.2	6.6	8.8	10.8	12.6	14.5	16.3	18.0	19.7	*	*

（续表）

样本规模	实际发现的偏差数										
	0	1	2	3	4	5	6	7	8	9	10
75	4.0	6.2	8.2	10.1	11.8	13.6	15.2	16.9	18.5	20.0	*
80	3.7	5.8	7.7	9.5	11.1	12.7	14.3	15.9	17.4	18.9	*
90	3.3	5.2	6.9	8.4	9.9	11.4	12.8	14.2	15.5	16.8	18.2
100	3.0	4.7	6.2	7.6	9.0	10.3	11.5	12.8	14.0	15.2	16.4
125	2.4	3.8	5.0	6.1	7.2	8.3	9.3	10.3	11.3	12.3	13.2
150	2.0	3.2	4.2	5.1	6.0	6.9	7.8	8.6	9.5	10.3	11.1
200	1.5	2.4	3.2	3.9	4.6	5.2	5.9	6.5	7.2	7.8	8.4

*超过 20%。

注：本表以百分比表示偏差率上限。本表假设总体足够大。

资料来源：中国注册会计师执业准则指南（2006）

表 10-8 控制测试中统计抽样结果评价

——信赖过度风险 10%时的偏差率上限

样本规模	实际发现的偏差数										
	0	1	2	3	4	5	6	7	8	9	10
20	10.9	18.1	*	*	*	*	*	*	*	*	*
25	8.8	14.7	19.9	*	*	*	*	*	*	*	*
30	7.4	12.4	16.8	*	*	*	*	*	*	*	*
35	6.4	10.7	14.5	18.1	*	*	*	*	*	*	*
40	5.6	9.4	12.8	16.0	19.0	*	*	*	*	*	*
45	5.0	8.4	11.4	14.3	17.0	19.7	*	*	*	*	*
50	4.6	7.6	10.3	12.9	15.4	17.8	*	*	*	*	*
55	4.1	6.9	9.4	11.8	14.1	16.3	18.4	*	*	*	*
60	3.8	6.4	8.7	10.8	12.9	15.0	16.9	18.9	*	*	*
70	3.3	5.5	7.5	9.3	11.1	12.9	14.6	16.3	17.9	19.6	*
80	2.9	4.8	6.6	8.2	9.8	11.3	12.8	14.3	15.8	17.2	18.6
90	2.6	4.3	5.9	7.3	8.7	10.1	11.5	12.8	14.1	15.4	16.6
100	2.3	3.9	5.3	6.6	7.9	9.1	10.3	11.5	12.7	13.9	15.0
120	2.0	3.3	4.4	5.5	6.6	7.6	8.7	9.7	10.7	11.6	12.6
160	1.5	2.5	3.3	4.2	5.0	5.8	6.5	7.3	8.0	8.8	9.5
200	1.2	2.0	2.7	3.4	4.0	4.6	5.3	5.9	6.5	7.1	7.6

*超过 20%。

注：本表以百分比表示偏差率上限。本表假设总体足够大。

资料来源：中国注册会计师执业准则指南（2006）

使用样本结果评价表时，注册会计师首先应当选择相应的可接受信赖过度风险水平的表，然后读取样本规模栏找到适当的样本规模。接下来注册会计师确定样本中发现的偏差数对应的列。两者交叉处就是根据样本结果推断的总体偏差率加上抽样风险允许限度的数值（即总体偏差率上限）。如果总体偏差率上限小于可容忍偏差率，测试结果支持计划的重大错报风险评估水平。

本例中，注册会计师应当选择可接受的信赖过度风险为 10%的表（即表 10-6）评价样本结果。样本规模为 56，注册会计师可以选择样本规模为 55 的那一行。当样本中未发现偏差时，应选择偏差数为 0 的那一列，两者交叉处的 4.1%即为总体的偏差率上限，与利用公式计算的结果 4.1%相等。此时，由于总体偏差率上限小于本例中的可容忍偏差率 7%，总体可以接受。也就是说，样本结果证实注册会计师对控制运行有效性的估计和评估的重大错报风险水平是适当的。

当样本中发现两个偏差时，应选择偏差数为 2 的那一列，两者交叉处的 9.4%即为总体的偏差率上限，与利用公式计算的结果 9.5%相近。此时，总体偏差率上限大于可容忍偏差率，因此不能接受总体。也就是说，样本结果不支持注册会计师对控制运行有效性的估计和评估的重大错报风险水平。注册会计师应当扩大控制测试范围，以证实初步评估结果，或提高重大错报风险评估水平，并增加实质性程序的数量，或者对影响重大错报风险评估水平的其他控制进行测试，以支持计划的重大错报风险评估水平。

（三）考虑偏差的性质和原因

除了评价偏差发生的频率之外，注册会计师还要对偏差进行定性分析，包括考虑偏差的性质和原因。

五、停走抽样与发现抽样

实施控制测试时，注册会计师通常使用的抽样方法有三种：固定样本量抽样、停走抽样和发现抽样。

（一）固定样本量抽样

在固定样本量抽样中，注册会计师对一个确定规模的样本实施检查，且等到某一确定规模的样本全部选取、审查完以后，才做出审计结论。以上的叙述均基于固定样本量抽样方法。

(二) 停走抽样

停走抽样是固定样本量抽样的一种特殊形式。采用固定样本量抽样时，如果预计总体偏差率大大高于实际偏差率，其结果将是选取了过多的样本，降低了审计工作效率。停走抽样从预计总体偏差率为零开始，通过边抽样边评估来完成审计工作。注册会计师先抽取一定量的样本进行审查，如果结果可以接受，就停止抽样得出结论，如果结果不能接受，就扩大样本量继续审查直至得出结论。

停走抽样通常由 2 到 4 组抽样单元组成。注册会计师根据既定的信赖过度风险、可容忍偏差率和预计总体偏差率，确定每组抽样单元的规模（通常使用计算机程序或表格）。注册会计师首先对第一组抽样单元实施检查，然后根据检查结果确定是在不扩大检查范围的情况下接受计划的重大错报风险评估水平，还是不扩大检查范围而提高计划的重大错报风险评估水平，或者因为没有获取充分的信息确定计划的重大错报风险水平是否有保证而决定扩大检查范围。

假定可容忍偏差率为 5%，信赖过度风险为 10%，预计总体偏差率为 0.5%。表 10-9 列示了一个四步的停走抽样计划。

表 10-9 四步停走抽样计划

组	抽样单元数量	累计抽样单元数量	如果累计偏差为下列数量，则		
			接受重大错报风险	继续抽样（转入下一步）	提高重大错报风险计划评估水平
1	50	50	0	1～3	4
2	51	101	1	2～3	4
3	51	152	2	3	4
4	51	203	3	不适用	4

在本例中，如果注册会计师发现 4 个偏差，就停止检查抽样单元，并提高计划的重大错报风险评估水平。如果在第一组 50 个抽样单元中没有发现偏差，注册会计师就不需检查更多的样本单元，认为样本支持计划的控制信赖程度和重大错报风险评估水平。如果第一组抽样单元中存在 1 个、2 个或 3 个偏差，注册会计师就应当对下一组的抽样单元进行检查。注册会计师继续对后面组中的抽样单元进行检查，直到样本结果支持或不支持计划的重大错报风险评估水平。例如，如果第一组存在 3 个偏差，后面的三组抽样单元必须在检查后没有发现额外的偏差，才能支持计划的重大错报风险评估水平。

停走抽样使注册会计师在预计总体偏差率较低时可以尽量减小样本规模。但注册会计师可能发现，如果在停走抽样中需要对所有抽样单元进行检查，其审计成本可能大于控制测试所减少的实质性程序的成本。因此，有时注册会计师在完成所有步骤之前决定停止停走抽样。例如，在表 10-8 的四步停走抽样中，如果第二组中发现了 2 或 3 个偏差，注册会计师可能决定停止检查。在这种情况下，注册会计师可能认为，所减少的实质性程序可能难以补偿对最多可达 102 个的抽样单元进行额外检查所增加的审计成本。

（三）发现抽样

发现抽样是固定样本量抽样的另一种特殊形式，与固定样本量抽样的不同之处在于发现抽样将预计总体偏差率直接定为 0%，并根据可接受信赖过度风险和可容忍偏差率一起确定样本量。在对选出的样本进行审查时，一旦发现一个偏差就立即停止抽样。如果在样本中没有发现偏差，则可以得出总体可以接受的结论。发现抽样适合于查找重大舞弊或非法行为。

六、在控制测试中使用非统计抽样方法

只介绍在控制测试中使用非统计抽样方法的一般程序。

（一）样本设计

在控制测试中使用非统计抽样方法时，样本的设计与使用统计抽样方法时相同。注册会计师首先必须确定测试目标，然后根据测试目标定义总体、抽样单元、偏差和测试期间。

（二）确定样本规模

如果在控制测试中使用非统计抽样，注册会计师在确定适当的样本规模时，也需要考虑可接受抽样风险、可容忍偏差率、预计总体偏差率以及总体规模等因素，即使注册会计师无法明确地量化这些因素。在使用非统计抽样方法时，注册会计师可以只对其进行定性的估计。

可接受的信赖过度风险与样本规模反向变动。可接受的信赖过度风险降低，则所需的样本量增加，即为确保较低的抽样风险，要求有更多的样本。如果注册会计师能接受较高的抽样风险，则可缩小所需的样本量。在非统计抽样中，注册会计师可以不量化信赖过度风险，而将其评估为高、中、低水平。

可容忍偏差率与样本规模反向变动。可容忍偏差率降低，则所需的样本量增加。如果既定的控制运行有效性估计水平允许一个较高的可容忍偏差率，则可缩小样本量。

预期总体偏差率与样本规模同向变动。预期总体偏差率升高，则所需的样本量增加。通常，当预期总体偏差率接近可容忍偏差率时，所需的样本量较大。

总体规模对样本规模的影响很小。除非总体很小，注册会计师通常不考虑总体规模。

注册会计师可以运用职业判断，通过对上述要素的定性分析来评估样本量。

（三）选取样本

在非统计抽样方法中，注册会计师可以使用随机数表或计算机辅助审计技术选样、系统选样，也可以使用随意选样。总之，非统计抽样只要求选出的样本具有代表性，并不要求必须是随机样本。

（四）评价样本结果

与统计抽样相同，在非统计抽样中也应当对选取的样本项目实施审计程序，并对发现的偏差进行定性分析。在非统计抽样中，注册会计师同样将样本的偏差率作为总体偏差率的最佳估计。但在非统计抽样中，抽样风险无法直接计量。注册会计师通常将样本偏差率（即估计的总体偏差率）与可容忍偏差率相比较，以判断总体是否可以接受。如果样本偏差率超出可容忍偏差率，则可以得出总体不可接受的结论。如果样本偏差率低于总体的可容忍偏差率，注册会计师要考虑即使总体实际偏差率高于可容忍偏差率时仍可能出现这种结果的风险。如果样本偏差率大大低于可容忍偏差率，注册会计师通常认为总体可以接受。如果样本偏差率虽然低于可容忍偏差率，但两者很接近，注册会计师通常认为总体实际偏差率高于可容忍偏差率的抽样风险很高，因而总体不可接受。如果样本偏差率与可容忍偏差率之间的差额不是很大也不是很小，以至于不能认定总体是否可以接受时，注册会计师则要考虑扩大样本规模，以进一步搜集证据。

例如，假设总体的可容忍偏差率为5%，如果在60个项目组成的样本中未发现偏差，注册会计师可能得出结论，总体实际偏差率高于可容忍偏差率5%的抽样风险很低，因此总体可以接受。相反，如果样本中包括两个以上的偏差，注册会计师的结论可能是，总体实际偏差率高于可容忍偏差率5%的抽样风险很高，因此总体不可接受。

当结论是总体可以接受时，意味着注册会计师认为样本结果支持计划的控制运行有效性和重大错报风险的评估水平。当结论是总体不可接受时，意味着注册会计师认为样本结果不支持计划的控制运行有效性和重大错报风险的评估水平，这时，注册会计师应当提高重大错报风险评估水平，扩大实质性程序的实施范围。

第四节　审计抽样在细节测试中的运用

一、在细节测试中使用非统计抽样方法

本节主要介绍在细节测试中使用非统计抽样方法的一般程序，并重点说明如何设计样本、确定样本规模、选取样本和评价样本结果。

(一) 样本设计

实施细节测试时,注册会计师在样本设计阶段必须完成的工作包括三个环节:确定测试目标,定义总体和抽样单元以及界定错报。

1. 明确测试目标

细节测试旨在对各类交易、账户余额、列报的相关认定进行测试,尤其是对存在或发生、计价认定的测试。注册会计师实施审计程序的目标就是确定相关认定是否存在重大错报。通过在账户余额中选取项目进行测试,注册会计师可以检查出那些虚构项目、余额中不应包含的项目(分类错误的项目)以及估价错误的项目。

例如,某单位应收账款清单上共列了40笔应收账款,合计金额为人民币207 295元。审计测试的目标就是要确定207 295元的应收账款余额是否存在重大错报。

2. 定义总体

(1)考虑总体的适当性和完整性。注册会计师应确信抽样总体适合于特定的审计目标。例如,注册会计师如果对已记录的项目进行抽样,就无法发现由于某些项目被隐瞒而导致的金额低估。为发现这类低估错报,注册会计师应从包含被隐瞒项目的来源选取样本。例如,注册会计师可能对随后的现金支付进行抽样,以测试由隐瞒采购所导致的应付账款账面金额低估;或者对装运单据进行抽样,以发现由已装运但未确认为销售的交易所导致的低估销售收入问题。

注册会计师实际上是从代表总体的实物中选取样本项目。如果注册会计师将总体定义为特定日期的所有应收账款余额,那么代表总体的实物则可能就是该日的应收账款明细账。注册会计师要考虑代表总体的实物是否包括了所有总体项目。

(2)识别个别重大项目。在细节测试中计划使用非统计抽样时,注册会计师应当运用职业判断,确定需要对某类交易或账户余额中的哪些项目进行个别测试,以及对哪些项目进行抽样。注册会计师应当对个别重大项目逐一实施检查,以将抽样风险控制在合理的范围。个别重大项目包括那些潜在错报大于或等于可容忍错报的单个项目,以及异常的余额或交易。注册会计师进行百分之百测试的所有项目都不构成抽样总体。

3. 定义抽样单元

在细节测试中,注册会计师应根据审计目标和所实施审计程序的性质,定义抽样单元。抽样单元可能是一个账户余额、一笔交易或交易中的一个记录(如销售发票中的单个项目),甚至是每个货币单位。例如,如果抽样的目标是测试应收账款是否存在,注册会计师可能选择各应收账款明细账余额、发票或发票上的单个项目作为抽样单元。选择的标准是,如何定义抽样单元能使审计抽样实现最佳的效率和效果。

注册会计师定义抽样单元时也应考虑实施计划的审计程序或替代程序的难易程度。如果将抽样单元界定为客户明细账余额,当某客户没有回函证实该余额时,注册会计师可能需要对构成该余额的每一笔交易进行测试。因此,如果将抽样单元界定为构成应收账款余额的每笔交易,审计抽样的效率可能更高。

4. 界定错报

在细节测试中,误差是指错报,注册会计师应根据审计目标,确定什么构成错报。例如,在对应收账款存在性的细节测试中(如函证),客户在函证日之前支付、被审计单位在函证日之后不久收到的款项不构成误差。而且,被审计单位在不同客户之间误登明细账也不影响应收账款总账余额。即使在不同客户之间误登明细账可能对审计的其他方面(如对舞弊的可能性或坏账准备的适当性的评估)产生重要影响,注册会计师在评价应收账款函证程序的样本结果时不宜将其判定为误差。注册会计师还可能将被审计单位自己发现并已在适当期间予以更正的错报排除在外。

(二)确定样本规模

1. 影响样本规模的因素

如果在细节测试中使用非统计抽样,注册会计师在确定适当的样本规模时,也需要考虑相关的影响因素,如总体变异性,可接受抽样风险,可容忍错报,预计总体错报以及总体规模等,即使注册会计师无法明确地量化这些因素。

(1)总体的变异性。总体项目的某一特征(如金额)经常存在重大的变异性。在细节测试中确定适当的样本规模时,注册会计师应考虑特征的变异性。注册会计师通常根据项目账面金额的变异性估计总体项目审定金额的变异性。衡量这种变异或分散程度的指标是标准差。注册会计师在使用非统计抽样时,不需量化期望的总体标准差,但要用"大"或"小"等定性指标来估计总体的变异性。总体项目的变异性越低,通常样本规模越小。

(2)可接受的抽样风险。细节测试中的抽样风险分为两类:误受风险和误拒风险。在细节测试中使用非统计抽样方法时,注册会计师主要关注误受风险。

在确定可接受的误受风险水平时,注册会计师需要考虑下列因素:注册会计师愿意接受的审计风险水平;评估的重大错报风险水平;针对同一审计目标(财务报表认定)的其他实质性程序的检查风险,包括分析程序。

在实务中,注册会计师愿意承担的审计风险通常为 5%~10%。当审计风险既定时,如果注册会计师将重大错报风险评估为低水平,就可以在实质性程序中接受较高的误受风险。当可接受的误受风险增加时,实质性程序所需的样本规模降低。相反,如果注册会计师评估的重大错报风险水平较高,可接受的误受风险降低,所需的样本规模就增加。

注册会计师对其他实质性程序的依赖程度对样本规模的影响与此类似,其他实质性程序包括与同一审计目标相关的分析性程序。

在细节测试中，误拒风险与审计的效率有关，如果注册会计师决定接受一个较高的误拒风险，所需的样本规模降低。在设计样本时，与控制测试中对信赖不足风险的关注相比，注册会计师在细节测试中对误拒风险的关注程度通常更高。如果控制测试中的样本结果不支持计划的重大错报风险评估水平，注册会计师可以实施其他的控制测试以支持计划的重大错报风险评估水平，或根据测试结果提高重大错报风险评估水平。由于替代审计程序比较容易获得，因此，对控制信赖不足给注册会计师和被审计单位造成的不便通常相对较小。但是，如果在某类交易或账户余额的账面金额可能不存在重大错报时根据样本结果得出存在重大错报的结论，注册会计师可采用的替代方法可能成本高昂得多。通常，注册会计师需要与被审计单位的人员进一步讨论，并实施额外的审计程序。这些额外工作的成本可能非常高。

（3）可容忍错报。可容忍错报与注册会计师计划的重要性水平有关。某账户的可容忍错报实际上就是该账户的重要性水平。对特定的账户余额或交易类型而言，当误受风险一定时，如果注册会计师确定的可容忍错报降低，为实现审计目标所需的样本规模就增加。

（4）预计总体错报。在确定细节测试所需的样本规模时，注册会计师还需要考虑预计在账户余额或交易中存在的错报金额和频率。预计总体错报的规模或频率降低，所需的样本规模也降低。相反，预计总体错报的规模或频率增加，所需的样本规模也增加。

注册会计师在运用职业判断确定预计错报额时，应当考虑被审计单位的经营状况，以前年度对账户余额或交易类型进行测试的结果，初始样本的结果，相关实质性程序的结果，以及相关控制测试的结果等因素。

（5）总体规模。总体中的项目数量在细节测试中对样本规模的影响很小。因此，按总体的固定百分比确定样本规模通常缺乏效率。

2．根据上述因素确定样本规模

（1）各种因素对样本规模的影响。理解各种因素对样本规模的影响，有助于设计一个高效的抽样程序。注册会计师在考虑这些因素时要运用职业判断和经验，以确定样本规模。表 10-10 "细节测试中影响样本规模的因素"概括了各种因素对细节测试样本规模的影响。该表只用于说明各因素对样本规模的影响，而不能代替职业判断。

（2）利用统计量表确定样本规模。注册会计师可能发现，在运用职业判断和经验考虑各种因素对样本规模的影响时，熟悉根据统计理论计算的样本规模十分有用。

表 10-10 列示了根据统计抽样方法计算的各样本规模。在使用该表帮助确定细节测试的样本规模时，注册会计师需要在下列方面运用职业判断：确定可容忍错报；估计预计总体错报；量化可接受的误受风险水平；剔除百分之百检查的项目后估计总体金额；调整确定样本规模。

表 10-10　细节测试中影响样本规模的因素

影响因素＼对样本规模的影响程度			分层适当	不分层
可接受审计风险（可接受误受风险）	较小	较大	—	
评估的重大错报风险（可接受误受风险）	较大	较小	—	
针对同一认定使用其他实质性程序（包括分析程序和其他相关细节测试）的风险（可接受误受风险）	较大	较小	—	
可容忍错报	较小	较大	—	
预计总体错报（包括大小和比率）	较大	较小	—	
分层[总体变异性（对总体物征的评估）]	—	—	较小	较大
总体规模	可以忽略（除非总体规模很小）	可以忽略（除非总体规模很小）	—	—

对表 10-11 中的样本规模进行适当调整后，注册会计师可以确定非统计抽样所需的适当样本规模。注册会计师应考虑到，表 10-11 是基于具有高度统计效率和高度分层的抽样方法，因此应根据非统计抽样中分层程度等因素对本表确定的样本规模进行调整，以体现非统计抽样方法和本表使用的统计抽样方法的差异。

表 10-11　样本规模表

可接受误受风险	预计错报占可容忍错报的百分比	可容忍错报占总体的百分比*									
		50	30	10	8	6	5	4	3	2	1	0.5
		样本规模										
5%	0%	6	10	30	38	50	60	75	100	150	300	600
	10%	8	12	37	46	61	73	91	121	182	364	727
	20%	10	16	46	58	77	92	115	154	230	460	920
	30%	12	20	60	75	100	120	150	200	300	600	1200
	40%	16	27	81	101	135	162	202	269	404	807	1614
	50%	23	39	116	144	192	231	288	384	576	1152	2304

(续表)

可接受误受风险	预计错报占可容忍错报的百分比	可容忍错报占总体的百分比*									
		50	30	10	8	6	5	4	3	2	1	0.5
		样本规模									
10%	0%	5	8	23	29	39	46	58	77	115	230	460
	20%	7	12	34	43	57	68	85	113	169	338	675
	30%	9	15	44	54	72	87	108	144	216	431	862
	40%	12	19	57	72	95	114	143	190	285	570	1140
	50%	16	27	80	100	133	160	200	266	399	798	1596
30%	0%	3	4	12	15	20	24	30	40	60	120	240
	20%	4	6	16	20	27	32	40	54	80	160	319
	40%	5	8	24	30	40	48	60	80	119	239	476
	60%	9	14	43	53	71	85	106	142	212	424	848
50%	0%	2	3	7	9	12	14	18	23	35	69	138
	20%	2	3	9	11	15	18	22	29	44	87	173
	40%	3	4	12	15	20	23	29	39	58	115	230
	60%	4	6	18	22	29	35	43	58	86	173	345

* 假设已根据预计错报额对可容忍错报进行调整。

来源：AICPA Audit and Accounting Guide:Audit Sampling (2005)

3．利用模型确定样本规模

注册会计师在细节测试中也可以利用模型确定样本规模。如以下模型：

$$样本规模 = 总体账面金额/可容忍错报 \times 保证系数$$

本模型只用于说明计划抽样时考虑的各种因素对样本规模的影响，它不能代替职业判断。注册会计师使用本模型时，需要在下列方面运用职业判断。

（1）评估重大错报风险。

（2）确定可容忍错报。

（3）估计预计总体错报。

（4）评估其他实质性程序未能发现重大错报的风险。

（5）剔除百分之百检查的项目后估计总体的账面金额。

（6）调整确定样本规模。

对本模型计算的样本规模进行适当调整后，注册会计师可以确定非统计抽样所需的适当样本规模。注册会计师应考虑到，本模型基于具有高度统计效率和高度分层的抽样方法，因此应根据非统计抽样中分层程度等因素对本表确定的样本规模进行调整，以体现非统计抽样方法和本表使用的统计抽样方法的差异。使用本模型时确定样本规模的步骤如下：

（1）考虑重大错报风险，将其评估为最高，高，中和低四个等级；

（2）确定可容忍错报；

（3）评估用于测试相同认定的其他实质性程序（如分析程序）未能发现该认定中重大错报的风险。

①最高——没有实施其他实质性程序测试相同认定。

②高——预计用于测试相同认定的其他实质性程序不能有效地发现该认定中的重大错报。

③中——预计用于测试相同认定的其他实质性程序发现该认定中重大错报的有效程度适中。

④低——预计用于测试相同认定的其他实质性程序能有效地发现该认定中的重大错报。

（4）剔除百分之百检查的所有项目后估计总体的账面金额。

（5）从表 10-12 中选择适当的保证系数，并适用下列公式估计样本规模：

样本规模＝总体账面金额/可容忍错报×保证系数

表 10-12　保证系数

评估的重大错报风险	其他实质性程序未能发现重大错报的风险			
	最高	高	中	低
最高	3.0	2.7	2.3	2.0
高	2.7	2.4	2.0	1.6
中	2.3	2.1	1.6	1.2
低	2.0	1.6	1.2	1.0

（6）调整估计的样本规模，以反映非统计方法与本模型使用的统计方法在效率上的差异。在实务中，如果样本不是以统计有效的方式选取，注册会计师调整样本规模的幅度通常在 10%～50%。

（三）选取样本

注册会计师应当仔细选取样本，以使样本能够代表抽样总体的特征。在选取样本之前，注册会计师通常先识别单个重大项目。然后，从剩余项目中选取样本，或者对剩余项目分层，并将样本规模相应分配给各层。注册会计师从每一层中选取样本，但选取的方法应当能使样本具有代表性。

(四) 评价样本结果

1. 考虑错报的性质和原因

除了评价错报的频率和金额之外,注册会计师还要对错报进行定性分析。

2. 推断总体错报

当实施细节测试时,注册会计师应当根据样本中发现的错报推断总体错报。在非统计抽样中,根据样本中发现的错报金额推断总体错报金额的方法有多种,注册会计师可以从中选择其一。下面介绍两种常用的方法。

第一种方法是比率法,即用样本中的错报金额除以该样本中包含的账面金额占总体账面总金额的比例。例如,注册会计师选取的样本可能包含了应收账款账户账面金额的10%。如果注册会计师在样本中发现了100元的错报,其对总体错报的最佳估计为1000元(100元÷10%)。这种方法不需使用总体规模。

第二种方法是差额法,即计算样本中所有项目审定金额和账面金额的平均差异,并推断至总体的全部项目。例如,注册会计师选取的非统计抽样样本为100个项目。如果注册会计师在样本中发现的错报为200元,样本项目审定金额和账面金额的平均差异则为2元(200元÷100)。然后注册会计师可以用总体规模(本例中为5 000)乘以样本项目的平均差异2元,以估计总体的错报金额。注册会计师估计的总体错报则为10 000元(5 000×2元)。

如果样本规模占总体规模的比例与样本中包含的账面金额占总体账面金额的比例相同,这两种方法将得出同样的结果。如果两个比例不同,并且差异很大,注册会计师要根据自己对总体中错报的大小和分布的了解选择一种方法。例如,如果注册会计师预计错报金额与项目规模关系更紧密,通常会使用第一种方法。另一方面,如果注册会计师预计总体中所有项目的错报比较接近,通常会选择第二种方法。

如果注册会计师在设计样本时将进行抽样的项目分为几组,则要在每组分别推断错报,然后将各组推断的金额加总,计算估计总体错报。注册会计师还要将在进行百分之百检查的个别重大项目中发现的所有错报与推断的错报金额汇总。

(三) 考虑抽样风险并得出总体结论

注册会计师应当将推断的总体错报额与百分之百检查的项目中所发现的错报加总,并要求被审计单位调整已经发现的错报。依据被审计单位已更正的错报对推断的总体错报额进行调整后,注册会计师要将其与该类交易或账户余额的可容忍错报相比较,并适当考虑抽样风险。如果推断的错报总额低于账户余额或交易类型的可容忍错报,注册会计师要考虑即使总体的实际错报金额超过可容忍错报,仍可能出现这一情况的风险。例如,如果1 000 000元的某账户余额的可容忍错报为50 000元,根据适当的样本推断的总体错报为

10 000元，由于推断的总体错报远远低于可容忍错报，注册会计师可能合理确信，总体实际错报金额超过可容忍错报的抽样风险很低，因而可以接受。另一方面，如果推断的错报总额接近或超过可容忍错报，注册会计师通常得出总体实际错报超过可容忍错报的结论。

在非统计抽样中，注册会计师运用其经验和职业判断进行这种评价。但是，当推断的错报与可容忍错报的差距既不很小又不很大时，注册会计师应当仔细考虑，实际错报超过可容忍错报的风险是否高得无法接受。

如果样本结果不支持总体账面金额，且注册会计师认为账面金额可能存在错报，注册会计师在评价财务报表整体是否存在重大错报时，应当将错报与其他审计证据一起考虑。通常，注册会计师会建议被审计单位对错报进行调查，且在必要时调整账面记录。

二、在细节测试中使用统计抽样方法

实施细节测试时最常用的统计抽样方法包括传统的变量抽样法和概率比例规模抽样法（以下简称PPS抽样）。传统变量抽样涉及复杂的数学计算，难以手工进行，因此注册会计师在传统变量抽样中通常使用计算机程序确定样本规模和评价样本结果。

（一）传统的变量抽样法

传统的变量抽样主要包括三种具体的方法：均值估计抽样、差额估计抽样和比率估计抽样。每种方法推断总体错报的方法各不相同。但步骤基本相同，均包括：确定样本量；利用样本信息推断总体信息。

1. 均值估计抽样

均值估计抽样是指通过抽样审查确定样本的平均值，再根据样本平均值推断总体的平均值和总值的一种变量抽样方法。

$$样本平均值 = 样本实际金额 / 样本规模$$

$$总体金额估计值 = 样本平均值 \times 总体规模$$

使用这种方法时，注册会计师先确定样本中审定项目的平均值，然后用这个样本平均值乘以总体规模，得出总体金额的估计值。总体估计金额和总体账面金额之间的差额就是推断的总体错报。

2. 差额估计抽样

差额估计抽样是以样本实际金额与账面金额的平均差额来估计总体实际金额与账面金额的平均差额，然后再以这个平均差额乘以总体规模，从而求出总体的实际金额与账面金额的差额（即总体错报）的一种方法。

平均错报＝样本实际金额与账面金额的差额/样本规模

推断的总体错报＝平均错报×总体规模

3. 比率估计抽样

比率估计抽样是指以样本的实际金额与账面金额之间的比率关系来估计总体实际金额与账面金额之间的比率关系，然后再以这个比率去乘总体的账面金额，从而求出估计的总体实际金额的一种抽样方法。

比率＝样本审定金额/样本账面金额

估计的总体实际金额＝总体账面金额×比率

如果未对总体进行分层，注册会计师通常不使用均值估计抽样，因为此时所需的样本规模可能太大，以至于对一般的审计而言不符合成本效益原则。比率估计抽样和差额估计抽样都要求样本项目存在错报。如果样本项目的审定金额和账面金额之间没有差异，这两种方法使用的公式所隐含的机理就会导致错误的结论。如果注册会计师决定使用统计抽样，且预计只发现少量差异，就不应使用比率估计抽样和差额估计抽样，而考虑使用其他的替代方法，如均值估计抽样或 PPS 抽样。

（二）概率比例规模抽样法（PPS）

PPS 抽样是以货币单位作为抽样单元进行选样的种方法。有时也被称为金额加权抽样，货币单位抽样，累计货币金额抽样，以及综合属性变量抽样等。PPS 抽样有助于注册会计师将审计重点放在较大的余额或交易。此抽样方法之所以得名，是因为总体中每一余额或交易被选取的概率与其账面金额（规模）成正比例。

本章小结

本章主要讲述了审计抽样基本知识、审计抽样的基本步骤、审计抽样在控制测试节测试中应用、审计抽样在细节测试中运用等相关知识。通过本章的学习，读者应该了解审计抽样的基本特征及其适用情形、审计抽样与其他选取测试项目的方法的关系；掌握统计抽样和非统计抽样、统计抽样的方法、抽样风险和非抽样风险；掌握审计抽样的基本步骤主要包括样本设计阶段、确定样本规模、选取样本和对样本实施审计程序、评价样本结果；掌握审计抽样在控制测试、细节测试中应用。

本章习题

一、单项选择题

1. 下列说法中正确的是（　　）。

   A．统计抽样和非统计抽样都可以利用概率法则来量化、控制抽样风险

   B．统计抽样和非统计抽样的根本区别在于是否利用概率法则来量化、控制抽样风险

   C．注册会计师的专业胜任能力与抽样风险成反向变动关系，即较高的专业胜任能力有助于降低抽样风险，反之，较低的专业胜任能力将使抽样风险增加

   D．注册会计师在实施传统变量抽样时，可以采用均值估计、比率估计、差额估计等方法估计总体错报金额。无论使用哪种方法，所得到的对同一项目的估计值是相同的

2. 注册会计师由于执行了与审计目标不符的审计程序，导致财务报表有重大错报未被发现，这种审计风险属于（　　）。

   A．非抽样风险　　　B．误受风险　　　C．抽样风险　　　D．信赖过度风险

3. 注册会计师获取审计证据时可能使用三种目的的审计程序：风险评估程序、控制测试和实质性程序，下列属于注册会计师拟实施的审计程序中通常可以使用审计抽样的是（　　）。

   A．当控制的运行未留下轨迹时的控制测试　　B．实质性分析程序

   C．当控制的运行留下轨迹时的控制测试　　D．风险评估程序

4. 抽样总体的适当性是指注册会计师确定的总体适合于特定的审计目标，包括适合于测试的方向。在注册会计师为下列审计目标确定的抽样总体中，适当的是（　　）。

   A．为证实所有发运商品是否都已开具账单，注册会计师将全年已开具的账单作为抽样总体

   B．为证实营业收入项目是否被高估，注册会计师将全年发生的营业收入作为抽样总体

   C．为证实资产负债表上列示的应收账款是否被高估，注册会计师将全年的赊销业务作为抽样总体

   D．为证实坏账准备计提的是否充分，注册会计师将余额超过应收账款项目重要性水平的应收账款作为抽样总体

5. 在决定样本规模所需考虑的各个因素中，（　　）不是必需的，即它需要根据抽样对象的具体情况决定是否进行。

   A．确定可信赖程度　　　　B．确定可接受的抽样风险

   C．分层　　　　　　　　　D．确定可容忍误差

二、多项选择题

1．下列各项中，与注册会计师设计样本时所确定的样本量存在反向变动关系的有（　　）。
A．可接受的抽样风险　　B．可信赖程度　　C．可容忍误差　　D．预期总体误差

2．选取样本的基本方法有（　　）。
A．随机选样　　　　B．固定选样　　C．等距选样　　　D．随意选样

3．审计抽样应当具备三个基本特征（　　）。
A．选样方法能够计量并控制审计风险在可接受的水平
B．所有抽样单元都有被选取的机会
C．审计测试的目的是为了评价该账户余额或交易类型的某一特征
D．对某类交易或账户余额中低于百分之百的项目实施审计程序

4．下列有关审计抽样的说法中，恰当的有（　　）。
A．只要进行抽样，就会存在抽样风险
B．注册会计师在抽样中既可以使用统计抽样方法，也可以使用非统计抽样方法
C．非抽样风险是由人为错误造成的，在审计中可以将其量化并加以控制
D．一般情况下，属性抽样适用于控制测试；变量抽样适用于细节测试

5．下列描述中，不恰当的有（　　）。
A．在统计抽样中存在一定程度的非抽样风险；在非统计抽样中，也存在某种程度的抽样风险
B．非抽样风险是由人为错误造成的，不能量化，所以注册会计师无法控制非抽样风险
C．在细节测试中，可接受的抽样风险主要是指抽样风险中的误受风险，有时也包括误拒风险
D．注册会计师在实施审计抽样前，需要定义总体，即所确定的抽样总体范围就是构成某类交易或账户余额的所有项目

三、简答题

1．抽样风险与非抽样风险是如何影响审计风险的？
2．审计抽样方法适用于哪些审计程序？不适用于哪些审计程序？
3．确定样本规模应考虑哪些因素？
4．选取样本的方法有哪些？

第十一章 审计报告

【本章导读】

审计报告是注册会计师在完成审计工作后向委托人提交的最终产品。注册会计师只有在实施审计工作的基础上才能报告。注册会计师通过对财务报表发表意见,从而履行业务约定的责任。审计报告是注册会计师对财务报表合法性和公允性发表审计意见的书面文书,因此,注册会计师应当将已审计的财务报表附于审计报告之后,以便于财务报表使用者正确理解和使用审计报告,并防止被审计单位替换、更改已审计的财务报表。

【本章目标】

➢ 掌握民间审计报告的相关知识
➢ 掌握国家审计报告的相关知识
➢ 掌握内部审计报告的相关知识

第一节 民间审计报告

审计报告是指注册会计师根据审计准则的规定,在执行审计工作的基础上,对财务报表发表审计意见的书面文件。

一、民间审计报告的基本知识

(一)审计意见的类型

1. 无保留意见

无保留意见,是指当注册会计师认为财务报表在所有重大方面按照适用的财务报告编制基础的规定编制并实现公允反映时发表的审计意见。

2. 非无保留意见

非无保留意见,是指保留意见、否定意见或无法表示意见。当存在下列情形之一时,注册会计师应当按照《中国注册会计师审计准则第 1502 号——在审计报告中发表非无保留意见》的规定,在审计报告中发表非无保留意见。

（1）根据获取的审计证据，得出财务报表整体存在重大错报的结论。

（2）无法获取充分、适当的审计证据，不能得出财务报表整体不存在重大错报的结论。

如果财务报表没有实现公允反映，注册会计师应当就该事项与管理层讨论，并根据适用的财务报告编制基础的规定和该事项得到解决的情况，决定是否有必要按照《中国注册会计师审计准则第 1502 号——在审计报告中发表非无保留意见》的规定在审计报告中发表非无保留意见。

（二）审计意见的形成

注册会计师应当就财务报表是否在所有重大方面按照适用的财务报告编制基础编制并实现公允反映形成审计意见。

为了形成审计意见，针对财务报表整体是否不存在由于舞弊或错误导致的重大错报，注册会计师应当得出结论，确定是否已就此获取合理保证。在得出结论时，注册会计师应当考虑下列几个方面。

（1）按照《中国注册会计师审计准则第 1231 号——针对评估的重大错报风险采取的应对措施》的规定，是否已获取充分、适当的审计证据。

（2）按照《中国注册会计师审计准则第 1251 号——评价审计过程中识别出的错报》的规定，未更正错报单独或汇总起来是否构成重大错报。

（3）评价财务报表是否在所有重大方面按照适用的财务报告编制基础编制。

在评价时，注册会计师应当考虑被审计单位会计实务的质量，包括表明管理层的判断可能出现偏向的迹象。管理层需要对财务报表中的金额和披露做出大量判断。在考虑被审计单位会计实务的质量时，注册会计师可能注意到管理层判断中可能存在的偏向。注册会计师可能认为缺乏中立性产生的累积影响，连同未更正错报的影响，导致财务报表整体存在重大错报。管理层缺乏中立性可能影响注册会计师对财务报表整体是否存在重大错报的评价。

注册会计师应当依据适用的财务报告编制基础特别评价下列内容。

①财务报表是否充分披露了选择和运用的重要会计政策。

②选择和运用的会计政策是否符合适用的财务报告编制基础，并适合于被审计单位的具体情况。

③管理层做出的会计估计是否合理。

④财务报表列报的信息是否具有相关性、可靠性、可比性和可理解性。

⑤财务报表是否做出充分披露，使财务报表预期使用者能够理解重大交易和事项对财务报表所传递的信息的影响。

⑥财务报表使用的术语（包括每一财务报表的标题）是否适当。

（4）评价财务报表是否实现公允反映。在评价财务报表是否实现公允反映时，注册会

计师应当考虑下列内容:
　　①财务报表的整体列报、结构和内容是否合理。
　　②财务报表(包括相关附注)是否公允地反映了相关交易和事项。
　　(5)评价财务报表是否恰当提及或说明适用的财务报告编制基础。管理层和治理层(如适用)编制的财务报表需要恰当说明适用的财务报告编制基础。由于这种说明向财务报表使用者告知编制财务报表所依据的编制基础,因此是非常重要的。只有财务报表符合适用的财务报告编制基础(在财务报表所涵盖的期间内有效)的所有要求,声明财务报表按照该编制基础编制才是恰当的。在对适用的财务报告编制基础的说明中使用不严密的修饰语或限定性的语言(如"财务报表实质上符合国际财务报告准则的要求")是不恰当的,因为这可能误导财务报表使用者。

(四)审计报告的类型

审计报告分为无保留意见审计报告和非无保留意见审计报告。

1．无保留意见的审计报告

无保留意见审计报告,是指当注册会计师认为财务报表在所有重大方面按照适用的财务报告编制基础的规定编制并实现公允反映时发表的审计意见。其审计报告为无保留意见审计报告。

2．非无保留意见的审计报告

非无保留意见审计报告,是指发表保留意见、否定意见或无法表示意见的审计报告。存在下列情况之一发表非无保留意见。
　　(1)根据获取的审计证据,得出财务报表整体存在重大错报的结论。
　　(2)无法获取充分、适当的审计证据,不能得出财务报表整体不存在重大错报的结论。

二、民间审计报告的基本要素

按照中国注册会计师审计准则的规定执行审计工作出具的审计报告应当包括下列要素:标题、收件人、审计意见、形成审计意见的基础、管理层对财务报表的责任段、注册会计师对财务报表审计的责任、按照相关法律法规的要示报告的事项(如适用)、注册会计师的签名和盖章、会计师事务所的名称、地址及盖章、报告日期。

在适用的情况下,注册会计师还应当按照《中国注册会计师审计准则第 1324 号——持续经营》《中国注册会计师审计准则第 1504 号——在审计报告中沟通关键审计事项》《中国注册会计师审计准则第 1521 号——注册会计师对其他信息的责任》的相关规定,在审计报告中对与持续经营相关的重大不确定性、关键审计事项、被审计单位年度报告中包含的除财务报表审计报告之外的其他信息进行报告。

(一) 标题

审计报告应当具有标题,统一规范为"审计报告"。

(二) 收件人

审计报告应当按照审计业务约定的要求载明收件人。注册会计师通常将审计报告致送给财务报表使用者,一般是被审计单位的股东或治理层。

(三) 审计意见

审计报告的第一部分应当包含审计意见,并以"审计意见"作为标题。

审计意见部分应当说明:财务报表是否在所有重大方面按照适用的财务报告编制基础的规定编制,是滞公允反映了被审计单位的财务状况、经营成果和现金流量。审计意见部分还应当包括下列几个方面。

(1) 指出被审计单位的名称。

(2) 说明财务报表已经审计。

(3) 指出构成整套财务报表的每一财务报表的名称。

(4) 提及财务报表附注,包括重大会计政策和会计估计。

(5) 指明构成整套财务报表的每一财务报表的日期或涵盖的期间。

(四) 形成审计意见的基础

审计报告应当包含标题为"形成审计意见的基础"的部分。该部分应当紧接在审计意见部分之后,并包括下列几个方面。

(1) 说明注册会计师按照审计准则的规定执行审计工作。

(2) 提及审计报告中用于描述审计准则规定的注册会计师责任的部分。

(3) 声明注册会计师按照与审计相关职业道德要求独立于被审计单位,并履行了职业道德方面的其他责任。声明中应当指明适用的职业道德要求,如中国注册会计师职业道德守则。

(4) 说明注册会计师是否相信获取的审计证据是充分、适当的,为发表审计意见提供了基础。

(五) 管理层对财务报表的责任

审计报告应当包含标题为"管理层对财务报表的责任"的部分。审计报告中应当使用特定国家或地区法律框架下的恰当术语,而不必限定为"管理层"。某些国家或地区,恰当的术语可能是"治理层"。管理层对财务报表的责任部分应当说明管理层负责下列几个方面。

(1) 按照适用的财务报告编制基础的规定编制财务报表,使其实现公允反映,并设计、扩行和维护必要的内部控制,以使财务报表不存在由于舞弊或错误导致的重大划报。

(2)评估被审计单位的持续经营能力和使用持续经营假设是否适用,并披露与持续经营相关的(如适用)。对管理层评估责任的说明应当包括描述在何种情况下使用持续经营假设是适用的。

当对财务报告过程负有监督责任的人员与履行上述所述责任的人员不同时,管理层对财务报表的责任部分还应当提及对财务报告过程负有监督责任的人员。在这种情况下,该部分的标题还应当提及"治理层"或者特定国家或地区法律框架中的恰当术语。

(六)注册会计师对财务报表的责任

审计报告应当包含标题为"注册会计师对财务报表审计的责任"的部分。注册会计师对财务报表审计的责任部分应当包括下列内容。

(1)说明注册会计师的目标是对财务报表,整体是否不存在由于舞弊或徇私导致的重大错报获取合理保证,并出具包含审计意见的审计报告。

(2)说明合理保证是高水平的保证,但并不能保证按照审计准则执行的审计在某一重大错报存在时总能发现。

(3)说明错报可能由于舞弊或错误导致。

在说明错报可能由于舞弊或错误导致时,注册会计师应当从下列两种做法中选取一种。

(1)描述如果合理预期错报单独或汇总起来可能影响财务报表使用者依据财务报表做出的经济决策,则通常认为错报是重大的。

(2)根据适用的财务报告编制基础,提供关于重要性的定义或描述。

注册会计师对财务报表审计的责任部分 还应当包括下列内容。

(1)说明在按照审计准则执行审计工作的过程中,注册会计师运用职业判断,并保持职业怀疑。

(2)通过说明注册会计师的责任,对审计工作进行描述。这些责任包括以下几个方面。

①识别和评估由于舞弊或错误导致的财务报表重大错报风险,充计和实施审计程序以应对这些风险,并获取充分、适用的审计证据,作为发表审计意见的基础。由于舞弊可能涉及串通、伪造、故意遗漏、虚假陈述或凌架于内部控制之上,未能发现由于舞弊导致的重大错报的风险高于未能发现由于错误导致的重大错报的风险。

②了解与审计相关的内部控制,以设计恰当的审计程序,但目的并非对内部控制的有效性发表意见。当注册会计师有责任在财务报表审计的同时对内部控制的有效性发遭受意见时,应当略去上述"目的并非对内部控制的有效性发表意见"的表述。

③评价管理层选用会计政策的恰当性和做出会计估计及相关露的合理性。

④对管理层使用持续经营假设的恰当性得出结论。同时,根据获取的审计证据,就可能导致对被审计单位持续经营能力产生重大疑虑的事项或情况否存重大不确定性得出结

论。如果注册会计师得出的结论认为存在重大不确定性，审计准则要求注册会计师在审计报告中提请报表使用关注财务报表的相关披露；如果披露不充分，注册会计师应当发表非无保留意见。注册会计师的结论基于截至审计报告日可获得的信息。然而未来的事项或情况可能导致被审计单位不能持续经营。

⑤评价财务报表的总体列报、结构和内容（包括披露），并评价财务报表是否公允反映相关交易和事项。

注册会计师对财务报表审计的责任部分还应当包括下列内容。

（1）说明注册会计师与治理层就计划的审计范围、时间安排和重大审计发现等事项进行沟通，包括沟通注册会计师在审计中识别的值得关注的内部控制缺陷。

（2）对于上市实体财务报表审计，指出注册会计师就已遵守与独立性相关的职业道德要求向治理层提供声明，工与治理层沟通可能被合理认为影响注册会计师独立性的所有关系和其他事项，以及相关的防范措施（如适用）。

（3）对于上市实体财务报表审计，以及决定按照《中国注册会计师审计准则第1504号——在审计报告中沟通关键审计事项》的规定沟通关键审计事项的其他情况，说明注册会计师从与治理层沟通过的事项中确定哪些事项对本期财务报表审计最为重要，因而构成关键审计事项。

注册会计师应当在审计报告中描述这些事项，除非法律法规禁止公开这些事项，或在极少数情形下，注册会计师应预期在审计报告中沟通某事项造成的负面后果超过在公众利益方面产生的利益，因而确定不应在审计报告中沟通该事项。

（七）按照相关法律法规的要示报告的事项（如适用）

除审计准则规定的注册会计师责任外，如果注册会计师在对财务报表出具的审计报告中履行其他报告责任，应当在审计报告中将其单独作为一部分，并以"按照相关法律法规的要求报告的事项"为标题，或使用适合于该部分内容的其他标题，除非其他报告责任涉及的事项与审计准则规定的报告责任涉及的事项相同。如果涉及相同的事项，其他报告责任可以在审计准则规定的同一报告要素部分列示。

如果将其他报告责任在审计准则要求的同一报告要素部分列示，审计报告应当清楚区分其他报告责任和审计准则要求的报告责任。

如果审计报告将其他报告责任单独作为一部分，应当置于：对财务报表出具的审计报告标题下；"按照相关法律法规的要求报告的事项"部分置于"对财务报表出具的审计报告"部分之后。

（八）注册会计师签名和盖章

审计报告应当由项目合伙人和另一名负责该项目的注册会计师签名和盖章。注册会计师应当在对上市实体整套通用目的财务报表出具的审计报告中注明项目合伙人。

（九）会计师事务所的名称和地址及盖章

审计报告应当载明会计师事务所的名称和地址，并加盖会计师事务所公章。

（十）报告日期

审计报告应当注明报告日期。审计报告日不应早于注册会计师获取充分、适当的审计证据，并在此基础上对财务报表形成审计意见的日期。

在确定审计报告日时，注册会计师应当确信已获取下列两方面的审计证据。

（1）构成整套财务报表的所有报表（包括相关附注）已编制完成。

（2）被审计单位的董事会、管理层或类似机构已经认可其对财务报表负责。

实务中，注册会计师签署审计报告的日期通常与管理层签署已审计财务报表的日期为同一天，或晚于管理层签署已审计财务报表的日期。

三、在审计报告中沟通的关键事项

根据《中国注册会计师审计准则第1504号——在审计报告中沟通关键审计事项》规定，注册会计师在对上市实体整套通用目的的财务报表进行审计，以及注册会计师决定或委托方要求或法律法规要求在审计报告中沟通关键审计事项等其他情形时，需要在审计报告中沟通关键审计事项。但注册会计师在对财务报表发表无法表示意见时，不得在审计报告中沟通关键审计事项，除非法律法规要求沟通。

（一）关键审计事项的定义和目标

关键审计事项，是指注册会计师根据职业判断认为对本期财务报表最为重要的事项。关键审计事项从注册会计师治理层沟通过的事项中选取。

注册会计师的目标是，确定关键审计事项，并在对财务报表形成审计意见后，以在审计报告中描述关键审计事项的方式沟通这些事项。

沟通关键审计事项，旨在通过提高已执行审计工作的透明度增加审计报告的沟通价值。沟通关键审计事项能够为财务报表预期使用者提供额外的信息，以帮助其了解注册会计师根据职业判断认为对本期财务报表审计最为重要的事项。沟通关键审计事项还能够帮助财务报表预期使用者了解被审计单位，以及在已审计财务报表中涉及重大管理层判断的领域。

在审计报告中沟通关键审计事项，还能够为财务报表预期使用者就与被审计单位、已审计财务报表或已执行审计工作相关的事项进一步与管理层、治理层沟通提供基础。

（二）关键事项不能替代的事项

在审计报告中沟通关键审计事项以注册会计师就财务报表整体形成审计意见为背景。

在审计报告中沟通关键审计事项不能代替下列事项。

（1）管理层按照适用的财务报告编制基础在财务报表中做出的披露，或为使财务报表实现公允反映而做出的披露（如适用）。

（2）注册会计师按照《中国注册会计师审计准则第1502号——在审计报告中发表非无保留意见》的规定，根据审计业务的具体情况发表非无保留意见。

（3）当可导致对被审计单位持续经营能力产生重大疑虑的事项或情况存在重大不确定性时，注册会计师按照《中国注册会计师审计准则第1324号——持续经营》的规定进行报告。

（4）注册会计师就单一事项单独发表意见。

（三）关键事项的确定

注册会计师应当从与治理层沟通过的事项中确定在执行审计工作时重点关注过的事项。在确定时，注册会计师应当考虑下列几个方面。

（1）按照《中国注册会计师审计准则第1211号——通过了解被审计单位及其环境识别和评估重大错报风险》的规定，评估的重大错报风险较高的领域或识别出的特别风险。

（2）与财务报表中涉及重大管理层判断（包括被认为具有高度估计不确定性的会计估计）的领域相关的重大审计判断。

（3）本期重大交易或事项对审计的影响。

注册会计师应当从根据上述考虑确定的事项中，确定哪些事项对本期财务报表审计最为重要，从而构成关键审计事项。

（四）逐项描述关键审计事项

注册会计师应当在审计报告中单设一部分，以"关键审计事项"为标题，并在该部分使用恰当的子标题逐项描述关键审计事项。关键审计事项部分的引言应当同时说明下列几个事项。

（1）关键审计事项是注册会计师根据职业判断，认为对本期财务报表审计最为重要的事项。

（2）关键审计事项的应对以对财务报表整体进行审计并形成审计意见为背景，注册会计师不对关键审计事项单独发表意见。

如果某些事项导致注册会计师应当发表非无保留意见，注册会计师不得在审计报告的关键审计事项部分沟通这些事项。

在审计报告的关键审计事项部分逐项描述关键审计事项时，注册会计师应当分别索引至财务报表的相关披露（如有），并同时说明下列内容。

（1）该事项被认定为审计中最为重的事项之一，因而被确定为关键审计事项的原因。

(2) 该事项在审计中是如何应对的。

除非存在下列情形之一，注册会计师应当在审计报告中描述每项关键审计事项。

(1) 法律法规禁止公开披露的某事项。

(2) 在极少数情形下，如果合理预期在审计报告中沟通某些事项造成的负面后果超过在公众利益方面产生的益处，注册会计师确定不应在审计报告中沟通该事项。如果被审计单位已公开披露与该事项有关的信息，则本项不适用。

导致非无保留意见的事项，或者可能导致对被审计单位持续经营能力产生重大疑虑的事项或情况存在重大不确定性，就其性质而言都属于关键审计事项。然而，审些事项不得在审计报告的关键审计事项部分进行描述。注册会计师应当按照适用的审计准则的规定报告这些事项，并在关键审计事项部分提及形成保留（否定）意见的基础部分或与持续经营相关的重大不确定性部分。

如果注册会计师根据被审计单位和审计业务的具体事实和情况，确定不存在需要沟通的关键审计事项，或者仅有的需要沟通的关键审计事项导致非无保留意见的事项，注册会计师应当在审计报告中单设的关键审计事项部分对此进行说明。

（五）与治理层的沟通

注册会计师应当就下列事项与治理层沟通。

(1) 注册会计师确定的关键审计事项。

(2) 根据被审计单位和审计业务的具体事实和情况，注册会计师确定不存在需要在审计报告中沟通的关键审计事项（如适用）。

四、无保留意见审计报告

（一）无保留审计报告的签发条件

无保留意见，是指当注册会计师认为财务报表在所有重大方面按照适用的财务报告编制基础的规定编制并实现公允反映时发表的审计意见。

注册会计师经过审计后，认为财务报表符合下列所有条件，注册会计师应当出具无保留意见的审计报告。

(1) 财务报表已经在所有重大方面按照适用的财务报告编制基础编制，公允反映了被审计单位的财务状况、经营成果和现金流量。

(2) 注册会计师已经按照中国注册会计师审计准则的规定计划和实施审计工作，在审计过程中未受到限制。

（二）无保留意见的形成

注册会计师应当就财务报表是否在所有重大方面按照适用的财务报告编制基础的规定

编制并实现公允反映形成审计意见。

为了形成审计意见，针对财务报表整体是否不存在由于舞弊或错误的重大错报，注册会计师应当得出结论，确定是否已就此获取合理保证。在得出结论时，注册会计师应当考虑下列几个方面。

（1）是否已获取充分、适当的审计证据。

（2）未更正错报单独或汇总起来是否构成重大错报。

（3）对财务报表是否在所重大方面按照适用的财务报告编制基础的规定编制并实现公允反映形成审计意见做出评价。

评价财务报表时应考虑以下几方面的内容。

（1）评价财务报表是否在所有重大方面按照适用的财务报告编制基础的规定编制。注册会计师应当评价财务报表是否在所有重大方面按照适用的财务报告编制基础的规定编制。在评价时，注册会计师应当考虑被审计单位会计实务的质量，包括表明管理层的判断可能出现偏向的迹象。

注册会计师应当依据适用的财务报告编制基础特别评价下列内容。

①财务报表是否充分披露了所选择和运用的重要会计政策。

②所选择和运用的会计政策是否符合适用的财务报告编制基础，并适合被审计单位的具体情况。

③管理层做出的会计估计是否合理。

④财务报表列报的信息是否具有相关性、可靠性、可比性和可理解性。

⑤财务报表是否做出充分披露，使预期使用者能够理解重大交易和事项对财务报表所传递信息的影响。

⑥财务报表使用的术语（包括每一财务报表的标题）是否适当。

（2）评价财务报表是否实现公允反映。在评价财务报表是否实现公允反映时，注册会计师应当考虑下列几方面。

①财务报表的整列报、结构和内容是否合理。

②财务报表（包括相关附注）是否公允地反映了相关交易和事项。

（3）财务报表是否恰当提及或说明适用的财务报告编制基础。注册会计师应当评价财务报表是否恰当提及或说明适用的财务报告编制基础。

对按照适用的财务报告编制基础（如企业会计准则）编制的财务报表出具的无保留意见审计报告参考格式如下。

审计报告

ABC 股份有限公司全体股东：

一、审计意见

我们审计了 ABC 股份有限公司（以下简称 ABC 公司）的财务报表，包括 2016 年 12 月 31 日公司的资产负债表，2016 年度公司的利润表、现金流量表和股东权益变动表以及财务报表附注。

我们认为，后附的财务报表在所有重大方面按照企业会计准则的规定编制，公允反映了 ABC 公司 2016 年 12 月 31 日的财务状况以及 2016 年度经营成果和现金流量。

二、形成审计意见的基础

我们按照中国注册会计师审计准则的规定执行了审计工作。审计报告的"注册会计师对财务报表审计的责任"部分进一步阐述了我们在这些准则下的责任。按照中国注册会计师职业道德守则，我们独立于 ABC 公司，并履行了职业道德方面的其他责任。我们相信，我们获取的审计证据是充分、恰当的，为发表审计意见提供了基础。

三、关键审计事项

关键审计事项是根据我们的职业判断，认为对本期财务报表审计最为重要的事项。这些事项的应对以对财务报表整体进行审计并形成审计意见为背景，我们不对这些事项单独发表意见。

（一）以公允价值计价的消耗性生物资产

1．事项描述

截至 2016 年 12 月 31 日，ABC 公司财务报表附注所示以公允价值计价的消耗性生物资产余额×××万元，属于 ABC 公司的特殊资产，且金额较大，为此我们确定消耗性生物资产的计量为关键审计事项。

根据 ABC 公司的会计政策，消耗性生物资产在形成蓄积量以前按照成本进行初始计量，形成蓄积量以后按公允价值计量，公允价值变动计入当期损益。由于 ABC 公司的消耗性生物资产没有活跃的市场可参考价格，所以 ABC 公司采用估值技术确定已形成蓄积量的消耗性生物资产（下称"该类生物资产"）的公允价值（详见附注七、6"存货"所述）。

2．审计应对

针对该类生物资产的公允价值计量问题，我们实施的审计程序主要包括：我们对 ABC 公司与确定该类生物资产相关的控制进行了评估；对该类生物资产的估值方法进行了了解和评价，并与估值专家讨论了估值方法的具体运用；对在估值过程中运用的估值参数和折现率进行了考虑和评价。

（二）固定资产减值准备计提

1．事项描述

截至 2016 年 12 月 31 日，ABC 合并附注列示固定资产减值准备×××万元，在计提固定资产减值准备时，ABC 考虑固定资产处置时的市场价值及快速变现因素，并聘请专家对固定资产运用估值技术核定固定资产的减值。

2．审计应对

在审计固定资产减值准备的过程中，我们实地勘察了相关固定资产，取得了相关资产资料，评估了 ABC 公司的估值方法，并与估值专家讨论了估值方法运用的恰当性。

基于获取的审计证据，我们得出审计结论，管理层对固定资产减值准备的计提是合理的，相关信息在财务报表附注七、13"固定资产"及附注七、21"资产减值准备明细"中所做出的披露是恰当的。

四、管理层和治理层对财务报表的责任

ABC 公司管理层负责按照企业会计准则的规定编制财务报表，使其实现公允反映，并设计、执行和维护必要的内部控制，以使财务报表不存在由于舞弊或错误导致的重大错报。

在编制财务报表时，管理层负责评估公司的持续经营能力，披露与持续经营相关的事项（如适用），并运用持续经营假设，除非管理层计划清算 ABC 公司、停止营运或别无其他现实的选择。治理层负责监督 ABC 公司的财务报告过程。

五、注册会计师对财务报表审计的责任

我们的目标是对财务报表整体是否不存在由于舞弊或错误导致的重大错报获取合理保证，并出具包含审计意见的审计报告。合理保证是高水平的保证，但并不能保证按照审计准则执行的审计在某一重大错报存在时总能发现。错报可能由舞弊或错误所导致，如果合理预期错报单独或汇总起来可能影响财务报表使用者依据财务报表做出的经济决策，则通常认为错报是重大的。在按照审计准则执行审计的过程中，我们运用了职业判断，保持了职业怀疑。同时，我们也执行以下工作。

（1）识别和评估由于舞弊或错误导致的财务报表重大错报风险；设计和实施审计程序以应对这些风险，并获取充分、适当的审计证据，作为发表审计意见的基础。由于舞弊可能涉及串通、伪造、故意遗漏、虚假陈述或凌驾于内部控制之上，未能发现由于舞弊导致的重大错报的风险高于未能发现由于错误导致的重大错报的风险。

（2）了解与审计相关的内部控制，以设计恰当的审计程序。

（3）评价管理层选用会计政策的恰当性和做出会计估计及相关披露的合理性。

（4）对管理层使用持续经营假设的恰当性得出结论。同时，根据获取的审计证据，就可能导致对 ABC 公司持续经营能力产生重大疑虑的事项或情况是否存在重大不确定性得出结论。如果我们得出结论认为存在重大不确定性，审计准则要求我们在审计报告中提请报表使用者注意财务报表中的相关披露；如果披露不充分，我们应当发表非无保留意见。我们的结论基于截至审计报告日可获得的信息。然而，未来的事项或情况可能导致 ABC 公司不能持续经营。

（5）评价财务报表的总体列报、结构和内容（包括披露），并评价财务报表是否公允反映相关交易和事项。

（6）就 ABC 公司中实体或业务活动的财务信息获取充分、恰当的审计证据，以对财务报表发表意见。我们与治理层就计划的审计范围、时间安排和重大审计发现等事项进行沟通，包括沟通我们在审计中识别出的值得关注的内部控制缺陷。

我们还就已遵守与独立性相关的职业道德要求向治理层提供声明,并与治理层沟通可能被合理认为影响我们独立性的所有关系和其他事项,以及相关的防范措施。

从与治理层沟通过的事项中,我们确定哪些事项对本期财务报表审计最为重要,因而构成关键审计事项。我们在审计报告中描述这些事项,除非法律法规禁止公开披露这些事项,或在极少数情形下,如果合理预期在审计报告中沟通某事项造成的负面后果超过在公众利益方面产生的益处,我们确定不应在审计报告中沟通该事项。

×××会计师事务所　　　　　　　　　　中国注册会计师(项目合伙人):×××
中国××市　　　　　　　　　　　　　中国注册会计师:×××
　　　　　　　　　　　　　　　　　　二〇一七年×月×日

五、非无保留意见审计报告

非无保留意见,是指保留意见、否定意见或无法表示意见。

(一)应当发表非无保留意见的情形

注册会计师的目标是,当存在下列情形之一时,对财务报表清楚地发表恰当的非无保留意见。

(1)根据获取的审计证据,得出财务报表整体存在重大错报的结论。

(2)无法获取充分、恰当的审计证据,不能得出财务报表整体不存在重大错报的结论。

当存在下列情形之一时,注册会计师应当在审计报告中发表非无保留意见。

(1)根据获取的审计证据,得出财务报表整体存在重大错报的结论。

(2)无法获取充分、恰当的审计证据,不能得出财务报表整体不存在重大错报的结论。

(二)非无保留意见类型的确定

1. 非无保留意见审计报告签发的条件

当存在下列情形之一时,注册会计师应当发表保留意见。

(1)在获取充分、适当的审计证据后,注册会计师认为错报单独或累计起来对财务报表影响重大,但不具有广泛性。

(2)注册会计师无法获取充分、适当的审计证据以作为形成审计意见的基础,但认为未发现的错报(如存在)对财务报表可能产生的影响重大,但不具有广泛性。

在获取充分、适当的审计证据后,如果认为错报单独或累计起来对财务报表的影响重大且具有广泛性,注册会计师应当发表否定意见。

如果无法获取充分、适当的审计证据以作为形成审计意见的基础,但认为未发现的错报(如存在)对财务报表可能产生的影响重大且具有广泛性,注册会计师应当发表无法表示意见。

在极其特殊的情况下,可能存在多个不确定事项。尽管注册会计师对每个单独的不确定事项获取了充分、适当的审计证据,但由于不确定事项之间可能存在相互影响,以及可能对财务报表产生累积影响,注册会计师不可能对财务报表形成审计意见。在这种情况下,注册会计师应当发表无法表示意见。

表11-1列示了注册会计师对导致发表非无保留意见的事项的性质和这些事项对财务报表产生或可能产生影响的广泛性做出的判断,以及注册会计师的判断对审计意见类型的影响。

表11-1 这些事项对财务报表产生或可能产生的影响

导致发表非无保留意见的事项的性质	这些事项对财务报表产生或可能产生影响的广泛性	
	重大但不具有广泛性	重大且具有广泛性
财务报表存在重大错报	保留意见	否定意见
无法获取充分、适当的审计证据	保留意见	无法表示意见

2. 非无保留意见类型的确定

在承接审计业务后,如果注意到管理层对审计范围施加了限制,且认为这些限制可能导致对财务报表发表保留意见或无法表示意见,注册会计师应当要求管理层消除这些限制。

如果管理层拒绝消除上述提及的限制,除非治理层全部成员参与管理被审计单位,注册会计师应当就此事项与治理层沟通,并确定能否实施替代程序以获取充分、恰当的审计证据。

如果无法获取充分、适当的审计证据,注册会计师应当通过下列方式确定其影响。

(1) 如果未发现的错报(如存在)可能对财务报表产生的影响重大,但不具有广泛性,注册会计师应当发表保留意见。

(2) 如果未发现的错报(如存在)可能对财务报表产生的影响重大且具有广泛性,以至于发表保留意见不足以反映情况的严重性,注册会计师应当在可行时解除业务约定(除非法律法规禁止);如果在出具审计报告之前解除业务约定被禁止或不可行,应当发表无法表示意见。 如果解除业务约定,注册会计师应当在解除业务约定前,与治理层沟通在审计过程中发现的、将会导致发表非无保留意见的所有错报事项。

如果认为有必要对财务报表整体发表否定意见或无法表示意见,注册会计师不应在同一审计报告中对按照相同财务报告编制基础编制的单一财务报表或者财务报表特定要素、账户或项目发表无保留意见。在同一审计报告中包含无保留意见,将会与对财务报表整体发表的否定意见或无法表示意见相矛盾。

（三）非无保留意见的审计报告的格式和内容

1. 审计意见部分

在发表非无保留意见时，注册会计师应当对审计意见部分使用恰当的标题，如"保留意见""否定意见"或"无法表示意见"。

当由于财务报表存在重大错报而发表保留意见时，注册会计师应当在审计意见部分中说明：注册会计师认为，除了形成保留意见的基础部分所述事项产生的影响外，后附的财务报表在所有重大方面按照适用的财务报告编制基础编制，并实现公允反映。当无法获取充分、适当的审计证据而导致发表保留意见时，注册会计师应当在审计意见段中使用"除……可能产生的影响外"等措辞。

当发表否定意见时，注册会计师应当在审计意见部分说明：注册会计师认为，由于形成否定意见的基础部分所述事项的重要性，后附的财务报表没有在所有重大方面按照适用的财务报告编制基础的规定编制，未能公允反映。

当由于无法获取充分、适当的审计证据而发表无法表示意见时，注册会计师应当注意以下几点。

（1）说明注册会计师不对后附的财务报表发表审计意见。

（2）说明由于形成无法表示意见的基础部分所述事项的重要性，注册会计师无法获取充分、适当的审计证据以作为对财务报表发表审计意见提供基础。

（3）修改无保留意见审计报告中财务报表已经审计的说明，改为注册会计师接受委托审计财务报表。

2. 形成审计意见基础部分

如果对财务报表发表非无保留意见，除在审计报告中包含无保留意见审计报告的基本要素外，注册会计师还应当：

（1）将"形成审计意见的基础"这一标题标题修改为"形成保留意见的基础""形成否定意见的基础"或"形成无法表示意见的基础"；

（2）在该部分对导致发表非无保留意见的事项进行描述。

如果财务报表中存在与具体金额（包括财务报表附注中的定量披露）相关的重大错报，注册会计师应当在形成审计意见的基础部分说明并量化该错报的财务影响。如果无法量化财务影响，注册会计师应当在该部分说明这一情况。

如果财务报表中存在与叙述性披露相关的重大错报，注册会计师应当在导致非无保留意见的事项段中解释该错报错在何处。

如果财务报表中存在与应披露而未披露信息相关的重大错报，注册会计师应当注意以下几点：

（1）与治理层讨论未披露信息的情况；

（2）在形成审计意见的基础部分描述未披露信息的性质；

（3）如果可行并且已针对未披露信息获取了充分、恰当的审计证据，在形成审计意见的基础部分包含对未披露信息的披露，除非法律禁止。

如果无法获取充分、恰当的审计证据而导致发表非无保留意见，注册会计师应当在形成审计意见的基础部分说明无法获取审计证据的原因。

即使发表了否定意见或无法表示意见，注册会计师也应当在形成审计意见的基础部分说明注意到的、将导致发表非无保留意见的所有其他事项及其影响。

当发表保留意见或否定意见时，注册会计师应当在形成"保留"或"否定"审计意见的基础部分说明：注册会计师是否获取充分、适当的审计证据以作为形成"保留"或"否定"意见的基础。

3．无法表示意见审计报告的特殊要求

当注册会计师对财务报表发表无法表示意见时，审计报告中不应当包含无保留意见审计报告的下列要素。

（1）提及审计报告中用于描述注册会计师责任的部分。

（2）说明注册会计师是否已获取充分、适当的审计证据以作为形成审计意见的基础。

当由于无法获取充分、适当的审计证据而发表无法表示意见时，注册会计师应当在审计报告中对注册会计师责任做出的表述进行修改，仅包含下列内容。

（1）注册会计师的责任是按照中国注册会计师审计准则的规定，对被审计单位财务报表执行审计工作，以出具审计报告。

（2）但由于形成无法表示意见的基础部分所述的事项，注册会计师无法获取充分、恰当的审计证据以作为发表审计意见的基础。

（3）注册会计师在独立性和职业道德方面的其他责任的声明。

除非法律法规另有规定，当对财务报表发表无法表示意见时，注册会计师不得在审计报告中包含关键审计事项部分，也不得在审计报告中包含其他信息部分。

（四）与治理层的沟通

当拟在审计报告中发表非无保留意见时，注册会计师应当与治理层沟通导致拟发表非无保留意见的情况，以及拟使用的非无保留意见措辞。

（五）非无保留意见审计报告范例

由于财务报表存在重大错报而发表保留意见的审计报告实例。

审计报告

ABC 股份有限公司全体股东：

一、保留意见

我们审计了 ABC 股份有限公司（以下简称 ABC 公司）的财务报表，包括 2016 年 12 月 31 日公司的资产负债表，2016 年度公司的利润表、现金流量表和股东权益变动表以及财务报表附注。

我们认为，除了"形成保留意见的基础部分"所述事项可能产生的影响外，后附的财务报表在所有重大方面按照企业会计准则的规定编制，公允反映了 ABC 公司 2016 年 12 月 31 日的财务状况以及 2016 年度经营成果和现金流量。

二、形成保留意见的基础

ABC 公司 2016 年 12 月 31 日资产负债表中存货的列示金额为×元。ABC 公司管理层（以下简称管理层）根据成本对存货进行计量，而没有根据成本与可变现净值孰低的原则进行计量，这不符合企业会计准则的规定。ABC 公司的会计记录显示，如果管理层以成本与可变现净值孰低来计量存货，存货列示金额将减少×元。相应地，资产减值损失将增加×元，所得税、净利润和股东权益将分别减少×元、×元和×元。

我们按照中国注册会计师审计准则的规定执行了审计工作。审计报告的"注册会计师对财务报表审计的责任"部分进一步阐述了我们在这些准则下的责任。按照中国注册会计师职业道德守则，我们独立于 ABC 公司，并履行了职业道德方面的其他责任。我们相信，我们获取的审计证据是充分、恰当的，为发表审计意见提供了基础。

三、关键审计事项

关键审计事项是根据我们的职业判断，认为对本期财务报表审计最为重要的事项。这些事项的应对以对财务报表整体进行审计并形成审计意见为背景，我们不对这些事项单独发表意见。除"形成保留意见的基础"部分所述事项外，我们确定下列事项是需要在审计报告中沟通的关键审计事项。

[按照《中国注册会计师审计准则第 1504 号——在审计报告中沟通关键审计事项》的规定描述每一关键审计事项。]

四、管理层和治理层对财务报表的责任

ABC 公司管理层负责按照企业会计准则的规定编制财务报表，使其实现公允反映，并设计、执行和维护必要的内部控制，以使财务报表不存在由于舞弊或错误导致的重大错报。

在编制财务报表时，管理层负责评估公司的持续经营能力，披露与持续经营相关的事项（如适用），并运用持续经营假设，除非管理层计划清算 ABC 公司、停止营运或别无其他现实的选择。治理层负责监督 ABC 公司的财务报告过程。

五、注册会计师对财务报表审计的责任

我们的目标是对财务报表整体是否不存在由于舞弊或错误导致的重大错报获取合理保证，并出具包含审计意见的审计报告。合理保证是高水平的保证，但并不能保证按照审计准则执行的审计在某一重大错报存在时总能发现。错报可能由舞弊或错误所导致，如果合理预期错报单独或汇总起来可能影响财务报表使用者依据财务报表做出的经济决策，则通常认为错报是重大的。在按照审计准则执行审计的过程中，我们运用了职业判断，保持了职业怀疑。同时，我们也执行以下工作。

（1）识别和评估由于舞弊或错误导致的财务报表重大错报风险；设计和实施审计程序以应对这些风险，并获取充分、适当的审计证据，作为发表审计意见的基础。由于舞弊可能涉及串通、伪造、故意遗漏、虚假陈述或凌驾于内部控制之上，未能发现由于舞弊导致的重大错报的风险高于未能发现由于错误导致的重大错报的风险。

（2）了解与审计相关的内部控制，以设计恰当的审计程序。

（3）评价管理层选用会计政策的恰当性和做出会计估计及相关披露的合理性。

（4）对管理层使用持续经营假设的恰当性得出结论。同时，根据获取的审计证据，就可能导致对ABC公司持续经营能力产生重大疑虑的事项或情况是否存在重大不确定性得出结论。如果我们得出结论认为存在重大不确定性，审计准则要求我们在审计报告中提请报表使用者注意财务报表中的相关披露；如果披露不充分，我们应当发表非无保留意见。我们的结论基于截至审计报告日可获得的信息。然而，未来的事项或情况可能导致ABC公司公司不能持续经营。

（5）评价财务报表的总体列报、结构和内容（包括披露），并评价财务报表是否公允反映相关交易和事项。

（6）就ABC公司中实体或业务活动的财务信息获取充分、适当的审计证据，以对财务报表发表意见。我们与治理层就计划的审计范围、时间安排和重大审计发现等事项进行沟通，包括沟通我们在审计中识别出的值得关注的内部控制缺陷。

我们还就已遵守与独立性相关的职业道德要求向治理层提供声明，并与治理层沟通可能被合理认为影响我们独立性的所有关系和其他事项，以及相关的防范措施。

从与治理层沟通过的事项中，我们确定哪些事项对本期财务报表审计最为重要，因而构成关键审计事项。我们在审计报告中描述这些事项，除非法律法规禁止公开披露这些事项，或在极少数情形下，如果合理预期在审计报告中沟通某事项造成的负面后果超过在公众利益方面产生的益处，我们确定不应在审计报告中沟通该事项。

×××会计师事务所	中国注册会计师（项目合伙人）：×××
中国××市	中国注册会计师：×××
	二〇一七年×月×日

由于合并财务报表存在重大错报而发表否定意见的审计报告。

审计报告

一、否定意见

我们审计了 ABC 股份有限公司及其子公司（以下简称 ABC 集团）的合并财务报表，包括 2016 年 12 月 31 日的合并资产负债表，2016 年度的合并利润表、合并现金流量表、合并股东权益变动表以及相关合并财务报表附注。

我们认为，由于"形成否定意见的基础"部分所述事项的重要性，后附的合并财务报表没有在所有重大方面按照××财务报告编制基础的规定编制，未能公允反映 ABC 集团 2016 年 12 月 31 日的合并财务状况以及 2016 年度的合并经营成果和合并现金流量。

二、形成否定意见的基础

如财务报表附注所述，2016 年 ABC 集团通过非同一控制下的企业合并获得对 XYZ 公司的控制权，因未能取得购买日 XYZ 公司某些重要资产和负债的公允价值，故未将 XYZ 公司纳入合并财务报表的范围。按照相关财务报告编制基础的规定，该集团应将这一子公司纳入合并范围，并以暂估金额为基础核算该项收购。如果将 XYZ 公司纳入合并财务报表的范围，后附的 ABC 集团合并财务报表的多个报表项目将受到重大影响。但我们无法确定未将 XYZ 公司纳入合并范围对合并财务报表产生的影响。

我们按照中国注册会计师审计准则的规定执行了审计工作。审计报告的"注册会计师对合并财务报表审计的责任"部分进一步阐述了我们在这些准则下的责任。按照中国注册会计师职业道德守则，我们独立于 ABC 集团，并履行了职业道德方面的其他责任。我们相信，我们获取的审计证据是充分、恰当的，为发表否定意见提供了基础。

三、关键审计事项

除"形成否定意见的基础"部分所述事项外，我们认为，没有其他需要在我们的报告中沟通的关键审计事项。

四、管理层和治理层对财务报表的责任

ABC 公司管理层负责按照企业会计准则的规定编制财务报表，使其实现公允反映，并设计、执行和维护必要的内部控制，以使财务报表不存在由于舞弊或错误导致的重大错报。

在编制财务报表时，管理层负责评估公司的持续经营能力，披露与持续经营相关的事项（如适用），并运用持续经营假设，除非管理层计划清算 ABC 公司、停止营运或别无其他现实的选择。治理层负责监督 ABC 公司的财务报告过程。

五、注册会计师对财务报表审计的责任

我们的目标是对财务报表整体是否不存在由于舞弊或错误导致的重大错报获取合理保证，并出具包含审计意见的审计报告。合理保证是高水平的保证，但并不能保证按照审计准则执行的审计在某一重大错报存在时总能发现。错报可能由舞弊或错误所导致，如果合理预期错报单独或汇总起来可能影响财务报表使用者依据财务报表做出的经济决策，则通常认为错报是重大的。在按照审计准则执行审计的过程中，我们运用了职业判断，保持了职业怀疑。同时，我们也执行以下工作。

（1）识别和评估由于舞弊或错误导致的财务报表重大错报风险；设计和实施审计程序以应对这些风险，并获取充分、适当的审计证据，作为发表审计意见的基础。由于舞弊可能涉及串通、伪造、故意遗漏、虚假陈述或凌驾于内部控制之上，未能发现由于舞弊导致的重大错报的风险高于未能发现由于错误导致的重大错报的风险。

（2）了解与审计相关的内部控制，以设计恰当的审计程序。

（3）评价管理层选用会计政策的恰当性和做出会计估计及相关披露的合理性。

（4）对管理层使用持续经营假设的恰当性得出结论。同时，根据获取的审计证据，就可能导致对ABC公司持续经营能力产生重大疑虑的事项或情况是否存在重大不确定性得出结论。如果我们得出结论认为存在重大不确定性，审计准则要求我们在审计报告中提请报表使用者注意财务报表中的相关披露；如果披露不充分，我们应当发表非无保留意见。我们的结论基于截至审计报告日可获得的信息。然而，未来的事项或情况可能导致ABC公司不能持续经营。

（5）评价财务报表的总体列报、结构和内容（包括披露），并评价财务报表是否公允反映相关交易和事项。

（6）就ABC公司中实体或业务活动的财务信息获取充分、适当的审计证据，以对财务报表发表意见。我们与治理层就计划的审计范围、时间安排和重大审计发现等事项进行沟通，包括沟通我们在审计中识别出的值得关注的内部控制缺陷。

我们还就已遵守与独立性相关的职业道德要求向治理层提供声明，并与治理层沟通可能被合理认为影响我们独立性的所有关系和其他事项，以及相关的防范措施。

从与治理层沟通过的事项中，我们确定哪些事项对本期财务报表审计最为重要，因而构成关键审计事项。我们在审计报告中描述这些事项，除非法律法规禁止公开披露这些事项，或在极少数情形下，如果合理预期在审计报告中沟通某事项造成的负面后果超过在公众利益方面产生的益处，我们确定不应在审计报告中沟通该事项。

×××会计师事务所	中国注册会计师（项目合伙人）：×××
中国××市	中国注册会计师：×××
	二〇一七年×月×日

由于注册会计师无法针对财务报表多个要素获取充分、适当的审计证据而发表无法表示意见的审计报告。

审计报告

ABC 股份有限公司全体股东：

一、无法表示意见

我们接受委托，审计 ABC 股份有限公司（以下简称 ABC 公司）财务报表，包括 2016 年 12 月 31 日的资产负债表，2016 年度的利润表、现金流量表、股东权益变动表以及相关财务报表附注。

我们不对后附的 ABC 公司财务报表发表审计意见。由于"形成无法表示意见的基础"部分所述事项的重要性，我们无法获取充分、适当的审计证据以作为对财务报表发表审计意见的基础。

二、形成无法表示意见的基础

我们于 2017 年 1 月接受委托审计 ABC 公司财务报表，因而未能对 ABC 公司 2016 年初金额为×元的存货和年末金额为×元的存货实施监盘程序。此外，我们也无法实施替代审计程序获取充分、适当的审计证据。并且，ABC 公司于 2016 年 9 月采用新的应收账款电算化系统，由于存在系统缺陷导致应收账款出现大量错误。截至报告日，ABC 公司管理层（以下简称管理层）仍在纠正系统缺陷并更正错误，我们也无法实施替代审计程序，以对截至 2016 年 12 月 31 日的应收账款总额×元获取充分、适当的审计证据。因此，我们无法确定是否有必要对存货、应收账款以及财务报表其他项目做出调整，也无法确定应调整的金额。

三、管理层和治理层对财务报表的责任

ABC 公司管理层负责按照企业会计准则的规定编制财务报表，使其实现公允反映，并设计、执行和维护必要的内部控制，以使财务报表不存在由于舞弊或错误导致的重大错报。

在编制财务报表时，管理层负责评估公司的持续经营能力，披露与持续经营相关的事项（如适用），并运用持续经营假设，除非管理层计划清算 ABC 公司、停止营运或别无其他现实的选择。治理层负责监督 ABC 公司的财务报告过程。

四、注册会计师对财务报表审计的责任

我们的责任是按照中国注册会计师审计准则的规定，对 ABC 公司的财务报表执行审计工作，以出具审计报告。但由于"形成无法表示意见的基础"部分所述的事项，我们无法获取充分、适当的审计证据以作为发表审计意见的基础。

按照中国注册会计师职业道德守则，我们独立于 ABC 公司，并履行了职业道德方面的其他责任。

×××会计师事务所　　　　　　　　　　中国注册会计师（项目合伙人）：×××

中国××市　　　　　　　　　　　　　中国注册会计师：×××

二〇一七年×月×日

五、在审计报告中增加强调事项段和其他事项段

（一）带强调事项段的审计报告

强调事项段，是指审计报告中含有的一个段落，该段落提及已在财务报表中恰当列报

或披露的事项，且根据注册会计师的职业判断，该事项对财务报表使用者理解财务报表至关重要。

如果认为有必要提醒财务报表使用者关注已在财务报表中列报或披露，且根据职业判断认为对财务报表使用者理解财务报表至关重要的事项，在同时满足下列条件时，注册会计师应当在审计报告中增加强调事项段：

（1）该事项不会导致注册会计师发表非无保留意见；

（2）该事项未被确为审计报告中沟通的关键审计事项。

如果在审计报告中增加强调事项段，注册会计师应当采取下列措施：

（1）将强调事项段作为单独的一部分置于审计报告中，并使用"强调事项"这一术语的适当标题。

（2）明确提及被强调事项以及相关披露的位置，以便能够在财务报表中找到对该事项的详细描述。强调事项段应当仅提及已在财务报表中的列报或披露的信息；

（3）指出审计意见没有因该强调事项而改变。

（二）带其他事项段的审计报告

其他事项段，是指审计报告中含有的一个段落，该段落提及未在财务报表中列报或披露的事项，且根据注册会计师的职业判断，该事项与财务报表使用者理解审计工作、注册会计师的责任或审计报告相关。

如果认为有必要沟通虽然未在财务报表中列报或披露，但根据职业判断认为与财务报表使用者理解审计工作、注册会计师的责任或审计报告相关的事项，在同时满足下列条件时，注册会计师应当在审计报告中增加其他事项段。

（1）未被法律法规禁止。

（2）该事项未被确定为在审计报告中沟通的关键审计事项。

如果在审计报告中包含其他事项段，注册会计师应当将该段落作为单独的一部分，并使用"其他事项"或其他适当标题。

（三）与治理层的沟通

如果拟在审计报告中增加强调事项段或其他事项段，注册会计师应当就该事项和拟使用的措辞与治理层沟通。

（四）带强调事项段和其他事项段审计报告举例

包含关键审计事项部分、强调事项段及其他事项段的审计报告。

审计报告

ABC 股份有限公司全体股东：

一、审计意见

我们审计了 ABC 股份有限公司（以下简称 ABC 公司）的财务报表，包括 2016 年 12 月 31 日公司的资产负债表，2016 年度公司的利润表、现金流量表和股东权益变动表以及财务报表附注。

我们认为，后附的财务报表在所有重大方面按照企业会计准则的规定编制，公允反映了 ABC 公司 2016 年 12 月 31 日的财务状况以及 2016 年度经营成果和现金流量。

二、形成审计意见的基础

我们按照中国注册会计师审计准则的规定执行了审计工作。审计报告的"注册会计师对财务报表审计的责任"部分进一步阐述了我们在这些准则下的责任。按照中国注册会计师职业道德守则，我们独立于 ABC 公司，并履行了职业道德方面的其他责任。我们相信，我们获取的审计证据是充分、适当的，为发表审计意见提供了基础。

三、强调事项

我们提醒财务报表使用者关注，财务报表附注×描述了火灾对 ABC 公司的生产设备造成的影响。本段内容不影响已发表的审计意见。

四、关键审计事项

关键审计事项是我们根据职业判断，认为对本期财务报表审计最为重要的事项。这些事项的应对以对财务报表整体进行审计并形成审计意见为背景，我们不对这些事项单独发表意见。

[按照《中国注册会计师审计准则第 1504 号——在审计报告中沟通关键审计事项》的规定描述每一关键审计事项。]

五、其他事项

2016 年 12 月 31 日的资产负债表，2016 年度的利润表、现金流量表、股东权益变动表以及相关财务报表附注由其他会计师事务所审计，并于 2016 年 3 月 31 日发表了无保留意见。

六、管理层和治理层对财务报表的责任

ABC 公司管理层负责按照企业会计准则的规定编制财务报表，使其实现公允反映，并设计、执行和维护必要的内部控制，以使财务报表不存在由于舞弊或错误导致的重大错报。

在编制财务报表时，管理层负责评估公司的持续经营能力，披露与持续经营相关的事项（如适用），并运用持续经营假设，除非管理层计划清算 ABC 公司、停止营运或别无其他现实的选择。治理层负责监督 ABC 公司的财务报告过程。

七、注册会计师对财务报表审计的责任

我们的目标是对财务报表整体是否不存在由于舞弊或错误导致的重大错报获取合理保证，并出具包含审计意见的审计报告。合理保证是高水平的保证，但并不能保证按照审计准则执行的审计在某一重大错报存在时总能发现。错报可能由舞弊或错误所导致，如果合理预期错报单独或汇总起来可能影响财务报表使用者依据财务报表做出的经济决策,则通常认为错报是重大的。在按照审计准则执行审计的过程中,我们运用了职业判断,保持了职业怀疑。同时,我们也执行以下工作。

(1) 识别和评估由于舞弊或错误导致的财务报表重大错报风险;设计和实施审计程序以应对这些风险,并获取充分、适当的审计证据,作为发表审计意见的基础。由于舞弊可能涉及串通、伪造、故意遗漏、虚假陈述或凌驾于内部控制之上,未能发现由于舞弊导致的重大错报的风险高于未能发现由于错误导致的重大错报的风险。

(2) 了解与审计相关的内部控制,以设计恰当的审计程序。

(3) 评价管理层选用会计政策的恰当性和做出会计估计及相关披露的合理性。

(4) 对管理层使用持续经营假设的恰当性得出结论。同时,根据获取的审计证据,就可能导致对 ABC 公司持续经营能力产生重大疑虑的事项或情况是否存在重大不确定性得出结论。如果我们得出结论认为存在重大不确定性,审计准则要求我们在审计报告中提请报表使用者注意财务报表中的相关披露;如果披露不充分,我们应当发表非无保留意见。我们的结论基于截至审计报告日可获得的信息。然而,未来的事项或情况可能导致 ABC 公司不能持续经营。

(5) 评价财务报表的总体列报、结构和内容(包括披露),并评价财务报表是否公允反映相关交易和事项。

(6) 就 ABC 公司中实体或业务活动的财务信息获取充分、恰当的审计证据,以对财务报表发表意见。我们与治理层就计划的审计范围、时间安排和重大审计发现等事项进行沟通,包括沟通我们在审计中识别出的值得关注的内部控制缺陷。

我们还就已遵守与独立性相关的职业道德要求向治理层提供声明,并与治理层沟通可能被合理认为影响我们独立性的所有关系和其他事项,以及相关的防范措施。

从与治理层沟通过的事项中,我们确定哪些事项对本期财务报表审计最为重要,因而构成关键审计事项。我们在审计报告中描述这些事项,除非法律法规禁止公开披露这些事项,或在极少数情形下,如果合理预期在审计报告中沟通某事项造成的负面后果超过在公众利益方面产生的益处,我们确定不应在审计报告中沟通该事项。

×××会计师事务所　　　　　　　　　中国注册会计师(项目合伙人):×××

中国××市　　　　　　　　　　　　中国注册会计师:×××

　　　　　　　　　　　　　　　　　二○一七年×月×日

六、持续经营能力对审计报告的影响

(一) 注册会计师的目标和责任

注册会计师的目标主要有以下几点。

(1) 就管理层编制财务报表时运用持续经营假设的适当性,获取充分、适当的审计证据，并得出结论；

（2）根据获取的审计证据，就可能导致对被审计单位持续经营能力产生重大疑虑的事项或情况是否存在重大不确定性得出结论；

（3）按照《中国注册会计师审计准则第1324号——持续经营》准则的规定出具审计报告。

注册会计师的责任是，就管理层在编制财务报表时运用持续经营假设的恰当性获取充分、恰当的审计证据，并得出结论。即使编制财务报表时采用的财务报告编制基础没有明确要求管理层对持续经营能力做出专门评估，注册会计师的这种责任仍然存在。

如果存在可能导致被审计单位不再持续经营的未来事项或情况，审计的固有限制对注册会计师发现重大错报能力的潜在影响会加大。注册会计师不能对这些未来事项或情况做出预测。相应地，注册会计师未在审计报告中提及持续经营的不确定性，不能被视为对被审计单位持续经营能力的保证。

（二）对审计报告的影响

如果财务报表已按照持续经营假设编制，但根据判断认为管理层在财务报表中运用持续经营假设是不恰当的，注册会计师应当发表否定意见。

如果运用持续经营假设是恰当的，但存在重大不确定性，且财务报表对重大不确定性已做出充分披露，注册会计师应当发表无保留意见，并在审计报告中增加以"与持续经营相关的重大不确定性"为标题的单独部分，以提醒财务报表使用者关注财务报表附注中对本准则第十八条所述事项的披露；说明这些事项或情况表明存在可能导致对被审计单位持续经营能力产生重大不确定性，并说明该事项并不影响发表的审计意见。

如果运用持续经营假设是恰当的，但存在重大不确定性，且财务报表对重大不确定性未做出充分披露，注册会计师应当按照《中国注册会计审计准则第1502号——在审计报告中发表非无保留意见》的规定，恰当发表保留意见或否定意见。

注册会计师应当在审计报告"形成保留（否定）意见的基础"部分说明，存在可能导致对被审计单位持续经营能力产生重大疑虑的重大不确定性，但财务报表未充分披露该事项。如果运用持续经营假设是恰当的，但存在重大不确定性，且管理层不愿按照注册会计师的要求做出评估或延长评估期间，注册会计师应当考虑这一情况对审计报告的影响。

（三）与治理层沟通

注册会计师应当与治理层就识别出的可能导致对被审计单位持续经营能力产生重大疑虑的事项或情况进行沟通，除非治理层全部成员参与管理被审计单位。与治理层的沟通应当包括下列几个方面。

（1）这些事项或情况是否构成重大不确定性。

（2）管理层在财务报表编制时运用持续经营假设是否确定。

（3）财务报表中的相关披露是否充分。

（4）对审计报告的影响（如适用）。

（四）审计报告举例

当注册会计师确定存在重大不确定性，且财务报表已做出充分披露时，发表无保留意见的审计报告。

审计报告

ABC 股份有限公司全体股东：

一、审计意见

我们审计了 ABC 股份有限公司（以下简称 ABC 公司）的财务报表，包括 2016 年 12 月 31 日公司的资产负债表，2016 年度公司的利润表、现金流量表和股东权益变动表以及财务报表附注。

我们认为，后附的财务报表在所有重大方面按照企业会计准则的规定编制，公允反映了 ABC 公司 2016 年 12 月 31 日的财务状况以及 2016 年度经营成果和现金流量。

二、形成审计意见的基础

我们按照中国注册会计师审计准则的规定执行了审计工作。审计报告的"注册会计师对财务报表审计的责任"部分进一步阐述了我们在这些准则下的责任。按照中国注册会计师职业道德守则，我们独立于 ABC 公司，并履行了职业道德方面的其他责任。我们相信，我们获取的审计证据是充分、1的的，为发表审计意见提供了基础。

三、与持续经营相关的重大不确定性

我们提醒财务报表使用者关注，如财务报表附注×所述，ABC 公司 2016 年发生净亏损×元，且于 2016 年 12 月 31 日，ABC 公司流动负债高于资产总额×元。如财务报表附注×所述，这些事项或情况，连同财务报表附注×所示的其他事项，表明存在可能导致对 ABC 公司持续经营能力产生重大疑虑的重大不确定性。该事项不影响已发表的审计意见。

四、关键审计事项

关键审计事项是我们根据职业判断，认为对本期财务报表审计最为重要的事项。这些事项的应对以对财务报表整体进行审计并形成审计意见为背景，我们不对这些事项单独发表意见。

[按照《中国注册会计师审计准则第 1504 号——在审计报告中沟通关键审计事项》的规定描述每一关键审计事项。]

五、管理层和治理层对财务报表的责任

ABC 公司管理层负责按照企业会计准则的规定编制财务报表，使其实现公允反映，并设计、执行和维护必要的内部控制，以使财务报表不存在由于舞弊或错误导致的重大错报。

在编制财务报表时，管理层负责评估公司的持续经营能力，披露与持续经营相关的事项（如适用），

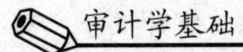

并运用持续经营假设，除非管理层计划清算 ABC 公司、停止营运或别无其他现实的选择。治理层负责监督 ABC 公司的财务报告过程。

六、注册会计师对财务报表审计的责任

我们的目标是对财务报表整体是否不存在由于舞弊或错误导致的重大错报获取合理保证，并出具包含审计意见的审计报告。合理保证是高水平的保证，但并不能保证按照审计准则执行的审计在某一重大错报存在时总能发现。错报可能由舞弊或错误所导致，如果合理预期错报单独或汇总起来可能影响财务报表使用者依据财务报表做出的经济决策，则通常认为错报是重大的。在按照审计准则执行审计的过程中，我们运用了职业判断，保持了职业怀疑。同时，我们也执行以下工作。

（1）识别和评估由于舞弊或错误导致的财务报表重大错报风险；设计和实施审计程序以应对这些风险，并获取充分、适当的审计证据，作为发表审计意见的基础。由于舞弊可能涉及串通、伪造、故意遗漏、虚假陈述或凌驾于内部控制之上，未能发现由于舞弊导致的重大错报的风险高于未能发现由于错误导致的重大错报的风险。

（2）了解与审计相关的内部控制，以设计恰当的审计程序。

（3）评价管理层选用会计政策的恰当性和做出会计估计及相关披露的合理性。

（4）对管理层使用持续经营假设的恰当性得出结论。同时，根据获取的审计证据，就可能导致对 ABC 公司持续经营能力产生重大疑虑的事项或情况是否存在重大不确定性得出结论。如果我们得出结论认为存在重大不确定性，审计准则要求我们在审计报告中提请报表使用者注意财务报表中的相关披露；如果披露不充分，我们应当发表非无保留意见。我们的结论基于截至审计报告日可获得的信息。然而，未来的事项或情况可能导致 ABC 公司不能持续经营。

（5）评价财务报表的总体列报、结构和内容（包括披露），并评价财务报表是否公允反映相关交易和事项。

（6）就 ABC 公司中实体或业务活动的财务信息获取充分、适当的审计证据，以对财务报表发表意见。我们与治理层就计划的审计范围、时间安排和重大审计发现等事项进行沟通，包括沟通我们在审计中识别出的值得关注的内部控制缺陷。

我们还就已遵守与独立性相关的职业道德要求向治理层提供声明，并与治理层沟通可能被合理认为影响我们独立性的所有关系和其他事项，以及相关的防范措施。

从与治理层沟通过的事项中，我们确定哪些事项对本期财务报表审计最为重要，因而构成关键审计事项。我们在审计报告中描述这些事项，除非法律法规禁止公开披露这些事项，或在极少数情形下，如果合理预期在审计报告中沟通某事项造成的负面后果超过在公众利益方面产生的益处，我们确定不应在审计报告中沟通该事项。

×××会计师事务所　　　　　　　　中国注册会计师（项目合伙人）：×××

中国××市　　　　　　　　　　　中国注册会计师：×××

　　　　　　　　　　　　　　　　二〇一七年×月×日

由于未做出充分披露而存在重大错报时,发表保留意见的审计报告举例。

审计报告

ABC 股份有限公司全体股东:

一、保留意见

我们审计了 ABC 股份有限公司(以下简称 ABC 公司)的财务报表,包括 2016 年 12 月 31 日公司的资产负债表,2016 年度公司的利润表、现金流量表和股东权益变动表以及财务报表附注。

我们认为,除了"形成保留意见的基础部分"所述事项可能产生的影响外,后附的财务报表在所有重大方面按照企业会计准则的规定编制,公允反映了 ABC 公司 2016 年 12 月 31 日的财务状况以及 2016 年度经营成果和现金流量。

二、形成保留意见的基础

如财务报表附注所述,ABC 公司融资协议期满,且未偿付余额将于 2017 年 3 月 19 日到期。ABC 公司未能重新商定协议或获取替代性融资。这种情况表明存在可能导致对 ABC 公司持续经营能力产生重大疑虑的重大不确定性。财务报表对这一事项并未做出充分披露。

我们按照中国注册会计师审计准则的规定执行了审计工作。审计报告的"注册会计师对财务报表审计的责任"部分进一步阐述了我们在这些准则下的责任。按照中国注册会计师职业道德守则,我们独立于 ABC 公司,并履行了职业道德方面的其他责任。我们相信,我们获取的审计证据是充分、适当的,为发表审计意见提供了基础。

三、关键审计事项

关键审计事项是根据我们的职业判断,认为对本期财务报表审计最为重要的事项。这些事项的应对以对财务报表整体进行审计并形成审计意见为背景,我们不对这些事项单独发表意见。除"形成保留意见的基础"部分所述事项外,我们确定下列事项是需要在审计报告中沟通的关键审计事项。

[按照《中国注册会计师审计准则第 1504 号——在审计报告中沟通关键审计事项》的规定描述每一关键审计事项。]

四、管理层和治理层对财务报表的责任

ABC 公司管理层负责按照企业会计准则的规定编制财务报表,使其实现公允反映,并设计、执行和维护必要的内部控制,以使财务报表不存在由于舞弊或错误导致的重大错报。

在编制财务报表时,管理层负责评估公司的持续经营能力,披露与持续经营相关的事项(如适用),并运用持续经营假设,除非管理层计划清算 ABC 公司、停止营运或别无其他现实的选择。治理层负责监督 ABC 公司的财务报告过程。

五、注册会计师对财务报表审计的责任

我们的目标是对财务报表整体是否不存在由于舞弊或错误导致的重大错报获取合理保证,并出具包含审计意见的审计报告。合理保证是高水平的保证,但并不能保证按照审计准则执行的审计在某一重大错报存在时总能发现。错报可能由舞弊或错误所导致,如果合理预期错报单独或汇总起来可能影响财务报表使用者依据财务报表做出的经济决策,则通常认为错报是重大的。在按照审计准则执行审计的过程中,我们运用了职业判断,保持了职业怀疑。同时,我们也执行以下工作。

(1) 识别和评估由于舞弊或错误导致的财务报表重大错报风险;设计和实施审计程序以应对这些风险,并获取充分、适当的审计证据,作为发表审计意见的基础。由于舞弊可能涉及串通、伪造、故意遗漏、虚假陈述或凌驾于内部控制之上,未能发现由于舞弊导致的重大错报的风险高于未能发现由于错误导致的重大错报的风险。

(2) 了解与审计相关的内部控制,以设计恰当的审计程序。

(3) 评价管理层选用会计政策的恰当性和做出会计估计及相关披露的合理性。

(4) 对管理层使用持续经营假设的恰当性得出结论。同时,根据获取的审计证据,就可能导致对 ABC 公司持续经营能力产生重大疑虑的事项或情况是否存在重大不确定性得出结论。如果我们得出结论认为存在重大不确定性,审计准则要求我们在审计报告中提请报表使用者注意财务报表中的相关披露;如果披露不充分,我们应当发表非无保留意见。我们的结论基于截至审计报告日可获得的信息。然而,未来的事项或情况可能导致 ABC 公司不能持续经营。

(5) 评价财务报表的总体列报、结构和内容(包括披露),并评价财务报表是否公允反映相关交易和事项。

(6) 就 ABC 公司中实体或业务活动的财务信息获取充分、适当的审计证据,以对财务报表发表意见。我们与治理层就计划的审计范围、时间安排和重大审计发现等事项进行沟通,包括沟通我们在审计中识别出的值得关注的内部控制缺陷。

我们还就已遵守与独立性相关的职业道德要求向治理层提供声明,并与治理层沟通可能被合理认为影响我们独立性的所有关系和其他事项,以及相关的防范措施。

从与治理层沟通过的事项中,我们确定哪些事项对本期财务报表审计最为重要,因而构成关键审计事项。我们在审计报告中描述这些事项,除非法律法规禁止公开披露这些事项,或在极少数情形下,如果合理预期在审计报告中沟通某事项造成的负面后果超过在公众利益方面产生的益处,我们确定不应在审计报告中沟通该事项。

×××会计师事务所　　　　　　　中国注册会计师(项目合伙人):×××

中国××市　　　　　　　　　　中国注册会计师:×××

　　　　　　　　　　　　　　　　二〇一七年×月×日

第二节　国家审计报告

根据《审计法》规定,国家审计报告分两个层次:审计组的审计报告和审计机关的审计报告。

审计组的审计报告：指审计组对审计事项实施审计后，就审计实施情况和审计结果向派出本审计组的审计机关提交的书面报告。它属于审计机关的内部业务文书，是形成审计机关的审计报告的基础。

审计机关的审计报告：指审计机关按照审计署规定的程序对审计组的审计报告进行审议后，对被审计单位财政财务收支的真实、合法、效益发表审计意见的书面文书，它是审计结果的最终载体。

一、国家审计报告的形式

国家审计准则规定：审计报告包括审计机关进行审计后出具的审计报告以及专项审计调查后出具的专项审计调查报告。

审计组实施审计或者专项审计调查后，应当向派出审计组的审计机关提交审计报告。审计机关审定审计组的审计报告后，应当出具审计机关的审计报告。遇有特殊情况，审计机关可以不向被调查单位出具专项审计调查报告。

审计报告应当内容完整、事实清楚、结论正确、用词恰当、格式规范。

二、审计报告的要素和内容

（一）审计报告的基本要素

审计机关的审计报告（审计组的审计报告）包括下列基本要素。

（1）标题。

（2）文号（审计组的审计报告不含此项）。

（3）被审计单位名称。

（4）审计项目名称。

（5）内容。

（6）审计机关名称（审计组名称及审计组组长签名）。

（7）签发日期（审计组向审计机关提交报告的日期）。

经济责任审计报告还包括被审计人员姓名及所担任职务。

（二）审计报告的内容

审计报告主要包括以下内容。

（1）审计依据，即实施审计所依据的法律法规规定。

（2）实施审计的基本情况，一般包括审计范围、内容、方式和实施的起止时间。

（3）被审计单位的基本情况。

（4）审计评价意见，即根据不同的审计目标，以适当、充分的审计证据为基础发表的评价意见。

（5）以往审计决定执行情况和审计建议采纳情况。

（6）审计发现的被审计单位违反国家规定的财政收支、财务收支行为和其他重要问题的事实、定性、处理处罚意见以及依据的法律法规和标准。

（7）审计发现的移送处理事项的事实和移送处理意见，但是涉嫌犯罪等不宜让被审计单位知悉的事项除外。

（8）针对审计发现的问题，根据需要提出的改进建议。

审计期间被审计单位对审计发现的问题已经整改的，审计报告还应当包括有关整改情况。经济责任审计报告还应当包括被审计人员履行经济责任的基本情况，以及被审计人员对审计发现问题承担的责任。核查社会审计机构相关审计报告发现的问题，应当在审计报告中一并反映。

（三）专项审计调查的内容

专项审计调查报告除符合审计报告的要素和内容要求外，还应当根据专项审计调查目标重点分析宏观性、普遍性、政策性或者体制、机制问题并提出改进建议。

三、审计决定和审计移送处理书

（一）审计决定

对审计或者专项审计调查中发现被审计单位违反国家规定的财政收支、财务收支行为，依法应当由审计机关在法定职权范围内做出处理处罚决定的，审计机关应当出具审计决定书。审计决定书主要包括以下内容。

（1）审计的依据、内容和时间。

（2）违反国家规定的财政收支、财务收支行为的事实、定性、处理处罚决定以及法律法规依据。

（3）处理处罚决定执行的期限和被审计单位书面报告审计决定执行结果等要求。

（4）依法提请政府裁决或者申请行政复议、提起行政诉讼的途径和期限。

（二）审计移送处理书

审计或者专项审计调查发现的依法需要移送其他有关主管机关或者单位纠正、处理处罚或者追究有关人员责任的事项，审计机关应当出具审计移送处理书。

审计移送处理书主要包括以下内容。

（1）审计的时间和内容。

（2）依法需要移送有关主管机关或者单位纠正、处理处罚或者追究有关人员责任事项的事实、定性及其依据和审计机关的意见。

(3) 移送的依据和移送处理说明，包括将处理结果书面告知审计机关的说明。

(4) 所附的审计证据材料。

（三）审计处理处罚的种类

（1）审计处理的种类有：责令限期缴纳、上缴应当缴纳或上缴的财政收入。责令限期退还违法所得。责令限期退还被侵占的国有资产。责令冲转或调整有关会计账目。依法采取其他处理措施。

（2）审计处罚的种类有：警告、通报批评、罚款、没收违法所得、依法采取其他处罚措施。

四、专题报告与综合报告

（一）专题报告

审计机关在审计中发现的下列事项，可以采用专题报告、审计信息等方式向本级政府、上一级审计机关报告。

（1）涉嫌重大违法犯罪的问题。

（2）与国家财政收支、财务收支有关政策及其执行中存在的重大问题。

（3）关系国家经济安全的重大问题。

（4）关系国家信息安全的重大问题。

（5）影响人民群众经济利益的重大问题。

（6）其他重大事项。

专题报告应当主题突出、事实清楚、定性准确、建议适当。审计信息应当事实清楚、定性准确、内容精炼、格式规范、反映及时。

（二）综合报告

审计机关统一组织审计项目的，可以根据需要汇总审计情况和结果，编制审计综合报告。必要时，审计综合报告应当征求有关主管机关的意见。审计综合报告按照审计机关规定的程序审定后，向本级政府和上一级审计机关报送，或者向有关部门通报。

五、审计结果报告和审计工作报告

（一）审计结果报告

审计机关实施经济责任审计项目后，应当按照相关规定，向本级政府行政首长和有关干部监督管理部门报告经济责任审计结果。

审计机关依照法律法规的规定，每年汇总对本级预算执行情况和其他财政收支情况的审计报告，形成审计结果报告，报送本级政府和上一级审计机关。

（二）审计工作报告

审计机关依照法律法规的规定，代本级政府起草本级预算执行情况和其他财政收支情况的审计工作报告（稿），经本级政府行政首长审定后，受本级政府委托向本级人民代表大会常务委员会报告。

第三节 内部审计报告

内部审计报告，是指内部审计人员根据审计计划对被审计单位实施必要的审计程序后，就被审计事项做出审计结论，提出审计意见和审计建议的书面文件。

内部审计人员应当在审计实施结束后，以经过核实的审计证据为依据，形成审计结论、意见和建议，出具审计报告。如有必要，内部审计人员可以在审计过程中提交期中报告，以便及时采取有效的纠正措施改善业务活动、内部控制和风险管理。

一、内部审计报告的编制要求

审计报告的编制应当符合下列要求。
（1）实事求是、不偏不倚地反映被审计事项的事实。
（2）要素齐全、格式规范，完整反映审计中发现的重要问题。
（3）逻辑清晰、用词准确、简明扼要、易于理解。
（4）充分考虑审计项目的重要性和风险水平，对于重要事项应当重点说明。
（5）针对被审计单位业务活动、内部控制和风险管理中存在的主要问题或者缺陷提出可行的改进建议，以促进组织实现目标。

内部审计机构应当建立健全审计报告分级复核制度，明确规定各级复核人员的要求和责任。

二、内部审计报告的基本要素

审计报告主要包括下列要素：标题、收件人、正文、附件、签章、报告日期、其他。
审计报告的正文主要包括下列内容。
（1）审计概况，包括审计目标、审计范围、审计内容及重点、审计方法、审计程序及审计时间等。
（2）审计依据，即实施审计所依据的相关法律法规、内部审计准则等规定。
（3）审计发现，即对被审计单位的业务活动、内部控制和风险管理实施审计过程中所发现的主要问题的事实。

（4）审计结论，即根据已查明的事实，对被审计单位业务活动、内部控制和风险管理所作的评价。

（5）审计意见，即针对审计发现的主要问题提出的处理意见。

（6）审计建议，即针对审计发现的主要问题，提出的改善业务活动、内部控制和风险管理的建议。

审计报告的附件应当包括针对审计过程、审计中发现问题所做出的具体说明，以及被审计单位的反馈意见等内容。

三、内部审计报告的编制、复核与报送

审计组应当在实施必要的审计程序后，及时编制审计报告，并征求被审计对象的意见。被审计单位对审计报告有异议的，审计项目负责人及相关人员应当核实，必要时应当修改审计报告。审计报告经过必要的修改后，应当连同被审计单位的反馈意见及时报送内部审计机构负责人复核。

内部审计机构应当将审计报告提交被审计单位和组织适当管理层，并要求被审计单位在规定的期限内落实纠正措施。已经出具的审计报告如果存在重要错误或者遗漏，内部审计机构应当及时更正，并将更正后的审计报告提交给原审计报告接收者。

内部审计机构应当将审计报告及时归入审计档案，妥善保存。

四、内部审计报告的写作技巧

审计报告的目的是提供信息和产生影响。这些目的能否实现，有赖于写作的质量和清晰度。

在开始写作前，应搜集必要的信息。采用谈话的写作方式，文章更具准确性和易懂性。注意，批评的是业务活动，而不是个人。

语句应短小、简单，段落也应短小。习惯上每句最好平均15～20个词，并有一个中心思想。段落一般为6～12行，避免超过18行。

多用主动语态。如审计揭露了投资部门人手不足的情况；而不是投资部门人手不足的情况被审计工作揭露出来。

使用清楚、常见的词语。准确、易懂是选择用词的两个目标。如：我们注意到建筑物的维护工作正在恶化，是不准确的。因为它不明确是指亲眼所见，还是别处间接地了解的。

审计人员必须不断地对措辞进行推敲，以求具体和准确，当你找不到一个准确、常见的单词，而必须用一个完整的句子时，就应该为清晰面牺牲简短，而采用句子。

使用适当的标题。标题形式有两种：题目式标题，如成本控制记录；外地推销的次数增加等；描述式标题，如成本控制记录的环节较薄弱；明细账的成本控制记录与总账不符；

外地推销次数增加的问题，没有被及时地解决等。

使用重点符号和适当的空白间隔——下划线、斜体字、粗体字或不同的字体大小都能突出重点，并引起读者的注意。充分的空白间隔能突出标题和说明，充足的边界线一般为1~2寸宽，使用图表和脚注。表格、图画、数据图、甚至照片等。

本章小结

本章主要讲述了民间审计报告、国家审计报告、内部审计报告等相关知识。通过本章的学习，读者应该掌握民间审计报告的基本知识、民间审计报告的基本要素；了解在审计报告中沟通的关键事项；了解无保留意见和非无保留意见审计报告、在审计报告中增加强调事项段和其他事项段、持续经营能力对审计报告的影响；掌握内部审计报告的编制要求、内部审计报告的基本要素；了解审计报告的编制、复核与报送及其写作技巧。

本章习题

一、单项选择题

1. 民间审计报告的收件人应该是（　　）。
   A．审计业务的委托人　　　B．社会公众
   C．被审计单位的治理层　　D．被审计单位管理层

2. 注册会计师于2017年1月28日开始对被审计单位2016年度财务报表进行审计，2月18日完成外勤审计，2月21日管理层签署了已审财务报表，2月22日被审计单位的年度财务报表正式对外公布，则被审计单位审计报告的日期通常应是（　　）。
   A．2017年1月28日　　　B．2017年2月18日
   C．2017年2月21日　　　D．2017年2月22日

3. 审计机关向被审计单位做出审计决定的依据是（　　）。
   A．审计通知书　　　　　B．审计工作报告
   C．审计报告　　　　　　D．审计实施方案

4. 与内部审计报告相比，国家审计报告的特殊程序有（　　）。
   A．征求被审计单位意见　B．分级复核
   C．送达被审计单位　　　D．审计结果公布

5. 下列关于审计报告的说法中，正确的是（　　）。

A．审计报告应详细记录审计过程和结果

B．国家审计、内部审计和民间审计的审计报告具有相同的法律效力

C．民间审计报告分为无保留意见审计报告和非无保留意见审计报告

D．审计报告是社会经济信息的客观反映

二、多项选择题

1．下列属于管理层对财务报表责任的有（　　）。

A．按照适用的财务报告编制基础编制财务报表，并使其实现公允反映

B．对财务报表是否不存在重大错报获取合理保证

C．设计、执行和维护必要的内部控制，以使财务报表不存在由于舞弊或错误导致的重大错报

D．在执行审计工作的基础上对财务报表发表审计意见

2．注册会计师在确定审计报告日期时，以下属于确认审计报告日条件的有（　　）。

A．构成整套财务报表的所有报表已编制完成

B．被审计单位的董事会、管理层或类似机构已经认可其对财务报表负责

C．应当提请被审计单位调整的事项已经提出，但被审计单位还未进行调整

D．相关附注已编制完成

3．下列情况中，注册会计师应当发表保留意见或无法表示意见的有（　　）。

A．因审计范围受到被审计单位限制，注册会计师无法就可能存在的对财务报表产生重大影响的错误与舞弊，获取充分、适当的审计证据

B．因审计范围受到被审计单位限制，注册会计师无法就对财务报表可能产生重大影响的违反或可能违反法规行为，获取充分适当的审计证据

C．注册会计师已经按照中国注册会计师审计准则的规定计划和实施审计工作，在审计过程中未受到限制

D．被审计单位管理层拒绝对财务报表具有重大影响的事项，提供必要的书面声明，或拒绝就重要的口头声明予以书面确认

4．在获取充分、适当的审计证据后，注册会计师认为错报单独或汇总起来对财务报表影响重大，注册会师可能发表（　　）审计报告。

A．无保留意见　　　　　　　　　B．保留意见

C．否定意见　　　　　　　　　　D．无法表示意见

5．下列属于审计机关审计处理措施的有（　　）。

A．责令限期缴纳应当上缴的款项　　B．没收违法所得

C．责令限期退还被侵占的国有资产　D．责令限期退还违法所得

三、简答题

1. 民间审计报告的类型有哪几种？如何判断？
2. 国家审计报告的基本要素有哪些？其具体内容包括哪些？
3. 内部审计报告正文内容有哪些？
4. 民间审计报告基本要素有哪些？
5. 如何确定关键审计事项？

参考文献

[1] 中华人民共和国审计法[M]. 北京：中国法制出版社，2010.

[2] 中华人民共和国审计法实施条例[M]. 北京：中国法制出版社，2010.

[3] 中华人民共和国国家审计准则[M]. 北京：中国法制出版社，2010.

[4] 中华人民共和国财政部. 中国注册会计师执业准则[M]. 北京，2010.

[5] 中国注册会计师协会. 中国注册会计师执业准则应用指南（上、下册）[M]. 北京：中国财政经济出版社，2010.

[6] 中国注册会计师协会. 中国注册会计师执业准则（2017）[M]. 北京：中国财政经济出版社，2017.

[7] 中国注册会计师协会. 审计[M]. 北京：经济科学出版社，2017.

[8] 财政部会计司. 企业内部控制规范讲解[M]. 北京：经济科学出版社，2010.

[9] 中国注册会计师协会. 中国注册会计师职业道德守则[M]. 北京：中国财政经济出版社，2010.

[10] 文硕. 世界审计史[M]. 北京：企业管理出版社，1996.

[11] 刘明辉，史德刚. 审计[M]. 大连：东北财经大学出版社，2017.

[12] 秦永生，卢春泉. 审计学[M]. （第9版）北京：中国人民大学出版社，2017.

[13] 陈淑芳. 审计学[M]. 天津：天津大学出版社，2011.

[14] 陈汉文. 审计学[M]. 沈阳：辽宁人民出版社，2008.

[15] [美]阿尔文·A.阿伦斯等著. 审计学：一种整合方法[M]. 北京：中国人民大学出版社，2009.

[16] 杜建菊. 审计学基础[M]. 北京：中国市场出版社，2013.

参考文献